REM 房地产管理经典读物

Real Estate Management

房地产管理工具箱

赵文明◎编著

中国铁道出版社
CHINA RAILWAY PUBLISHING HOUSE

图书在版编目(CIP)数据

房地产管理工具箱/赵文明编著. —北京:中国铁道出版社,2015.1

ISBN 978-7-113-19211-2

Ⅰ.①房… Ⅱ.①赵… Ⅲ.①房地产管理 Ⅳ.①F293.33

中国版本图书馆 CIP 数据核字(2014)第 207799 号

书　　名:房地产管理工具箱
作　　者:赵文明　编著

责任编辑:祝　松　　**电　　话**:010-51873005　　**电子信箱**:zsbooks@sohu.com
特邀编辑:刘瑞彩　王茹茹
封面设计:王　岩
责任校对:龚长江
责任印制:赵星辰

出版发行:中国铁道出版社(100054,北京市西城区右安门西街 8 号)
网　　址:http://www.tdpress.com
印　　刷:北京市新魏印刷厂
版　　次:2015 年 1 月第 1 版　2015 年 1 月第 1 次印刷
开　　本:700 mm×1 000 mm　1/16　印张:25　字数:462 千
书　　号:ISBN 978-7-113-19211-2
定　　价:88.00 元(配光盘)

前　言

随着我国城市化进程的不断加快，房地产业有了新的更大的发展机遇，房地产企业也迎来了更广阔的发展前景。与此同时，随着房地产业迅猛的发展，数不胜数的房地产企业如雨后春笋般地迅速崛起，市场竞争日益激烈。

那么，在信息技术高速发展、全球经济一体化逐渐加强的今天，房地产企业该怎样凭借这股良好的势头保持健康、持续、高速的发展，如何才能做到稳扎稳打、全面发展，这俨然已经成为每一个房地产企业管理者亟需解决的问题。

本书正是为了帮助房地产管理者及其从业人员能更全面地掌握房地产开发知识，便于读者"拿来即用"、"改了能用"、"易于套用"的高实用性而编写的。为此，我们站在管理者的角度，对书中各部分内容进行了系统、具有针对性的分类，竭力为读者提供权威、便利的信息与服务。可以说，本书是我们历经优化、精选，为中国房地产企业量身定做的工具大全。

本书共分为九个部分，囊括了房地产企业从前期策划到财务管理的全部环节，内容包括项目前期策划和立项管理、项目设计和变更管理、项目造价与预决算管理、项目招标和投标管理、项目投资和融资管理、项目施工和验收管理、项目营销与市场运作管理、财务管理、典型案例分析。

本书不但内容丰富，而且突破了传统房地产开发管理类图书简单罗列各类工具的局限，真正从房地产管理的各项体系出发，全面、准确地展示了房地产开发经营过程中所需的重要工具。总体来说，本书具有以下三大特点。

1. 系统性强。针对房地产企业在经营管理环节中可能遇到的问题，本书进行了有序、细致的说明，将庞杂的理论知识化繁为简，深入浅出地介绍了每个管理工具所对应的经营过程，切实为房地产管理工作体系的构建提供了操作指南。

2. 实用性强。本书在科学设计房地产企业管理结构的基础上，侧重介绍"拿来就用"的实操性工具，真正将读者的时间用在解决问题上。实操性工具不仅内容丰富翔实，而且经过多次调研、修改，力图将重点、难度较大的工具设置得更加精炼、易懂。

3.针对性强。房地产经营管理流程较为复杂，往往会出现“牵一发而动全身”的问题，为此，本书特将具有针对性的章节单独列出，方便房地产企业管理者对症下药，精细管理。在受众面上，本书针对性更为明显，不仅针对广大房地产企业管理者或其从业人员，同时也适用于专业研究者、学生及房地产经营管理初学者。可以说，本书既是房地产业各级人员的案头必备手册，同时也是广大读者了解或研究房地产经营管理的“得力助手”。

综上所述，本书内容涵盖了房地产经营管理的众多流程与细节，不仅是读者可以“现查现用”的重要参考，更是房地产企业管理人员的必备手册。在此，衷心希望本书能够为房地产相关工作人员带去便利与帮助。相信房地产管理者或其从业人员都能够通过阅读本书，规范自身的意识管理，为企业的发展带来不尽的动力，让企业在激烈的市场竞争中又快又稳的发展。

目录
CONTENTS

第一部分　项目前期策划和立项管理

第二部分　项目设计和变更管理

第三部分　项目造价与预决算管理

第四部分　项目招标和投标管理

第五部分　项目投资和融资管理

第六部分 项目施工和验收管理

第七部分 项目营销与市场运作管理

第八部分　财务管理

第九部分 典型案例分析

第一部分
项目前期策划和立项管理

内容提要

- 市场调研和可行性研究管理工具
- 项目前期策划和立项选择管理流程
- 土地使用权获取与行政审批管理流程
- 项目前期策划和立项管理实用表单

第一章 市场调研和可行性研究管理工具

房地产市场环境调研

市场环境因素是影响房地产投资、开发、建设的重要因素，如何能够通过对市场环境的调查使企业做出准确判断或者避其风险，是每一个房地产决策者所关心的问题。因此，对房地产市场环境进行调研就显得尤为重要。

通常来说，房地产市场环境调研主要包括对政治法律环境调研、经济环境调研、社区环境调研，具体内容如下。

1. 政治法律环境调研

政治法律环境调研主要是了解对房地产市场起影响和制约作用的政治形势、国家对房地产行业管理的有关方针政策、有关法律法规及其变化等，包括以下几个方面。

(1)国家、省、城市有关房地产开发经营的方针政策。如房改政策、开发区政策、房地产价格政策、房地产税收政策、房地产金融政策、土地制度和土地政策、人口政策和产业发展政策、税收政策等。

(2)各级政府有关国民经济社会发展计划、发展规划、土地利用规划、城市规划和区域规划等。

(3)国家有关法律法规，如《环境保护法》、《土地管理法》、《城市房地产管理法》、《广告法》、《反不正当竞争法》，以及与房地产开发经营的法律法规，如《房地产开发经营管理条例》、《中华人民共和国房地产管理法》、《中华人民共和国土地管理法》。

(4)政府有关方针和政策，如产业政策、金融政策、税收政策、财政政策、物价政策、就业政策等。

2. 经济环境调研

经济环境调研主要是了解财政、金融、经济发展状况和趋势等因素，这些因素影响的是市场大气候。更重要的是，该地区居民收入、消费水平、消费结构、物价水平、物价指数，对房地产市场需求也会产生根本性的影响。经济环境调研应该把握企业所在地区总的经济发展前景。一般来说，对于经济发展迅速的地区，房地产市场的前景也将十分广阔，市场机会相对多，具体包括以下内容。

(1)国家、地区或城市的经济特性,包括经济发展规模、趋势、速度和效益。

(2)项目所在地区的经济结构、人口及其就业状况、就学条件、基础设施情况、地区内的重点开发区域、同类竞争物业的供给情况。

(3)一般利率水平,获取贷款的可能性以及预期的通货膨胀率。

(4)国民经济产业结构和主导产业。

(5)居民收入水平、消费结构和消费水平。

(6)项目所在地区的对外开放程度和国际经济合作的情况,对外贸易和外商投资的发展情况。

(7)与特定房地产开发类型和开发地点相关因素的调研。

3.社区环境调研

社区环境是房地产商品的华丽外衣或者高档包装,也是房地产商品特有的属性。社区环境的好坏直接影响着消费者的消费观念,也是发挥房地产商品效能的有力依靠。社区环境调研内容包括:社区繁荣程度、购物条件、文化氛围、居民素质、交通和教育的便利、安全保障程度、卫生、空气和水源质量及景观等方面。

其中,社会文化环境主要是居民的生活习惯、生活方式、消费观念、消费心理乃至对生活的态度、对人生的价值取向等,主要包括以下内容。

(1)居民职业构成、教育程度、文化水平等。

(2)家庭人口规模及构成。

(3)居民家庭生活习惯、审美观念及价值取向等。

(4)消费者民族与宗教信仰、社会风俗等。

房地产市场调研方法

房地产市场调研既是为管理部门提供参考依据的需要,又是为帮助企业针对某问题制定长远性、战略性规划的需要。研究可以是学术性的,也可以是实用性的。房地产市场调研的方法多种多样,通常采用的方法包括:电话访问法、观察法、入户访问法和实验法4种。

1.电话访问法

顾名思义,电话访问法就是按照样本名单,选择一个调查者,拨通电话,询问一系列的问题。访问员(调查员)按照问卷,在答案纸上记录被访者的回答。询问的内容包括三个方面:一是事实询问,要求被调研者用事实回答问题;二是意见询问,要求被调研者提出自己的意见;三是阐述询问,要求被调研者说出自己意见的理由。

调查员集中在某个场所或专门的电话访问间，在固定的时间内开始访问工作，现场有督导人员进行管理。调查员都经过专门训练，一般以兼职的大学生为主，或其他一些人员。

2. 观察法

观察法是指调研人员通过直接观察和记录被调研者的言行来收集资料的方法。调研人员必须到调查现场耳闻目睹现场的情况，并给以真实的记录，以获得调研资料。在房地产市场调研中常用于商铺调研、消费行为调研、销售现场调研、设备调研等方面的调查。观察法最大的优点是直观和可靠，它可以比较客观地收集第一手的资料，直接记录调研的事实和被调研者在现场的行为，调研结果更接近于实际。但缺点是观察只能反映现象表面，不能揭示原因和动机。

3. 入户访问法

入户访问法是指调查员到被调研者的家中或工作单位进行访问，直接与被调研者接触。然后利用访问形式的问卷逐个问题进行询问，并记录下对方的回答；或是将自填式问卷交给被调查者，讲明方法后，等待对方填写完毕或稍后再回来收取问卷的调查方式。这是目前国内最为常用的一种调查方法。调查的户或单位都是按照一定的随机抽样准则抽取的，入户以后确定的访问对象也有一定的法则。

4. 实验法

实验法是将调查范围缩小到一个比较小的规模，通过实验后得出一定的结果，再对整个市场进行推测。实验的目的，主要是了解被调查对象的环境、功能、定位是否受欢迎，了解被调查对象能否为市场所接受。

房地产市场调研应该根据项目进展状况和需要解决的问题进行有针对性的调研。从完整的房地产项目开发活动来看，房地产市场调研是其中的一个组成部分，它是一个分阶段、分层次，由浅入深循序渐进的过程。

房地产项目策划分类

房地产项目策划是按照一定的模式进行。所谓“策划模式”，就是使策划人可以照着去做的具体策划样式。在房地产策划发展过程中，经过策划人不断地实践和总结，策划模式开始逐渐形成，体现了房地产项目策划的一些基本规律。从实践角度可以将其分为三类，其内容如下。

1. 已有明确项目的房地产全过程策划

已有明确项目的房地产全过程策划是指已有项目批文，已拿到土地的项目。这种类型的策划一般是从项目分析开始直至项目结束。主要内容包括项目投资策划、项目规划策划、项目开发建设策划、项目营销策划和项目后期策划。

2. 尚未明确项目的投资策划

尚未明确项目的投资策划往往是投资者还没有明确项目时所进行的策划。它和已有项目的全过程策划的主要区别是土地是否已获取，前者是针对项目宏观性投资方向的策划，后者是针对具体项目的具体策划。对还没有明确项目的策划的主要内容包括：投资开发区位分析与选择、投资开发方向及内容分析与选择、投资规模分析与选择、投资开发合作方式分析与选择、项目融资方式的分析与选择、开发完成后的产品经营方式分析与选择。

3. 单项策划

单项策划是指对项目策划中一个具体环节的策划，比如营销策划，融资策划等。在单项策划中，更多地体现出该环节下的实施可行性。

房地产价格调查和产品调查

房地产商品作为一类特殊的产品，会受到很多来自外界环境的影响，例如国家、地区对房地产行业的法律限制、地区经济能力水平的限制、消费者消费理念的限制等。因此，对房地产价格与产品的调查，是房地产前期考察、策划的重要工作。

房地产价格调查与产品调查的具体内容如下。

1. 房地产价格调查

(1)房屋销售价格。房屋销售价格主要包括新建房销售价格、二手房销售价格两部分。

(2)影响房地产价格变化的因素，特别是政府价格政策对房地产企业定价的影响。

(3)编制房屋销售、房屋租赁、物业管理和土地交易等价格指数，科学地计算各种房地产价格，准确反映房地产价格变动幅度和市场发展趋势。

(4)物业管理价格。物业管理价格是指物业管理企业按照物业服务合同的约定，对房屋及配套的设施和相关场地进行维修、养护、管理，维护相关区域的环境卫生和秩序，向业主所收取的费用。物业管理价格主要包括住宅、办公楼和商业营业用房物业管理价格等。

(5)房地产商品价格需求弹性和供给弹性的大小。

(6)开发个案所在城市及街区房地产市场价格。

(7)土地交易价格。土地交易价格是指房地产开发商或其他建设单位在开发之前,为取得土地使用权而实际支付的价格,不包括土地的后续开发费用、税费、各种手续费和拆迁费等。土地交易价格主要包括居住用地价格、工业用地价格、商业营业用地价格和其他用地价格等。土地交易方式主要包括拍卖、招标、挂牌销售、市场转让、市场抵押等。

2.房地产产品调查

(1)房地产市场现有产品的数量、质量、结构、性能、市场生命周期。

(2)现有房地产租售客户和业主对房地产的环境、功能、格局、售后服务的意见及对某种房地产产品的接受程度。

(3)房地产产品分类及产品组合情况。

(4)本企业产品的销售潜力及市场占有率。

(5)建筑设计及施工企业的有关情况。

房地产促销调查

随着国内房地产行业外部环境的变化,客观上要求房地产企业及时转变观念,根据市场状况及其发展变化确立营销策略。另外,在房地产销售方面,越来越多的房地产企业利用多彩的销售方式和手段宣传其公司和产品,这无形中就加大了房地产市场的竞争压力。因此,作为决策者应及时准确地把握市场动态,可以从房地产促销调查着手,从而制定出符合企业发展的营销策略。

房地产促销调查内容如下。

1.房地产广告的时空分布及广告效果测定。

2.房地产广告媒体使用情况的调查。

3.房地产广告预算与代理公司的调查。

4.人员促销的配备状况。

5.各种公关活动对租售绩效的影响。

6.各种营业推广活动的租售绩效。

房地产营销渠道调查

房地产企业对销售渠道的调查必须先行,因为当巨大的开发能力形成,而没有形成与之相适应的渠道网络时,必然造成开发能力的巨大浪费,其结果就是商品房空置面积增加。房地产企业的一切营销活动必须以消费者需求为核心,因此房地产企业对销售渠道的调查,不仅可以在营销活动前期进行消费者研究和目标市场选择，还能够有效地控制整个目标市场的销售渠道，以保证销售渠道有效运转。

房地产营销渠道调查的主要内容如下。

1. 分析顾客的服务需求。房地产企业应为客户提供更多的物业信息，并为购房者提供各种附加服务，包括向客户提供贷款、质量担保等服务。

2. 房地产市场营销方式的采用情况、发展趋势及其原因。

3. 租售代理商的数量、素质及其租售代理的情况。

4. 监控顾客购买行为的变化。随着消费者对产品的认知和了解的提高，客户的购买行为也会慢慢发生改变，企业需要随时监控顾客购买行为和准则的变化。

房地产市场竞争情况调查

当今的房地产市场是一个竞争激烈的市场，对竞争情况、竞争对手进行分析、研究是房地产企业制定竞争战略和措施的基础，也是在目标市场占领主导地位的基本前提。因此，企业在制定各种重要的市场营销决策之前，必须经常将它的产品、价格、渠道和促销与其接近的对手进行比较，以确定竞争者的优势与劣势地位，从而使企业能发动更为准确的进攻，以及在受到竞争对手攻击时能做出较强的防卫。

房地产市场竞争情况调查的主要包括以下内容。

1. 识别竞争者，包括行业内部企业之间的竞争者，新进入房地产行业的竞争对手，相关行业企业间的竞争者。

2. 对竞争者的商品房设计、室内布置、建材及附属设备选择、服务优缺点的调查与分析。

3. 对竞争者商品房价格的调查和定价情况的研究。

4. 对竞争者广告的监视和广告费用、广告策略的研究。

5. 对未来竞争情况的分析与估计等。

6. 整个城市，尤其是同(类)街区同类型产品的供给量和在市场上的销售量，本企业和竞争者的市场占有率。

7. 竞争性新产品的投入时机和租售绩效及其发展动向。

房地产市场宏观环境调查

对房地产市场进行宏观调查实际上就是企业进入市场后了解市场动向的

第一步。因为房地产行业受到诸多法律、政策、社会、经济等因素的限制，所以对于房地产企业来说，只有在准确地把握了国家或地区的宏观环境之后，才可能把握住投资机会。

1. 政治法律环境

政治环境主要是指国际、国内的房地产行业“气候”，国家政局以及国家的开放程度与政策的连续性，它形成市场的政治环境。主要是调查影响房地产市场运行的政治形势（包括国内、法律法规、国家政策；有关房地产开发的土地政策、户籍政策、住房政策、税收政策等）。

2. 经济科技环境

经济因素包括市场所处的宏观经济条件和经济收入水平两类因素，它们形成市场的经济环境。包括经济制度、经济发展速度、产业结构及变化趋势、经济开放程度、城市发展状况等；有关房地产行业的科技发展情况，包括国家对科技创新的支持力度、对环保节能建筑的相应政策等。正因如此，房地产企业应一方面广开市场，让利销售，盘活存量房地产；另一方面又应着手准备迎接新一轮房地产发展高潮的到来，主动抢占市场。经济收入在市场上表现为实际购买力，它是构成市场的基本要素，因为市场容量的大小，归根结底取决于消费者购买力的大小。

3. 文化人口环境

人口因素决定房地产市场的规模和发展趋势，它对房地产发展具有较强的制约力量。房地产是提供人们栖息居住、工作、学习、生活、娱乐的场所，与人口因素密切相关。对文化人口环境的把握，主要是调查当地居民的生活习惯、生活方式、社会风俗、宗教信仰；消费者的消费习惯、消费心理；人口结构及迁移情况；家庭结构及收支组成、变化趋势情况；国家或地区文化开放程度等。

房地产中观环境调查

房地产中观环境调查比宏观环境调查范围更广更加具体，其主要调查的内容是房地产项目所在城市的经济、文化、人口现状，城市建设规划等区域性的发展状况。

房地产中观环境调查可以帮助决策者分析好市场发展前景，进行很好的市场定位，优化产品组合，经营多规格、不同档次的商品房，以适应市场发展的需要和满足不同消费水平者的需求。

房地产中观环境调查的主要内容如下。

(1)主要是调查城市的经济发展状况、城市的历史文化情况、城市居民的生活习惯和生活方式、城市人口结构情况等，可以通过对城市消费者进行调查询问，通过与消费者直接沟通了解该城市消费者的消费水平、消费需求、对房地产项目的偏好等内容。

(2)城市建设规划，主要调查城市基本建设情况、城市发展的方向、城市交通布局及管制情况等。可到规划部门查询一个城市的总体规划文本，或请规划专家分析来获取有关资料信息。这是项目选址要着重考虑的因素，它直接关系到物业增值的可能性。

(3)当地房地产市场情况，主要是调查房地产市场的供需情况、房地产市场的成交情况，房地产市场的交易规模、房地产市场的空置率等。可通过某一特定时期供求差距对比和分析推测获取相关信息，包括某年度房地产供应量、需求量、销售价格水平和平均开发成本等资料。

(4)当地房地产相关企业的基本情况，可通过房地产企业管理部门的介绍而获得，也可由调查人员从市场中收集获取，包括城市房地产企业的数量、类型以及企业资质与实力等资料。主要包括：竞争对手的实力和规模；对手的产品生产能力、新产品开发能力和品牌效应；对手的营销策略和市场占有率；对手的生产经营成本和定价策略，以及对手近年来的项目开发状况和土地储备情况等。

(5)项目所在区域的发展状况调查，主要是了解项目所在区域的经济发展情况、在城市发展中的作用或定位、在建或已建项目的构成、人口构成及密度等。

房地产微观环境调查

微观环境是指直接影响房地产企业服务其目标市场能力的各种因素，包括企业本身、消费者、供应商、营销中间商、顾客、竞争者以及社会公众等。项目微观环境调查主要包括对所开发项目开发条件的分析，以及关于竞争楼盘的调查。

1. 项目开发条件分析

其目的是分析项目自身的开发条件及发展状况，对项目所在地段的自然条件和市政基础设施、公共配套设施等因素进行调查分析等，主要涉及项目本身的优越性和价值，以及项目今后的价值提升空间，具体包括以下内容。

(1)对项目的用地状况进行分析。

(2)对项目所在地段自然条件的调查。主要是调查房地产周围的空气和水源质量、自然景观美化程度、噪声污染程度等。这些在一定程度上决定了开发项目的美观程度和舒适程度，是成功开发必不可少的条件。

(3)对项目所在地段的市政配套设施的调查分析。主要包括交通运输，给排水、供电、天然气、邮电通信、网络设备等对居民日常生活影响较大的基础设施建设情况。

(4)对项目所在地段的公共配套设施的调查分析。主要指项目周围关于居民消费、娱乐和受教育等设施的配套情况，包括公园、学校(幼儿园和中、小学的数量和质量)、医院、银行(不同银行的营业网点数量和布局)、大型超市、体育场馆等，当然还包括由附近居民结构和素质所折射出来的人文环境等。

2.竞争楼盘调查

与开发楼盘进行竞争主要包括两类：一类是与所开发项目处在同一区域的楼盘，另一类是不同区域但市场定位相似的楼盘。主要调查项目附近楼盘的房型、价格、推出时间、销售渠道、促销策略及开发商实力等。

(1)产品开发情况。其中包括产品的区位、产品设计(户型面积、装修标准、绿化率等)、公司组成(是指项目的开发商、设计单位、承建商和物业管理公司，其中开发商的实力是最为关键的因素)以及竞争产品的市场占有率。

(2)价格情况。价格是房地产营销中最基本的因素，它关系到开发项目的市场销售情况，并且对企业的盈亏也有着直接影响。一般用单价、总价和付款方式来描述一个楼盘的价格情况。其中，单价主要包括调查起价、平均价、主力单价。通过对这些价格的判断可以辨别出一个开发项目的市场地位、楼盘质量以及主要客户的支付能力。而付款方式是消费者选择购买房屋时将总价在时间上的一种分配情况，可以判定出主要客户群的经济实力。

(3)销售情况。销售情况是开发商最为关心的，主要包括销售率，是消费者对该楼盘接受程度的直接表现；销售顺序是指不同类型物业、不同单价、不同户型的成交先后顺序；销售投入情况，主要是指针对不同物业所选择的不同营销手段，对楼盘销售在不同时期的财力和物力的投入情况。

(4)广告策划。这是房地产促销的主要手段，对楼盘的广告策划是市场调查的重要组成部分，也是房地产企业所关注的一个问题。主要包括：售楼处装修设计、形象展示、服务情况；广告的投入强度，是该楼盘所处营销阶段的具体表现；广告媒体的比较和选择，主要是调查相应项目对不同媒体的青睐程度，以及不同媒体对不同项目的效率；物业的卖点，也是广告的诉求点，广告对产品进行突出的宣传，它是物业最有特色、最具竞争力的项目，也是一个项目区别于其他项目的重要之处。

(5)需求情况。其包括消费者对房地产项目的位置、户型、风格、单价、总价、配套和交通等方面的要求。

房地产政策环境分析

房地产企业所处的政策环境是房地产开发管理中不容忽视的重要影响因素，房地产政策环境直接关系着房地产项目的投资与开发。因此，不论是国家、城市有关房地产的政策、法规，房地产管理者都要给予高度的重视，认真分析当前所处的政策环境，以免造成决策失误或者引起风险。

国内房地产专业研究机构中国指数研究院发布的最新报告《2013 年三季度中国房地产政策评估报告》，报告预测了未来中国房地产政策环境。

宏观政策环境整体趋稳。目前我国正处于经济转型的关键时期，要坚持“宏观政策要稳、微观政策要活、社会政策要托底”三者有机统一。预计四季度，宏观经济复苏局面仍将持续，货币政策、房地产调控等宏观政策的取向仍将以稳为主。但在热点城市房地产市场持续量提升的情况下，调控基调不会放松。

货币政策保持稳健取向。出于支持经济发展的需要，整体货币信贷环境仍将保持积极稳健，房贷近期受季节性因素影响有所紧缩，但四季度大规模收紧的可能性不大。此外，需要注意的是，2013 年下半年以来利率市场化进程正在逐渐加快。展望 2014 年乃至中长期，由于经济转型调结构和全球经济杠杆化的大趋势，利率市场化、资本管制放松等金融业变革将逐步落实，过去十年资金充裕的大环境将逐步发生变化，房地产业应逐步适应相对紧张的资金环境。

地方政策调整更为灵活。由于城市间市场量表现的差异，未来各地落实调控的手段将更为灵活，调控力度也将由各地政府根据实际情况把握。热点城市高价地块频频出现加大房价上涨预期，限购、限贷等短期行政手段退出的可能性较小，部分房价涨幅突出的城市或将存在政策加码风险。与之相对的是，部分城市由于经济下行压力增大，房地产市场呈现低迷态势，政府也可能考虑在限购政策允许范围内做一定调整。

土地市场稳定预期作用愈加重要。继“国五条”要求各地加大住宅用地供应后，2013 年 9 月 25 日国土资源部再度强调保持城市地价平稳，切实稳定土地市场，要求各城市特别是一线城市要调增并公布住房用地供应计划。2012 年下半年以来热点城市土地市场持续火热，高价地块的频繁出现明显推动了后市房价上涨的预期，而增加住宅用地的供应或将在一定程度上缓解该局面。预计四季度各地政府将加快推出住宅用地，向社会释放土地供应增加、后市预期稳定的积极信号。

房地产经济环境分析

房地产经纪环境分析主要针对全国经济环境与城市经济环境两方面进行分析，这两方面经济情况对房地产项目影响甚大，其主要内容如下。

1. 全国经济环境分析

对于全国经济环境分析通常包括国民经济总体情况、固定资产投资、通货膨胀因素、消费者需求以及全国重大利好事件等。

(1)国民经济总体情况分析。

国民经济总体情况可以用一系列的经济指标进行描述，如国内生产总值及增长率、消费品零售总额及其增长、经济景气指数等。

(2)固定资产投资分析。

对固定资产投资分析之所以单独进行研究是因为房地产投资属于固定资产投资的一部分，且与其关系密切，因此要研究。

(3)通货膨胀分析。

通货膨胀作为一种经济现象给投资者的成本及各类产品价格带来一些波动，所以通货膨胀分析也常出现在房地产项目可行性研究报告中。

(4)消费者需求分析。

消费者的需求直接影响供给，所以应对消费者需求进行分析。

(5)重大利好事件分析。

重大利好事件，如中国加入世界贸易组织(WTO)、举办奥运会等，对经济有很大促进作用的事件，根据实际情况进行分析。

2. 城市经济环境分析

城市经济环境分析通常包括城市主要经济指标、城市固定资产投资、城市引进外资情况以及城市内重大经济项目等情况对房地产项目的影响。

(1)城市主要经济指标。

城市主要经济指标通常包括城市居民收入水平及城市各大产业产值水平、固定资产投资额等。

①城市居民收入水平分析，城市居民收入水平可用城市人均 GDP、人均可支配收入等指标来表现。

②城市三大产业分析即对城市第一、二、三产业的产值、增长率占国内生产总值的比重等方面进行分析。

③城市其他产业分析是指除了居民收入水平、三大产业产值等经济指标之外的外贸进出口总额等指标，可根据具体项目来取舍。

(2)城市固定资产投资分析。

城市固定资产投资与房地产项目密切相关,所以要单独进行分析。通常用固定资产总投资额、增长率等来描述。

(3)城市引进外资情况分析。

城市引进外资情况通常可以用引进外资数额、外资企业数量、外资企业产值等指标来描述。

(4)城市内重大经济项目分析。

城市内重大经济项目分析的开展和建设会对房地产项目本身的投资决策产生影响,因此要单独进行分析。

房地产社会文化分析

房地产社会文化分析是针对某个具体地区或城市的社会文化状况进行展开的。地区或城市的社会文化影响着该地区房地产企业的文化,房地产企业文化的建设和发展与社会文化的建设和发展是相互影响、相互推进的。

通常,房地产社会文化分析主要针对其所在城市的自然地理情况、历史文化和人口情况进行分析,具体内容如下。

1. 城市自然地理情况分析

城市自然地理情况分析一般包括城市总面积、地势地貌、自然气候、行政区划、区位特征等。一般是根据项目的实际情况进行分析。

2. 城市历史文化情况分析

城市历史文化情况分析对项目的影响程度大小不等,在进行房地产项目可行性研究报告时可根据实际情况决定分析的深度。

3. 城市人口情况分析

城市人口情况分析一般包括人口数量和人口居住情况分析。

(1)人口数量分析。

人口数量分析即用人口数量指标,如总人口、户籍人口、外来人口进行描述分析。

(2)人口居住情况分析。

人口居住情况分析一般包括人均住宅使用面积、家庭拥有自有产权房情况以及无房户、住房困难户情况等。

房地产市场分析步骤

房地产市场分析步骤是学习研究房地产市场分析的主要内容和方法的重

要前提，同样是为房地产各项活动提供决策和实施的依据。只有充分掌握房地产市场分析步骤，才能顺利地掌握和完成房地产市场分析。房地产市场分析依据所服务对象的不同，其所需收集的信息范围和内容也有所差别。

那么，房地产市场分析需要遵循哪几个步骤呢？

1. 确定分析的目的，即确定分析是为选择投资与决策方案服务、为解决某一具体问题或发现市场机会服务、为产地选择或产品地位服务，还是为了编制一般的市场研究报告服务。

2. 确定分析的目标，主要决定该项目分析的范围及所需解决的主要问题。

3. 确定分析的方法，主要确定该项目分析所需数据类型与收集方法、数据处理过程中定性和定量方法的选择。

4. 估算分析过程所需的时间和费用，以及分析结果的预期价值。

5. 进行数据收集、数据处理和数据分析。

6. 提出市场分析的结论与建议，对市场情况进行预测。

房地产市场分析可为房地产各项活动提供决策和实施的依据，本文从实用的角度，探讨了房地产市场分析的层次与内容体系，归纳总结出服务于房地产投资决策、项目融资、房地产证券投资、房地产开发过程、房地产市场宏观管理等活动的房地产市场分析报告的特点，对房地产市场分析缺乏有效性的原因进行分析，并提出了提高房地产市场分析报告有效性的途径。

项目可行性研究报告的内容

项目可行性研究报告是可行性研究一个宏观的例子，可行性研究报告主要包括项目投资环境分析，行业发展前景分析，行业竞争格局分析，行业竞争财务指标参考分析，项目建设方案研究，组织实施方案分析，投资估算和资金筹措，项目经济可行性分析，项目不确定性及风险分析等方面。

一份完整、系统的可行性研究报告包括以下几项内容。

1. 总论

(1)项目背景：包括项目名称、承办单位、主管部门、拟建地区和地点，进行可行性研究的单位和法人代表、研究工作依据和概况等。

(2)可行性研究结论：市场预测情况、材料供应情况、选址情况、工程技术方案、项目进度、投资估算和资金筹措、财务与经济评价、项目综合评价结论等。

(3)存在问题及建议：对可行性研究中提出的项目主要问题进行说明并提出解决建议。

2.项目背景和概况

(1)项目背景:说明企业发展规划、项目发起人、缘由、投资意向等。

(2)项目发展概况:在可行性研究之前已经完成的工作情况,包括选址、测量、项目建议书等。

(3)投资必要性:投资意向和必要性分析,说明该项目对企业的重要意义。

3.市场分析与建设规模

(1)市场调查:说明项目产品模式、同类产品数量、产品产量及销售预测,并调查替代产品、产品价格等。

(2)市场预测:需进行国内市场需求预测、竞争产品分析、价格走向预测等。

(3)市场营销战略:根据市场情况,制定合适的营销战略,争取扩大市场份额,并确定营销方式、营销措施、产品价格、预测产品销售费用等。

(4)产品方案和规模:确定各类产品模式、户型模式等,并确定好相应规模,预测销售收入。

4.建筑选址分析

(1)选址区域分析:分析行业布局、城市规划、土地资源、区域地质、交通条件、环境等。

(2)地块质量分析:分析地形、地貌条件,土地面积、基础设施情况及需要拆迁的情况。

(3)选址规划方案:绘制选址位置,描述地块优点和推荐理由,分析自然和人文环境及地块的技术经济指标。

5.建筑技术方案分析

(1)项目组成:本项目范围内的所有建筑工程、配套工程、安装工程、设施等范围。

(2)平面布置:说明总平面布置原则,并绘制平面布局图。

(3)土建工程:主要建筑物、构筑物的特征及结构设计、特殊基础工程的设计、主要建筑材料说明、土建工程材料的造价计算等。

(4)其他工程:对给排水工程、动力及公用工程、楼宇自动化系统、地震设防、生活福利设施等方案进行分析。

6.环境保护

(1)建设地区环境现状:从工业、商业及相关行业现状及发展潜力、项目建设的时机和自然环境等方面说明项目建设的必要性和可行性。

(2)项目主要污染源和污染物:对项目的污染源和污染物进行说明,并做出环境影响评价结论。

(3)环境保护方案:项目拟采用的环保标准、治理方案及环境监测方案、环保投资估算等。

7. 项目实施进度安排

(1)说明项目实施的各阶段:包括建立项目实施管理机构、资金筹集安排、技术获得与转让、勘察设计和设备采购、施工准备、施工过程、竣工验收、销售规划等。

(2)项目实施进度安排:用甘特图、网络图等工具表示项目实施进度安排。

8. 投资估算和资金筹措

(1)项目总投资估算:估算建设项目中包括固定资产投资总额和流动资金。

(2)资金筹措:确定资金来源、渠道与项目筹资方案,且富有必要的计算表格和附件。

(3)投资计划:确定资金使用计划和偿还计划等。

9. 财务效益和社会效益评价

(1)成本和销售额估算:估算项目总成本、单位成本和竣工完成后的销售收入。

(2)财务评价:分析并考察项目建成后的获利能力、偿债能力及外汇平衡能力,判断该项目在财务上的可行性。应列出的财务指标需包括:财务基准收益率、行业平均投资回报率、平均投资利润率、投资利税率等。

(3)国民经济评价:采用费用与效益分析法,运用影子价格、影子汇率、影子工资和社会折现率等参数,采用国民经济盈利能力分析和外汇效果分析,计算经济内部收益率和经济净现值,评价项目对国民经济的净贡献及项目在经济上的合理性,以供决策部门考虑项目取舍。

(4)不确定性分析:为了尽可能减少项目风险,需分析项目不确定性因素对项目经济评价指标的影响,以确定项目的可靠性,一般包括敏感性分析、概率分析等。

(5)社会效益评价:对项目的社会效益和影响进行分析,确定项目的社会意义。

10. 研究结论与建议

(1)结论与建议:对项目在技术、经济方面进行全面评价,并对方案进行比较、选择和总结。

(2)报告附件:包括项目建议书、项目立项批文、选址报告书、贷款意向书、环境影响报告、市场调研报告、引进技术的项目考察报告、其他主要对比方案说明、地质地形或位置图、总平面布置方案图等。

项目可行性研究报告编写流程（如图 1-1 所示）

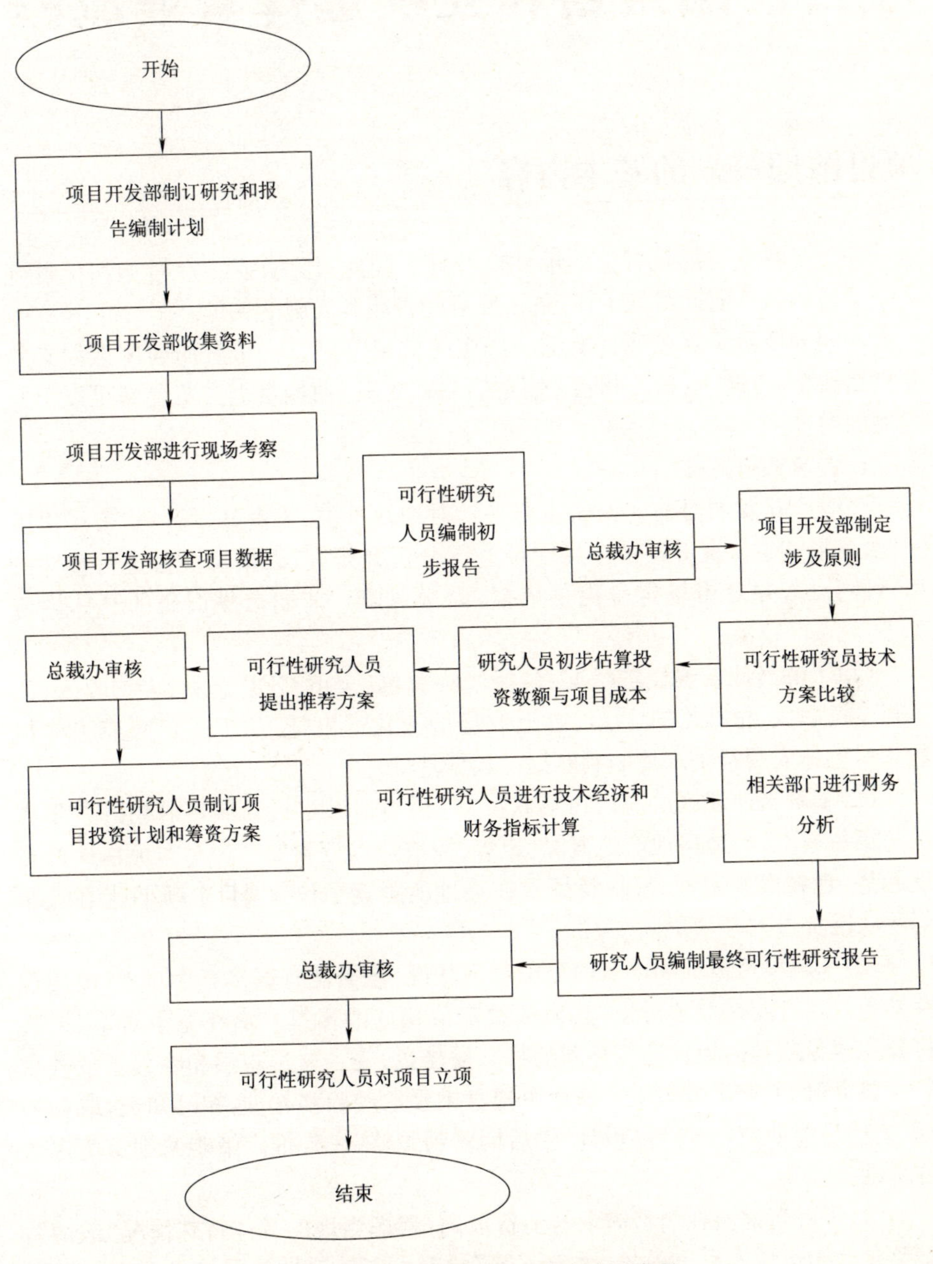

图 1-1　项目可行性研究报告编写流程

第二章
项目前期策划和立项选择管理流程

项目前期策划的基本内容

每个工程项目都具有它的单件性特性。因此，作为施工单位，如何把握好一个项目的施工前期策划工作，是该项目能否顺利实施的关键。

不同的项目策划在项目实施中产生的效果不同。一个好的前期策划必须要满足安全、工期、质量、利润到最佳的目标状态。前期策划方案要满足以下几方面的内容。

1. 前期市场调研

房地产开发项目前期调研主要是针对地块价值、投资开发环境、市场供需情况、市场竞争状况等各种市场变量进行分析和研究，以期对项目进行整体的可行性分析，并对市场定位提供依据，回避风险。前期市场调研的具体内容如下。

(1)了解当地宏观经济状况：包括经济总量、全市 GDP 总量、人均收入、人均可支配收入、银行存款总量、以上数据的变化速度情况；近三年政府工作报告。对整体宏观经济环境的判断提供数据基础。

(2)了解当地地区房地产市场状况：包括当地城市最新城市规划近三年商品房销售情况，当地房地产的概况、走势、板块热点分布等。为对当地房地产发展趋势、现在发展阶段、板块特征及在当地所处竞争位置/环境、项目潜在竞争对手状况提供判断依据。

(3)了解项目概况和区域内竞争对手状况：包括现有直接竞争对手(周边现存楼盘)、现有间接竞争对手(其他板块定位相同的楼盘)、潜在竞争对手(周边将开发楼盘或其他板块定位相同的将开发楼盘)等。通过观察和收集竞争楼盘的相关资料，了解竞争对手。从竞争楼盘中吸取经验和教训，知己知彼，取长补短，为项目前期定位和产品设计、中后期营销策略、广告推广策略的制定奠定数据基础。

(4)了解当地潜在消费需求与消费取向：考虑当地的具体特殊情况“地情”，避免异地操作最容易出现的“水土不服”状况。有针对性地寻找发展商与消费者需求的共同切入点，并依此确定适合当地实际情况的操作策略，如项目定位与设计方面的风格、档次、类型等;项目营销战略方面,包括广告诉求点、广告传播渠道、促销活动类型等系列竞争体系。

(5)对房地产政策、法规、措施的调查。

在项目开发前期,房地产企业相关工作人员应做好房地产政策、法规、措施的调查,避免影响到开发项目的正常顺利进行。这一调查应主要了解房地产项目所在地住房管理、户口管理、土地使用、规划设计、拆迁安置、开发管理、建筑施工、销售、税收、物业管理等方面的政策、法规、措施。

2. 项目投资策划

项目投资策划是房地产全方位策划关键的环节,通过对项目环境的综合考察和市场调研分析,以项目为核心,针对当前的经济环境、房地产市场的供求状况、同类楼盘的现状及客户的购买行为进行调研分析。再结合项目进行 SWOT 分析。在以上基础上,对项目进行系统准确的市场定位和项目价值发现分析,然后根据基本资料,对某项目进行定价模拟和投入产出分析,并就规避开发风险进行策略提示,并对开发节奏提出专业意见。

3. 项目规划设计

房地产项目规划设计包括项目方案设计、初步设计及施工图设计等。项目规划与设计对于项目的成败有着极大的决定作用。其中,尤其以方案设计为重中之重:方案设计可以称为宏观设计,将决定房地产项目的外部布局、内部功能、土地的利用效率、室内空间的利用效率、项目的价格潜力、室内空间的合理动线布局等。初步设计及施工图设计可以称为微观设计,即在方案设计基础上进行纯建筑工程角度的深化、细化。

4. 项目质量计划

项目质量计划是指为确定项目应该达到的质量标准和如何达到这些项目质量标准而做的项目质量的计划与安排。项目质量计划是质量策划的结果之一。它规定与项目相关的质量标准,如何满足这些标准,由谁及何时应使用哪些程序和相关资源。项目质量计划工作的成果包括:项目质量计划、项目质量工作说明、质量核检清单、可用于其他管理的信息。

项目质量管理计划包含一些程序,它要求保证该项目能够兑现它的关于满足各种需求的承诺。包括在质量体系中,与决定质量工作的策略、目标和责任的全部管理功能有关的各种活动,并通过诸如质量计划、质量保证和质量提高等手段来完成这些活动。质量计划——确定哪些质量标准适用于该项目,并决定如何达标。

项目策划管理流程(如图 2-1 所示)

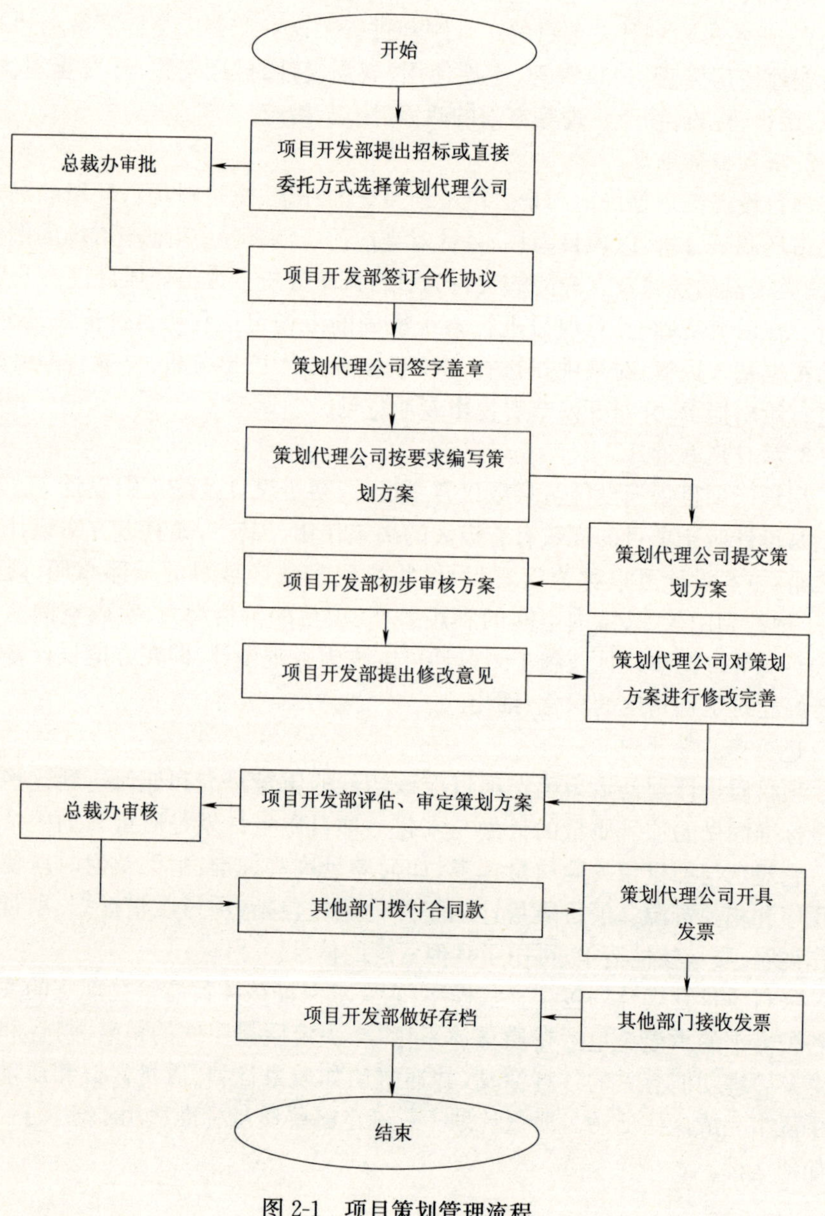

图 2-1 项目策划管理流程

策划合同签订与执行流程(如图 2-2 所示)

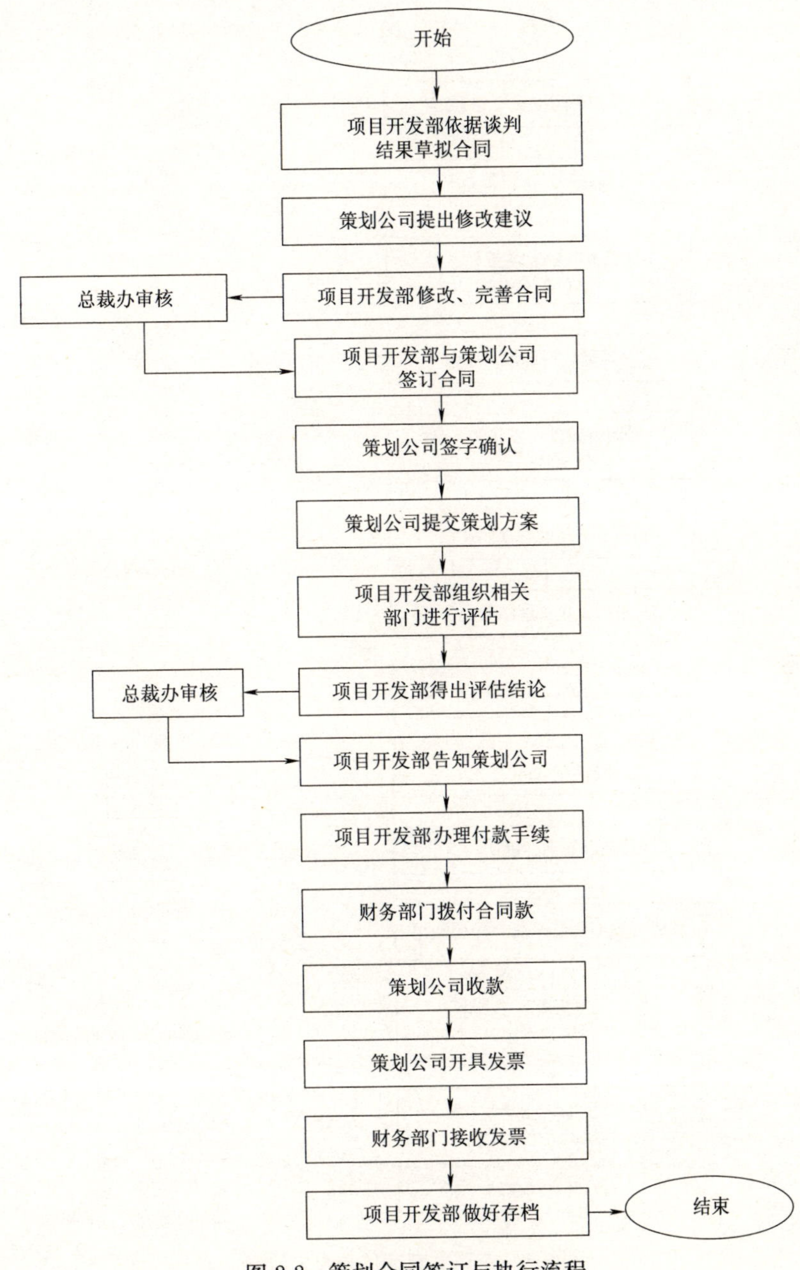

图 2-2 策划合同签订与执行流程

策划方案评估与审定流程（如图 2-3 所示）

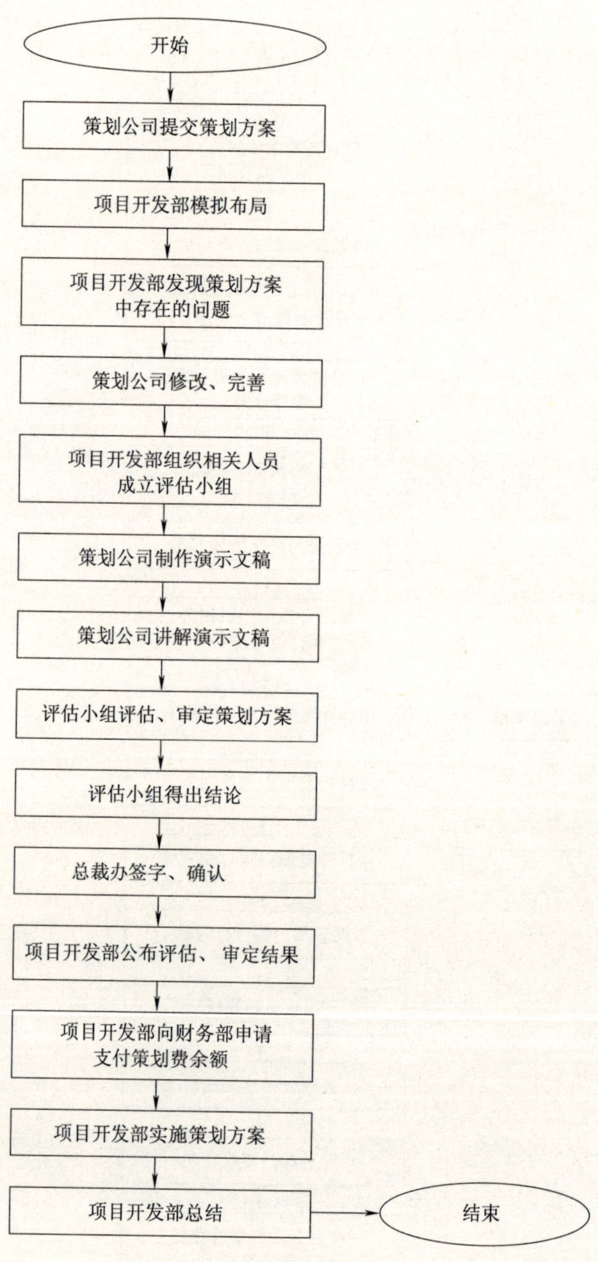

图 2-3 策划方案评估与审定流程

开发前期策划控制流程

1. 目的

为了保证房地产开发的产品最终可以满足消费者的需求，并使公司获得最大额度的投资收益。

2. 适用范围

本流程适用于公司房地产开发项目前期决策过程的控制。

3. 职责

(1)计划管理部负责编写“项目建设书”、“项目可行性研究报告”、“项目立项报告”、“项目开发建设计划”和“项目后评估报告”，负责对投资项目决策工作的归口管理，并办理项目审批手续。

(2)项目开发部负责获取土地资源并领取“建设项目选址意见书”、“建设用地规划许可证”及“国有土地使用权证”，确定现场地界。

(3)项目策划研究中心负责提交“宏观市场环境调研报告”和“区域市场调研报告”，在项目立项后，负责编制“项目总体营销方案”。

(4)财务部负责编制“项目资金保障计划”。

(5)董事会秘书负责整理“董事会决议”和“股东大会决议”。

4. 流程内容

(1)市场调研。

首先由策划研究中心对国家宏观市场环境进行调研，并编制“宏观市场环境调研报告”，经分管领导审定后，报总经理、董事长。具体内容包括以下几方面。

①调查国家有关政策法律法规，财政、信贷、存款利率、税收及能够影响到房地产开发的其他法律法规及文件。

②调查国民经济的现状。

③调查人口和消费情况。

④调查科技发展情况。

⑤调查社会文化发展现状。

因为公司房地产投资需要形成相应的各种市场调研报告，所以，策划中心及市场调研部应按月度对区域市场进行系统调研，采用合理而恰当的方法进行分析。

外地各控股子公司，负责编制本地区“区域市场调研报告”并报公司计划管理部，然后由计划管理部呈送分管领导、总经理、董事长审阅。具体内容包括以下几方面。

①调查区域市场需求。

②预测目标客户群需求并进行消费者调查。

③调查区域市场的现状、价格、产品和销售等情况。

④调查市场上的主要竞争者。

(2)寻找新项目,了解初步情况。

由开发部和外地的控股子公司负责新项目的寻找及初步了解工作,还要不定期将了解的情况汇编成“项目简要介绍”,报总经理和董事长审阅,经批准可继续跟进后,开始进入论证工作。

(3)新项目论证工作。

所有项目均需提交“项目建议书”。其他各控股子公司负责编制当地项目的“项目建议书”并报公司计划管理部,经总经理审定后,报董事长审批。“项目建议书”的具体内容包括以下五个方面。

①项目的发展可行性。

②项目的市场价格分析。

③项目的初步投资预算及风险评估。

④项目的销售评估。

⑤项目的服务、产业效益评估。

计划管理部根据审批的“项目建议书”,在市场调查分析的基础上,依据公司总体发展战略和“宏观市场环境调研报告”、“区域市场调研报告”,编制“项目可行性研究报告”。

“项目可行性研究报告”的内容包括以下几方面。

①介绍项目的基本情况。

②住宅与房地产业发展概况及宏观市场调查和分析(策划研究中心提供)。

③局部市场情况及销售预测(策划研究中心提供)。

④建设开发进度安排(工程部提供)。

⑤规划设计方案及技术分析(技术部提供)。

⑥经营管理或开发方案。

⑦投资估算及资金筹措(财力部提供)。

⑧风险分析。

⑨经营效益、社会效益分析。

⑩可行性研究的结论。

在公司办公会批准通过“项目可行性研究报告”后,由办公室整理“会议纪要”。

计划管理部编制“项目立项报告”,交由总经理同“项目可行性研究报告”一起提交公司董事会审议。“项目立项报告”的具体内容包括以下几方面。

①项目是否符合公司发展战略的要求。

②项目的定位和投资收益分析是否符合当地的市场状况。

③公司的现有资金能力能否保证项目的顺利开展和实施。

④项目的建设和结论。

公司董事会审核和批准“项目可行性研究报告”和“项目立项报告”后，由董事会秘书整理“董事会决议”。

财务部在项目立项后，负责根据公司年度奖金计划制订“项目奖金保障计划”。

开发部在项目立项后，负责获取土地资源，按照“房地产前期报建程序”要求，办理“选址意见书”“建设用地规划许可证”及“国有土地使用权证”，并确定地界。

策划研究中心负责在项目立项后编制“项目营销策划方案”，经主管营销的总经理助理批准后报总经理。

在项目立项后，计划管理部负责编制“项目开发建设计划”，报主管副总经理审核后，再报总经理批准实施。

(4)项目评估。

项目基本清盘(销售超过95%)后三个月内，计划管理部负责进行项目后评价并编制“项目后评估报告”，具体内容包括以下六个方面。

①各项具体工作实施情况。

②项目总体评价。

③预期目标的实现程度。

④投资情况分析。

⑤收益情况分析。

⑥总结项目开发建设的经验及教训。

“项目后评估报告”报总经理、董事长审阅后，整理并归档。

计划管理部对“项目后评估报告”中显示的开发操作失误和教训，按“纠正和预防措施控制程序”实施。

项目开发前期工作及需缴纳费用内容

项目开发前期工作及需缴纳费用内容如下。

1. 通过挂牌方式取得土地

(1)购买土地款。

(2)土地契税款:土地款×4%。

(3)土地交易费:土地款×1.5%。

2.政府阶段报建

(1)计委立项备案(营业执照、开发资质、小区名称、可行性报告、立项报告)。

备注:项目申请报告、项目评估报告委托编制,需缴纳一定费用。

(2)委托方案设计(依据开发方案、土地出让条件、规划设计条件审批表),设计出报批图。

(3)用地规划报批:(申请报告、计委立项批复、资金证明、地形图、土地相关手续)办理用地规划许可证。

备注:此阶段根据项目规模需做项目交通影响评价、项目环境影响评估。包含项目申请报告、项目评估报告、委托编制项目费用平摊合计为3~5元/平方米。

(4)单体方案设计(依据规划设计条件审批表、用地规划许可证),设计出报批图。

备注:此阶段可同步进行"水土保护治理方案"编制工作及同步进行地质勘探。两项费用平摊合计为3~5元/平方米。

(5)办理单体方案批复。

(6)施工图设计。

备注:此阶段需完成计委施工图扩初设计审批工作。

(7)办理消防、人防相关手续、图纸会审、抗震办图纸审查。备注:此阶段需委托有资质单位做施工图设计文件审查,费用为0.6~1元/平方米;消防需缴纳费用1~2元/平方米。

(8)到办证大厅领取行政服务中心运行表并缴纳各项政府规费。

备注:各项规费163元详见附表1。

(9)建筑规划报批(申请报告、市政服务中心运行表、土地相关手续)办理建筑规划许可证。

(10)办理招投标。

备注:此阶段可同步进行规划测量放线。招标代理费及规划测量放线费两项费用平摊为3~5元/平方米。

(11)到质量检查站、安全检查站办理质量、安全监督注册登记手续。农民工保障金及意外伤害保险费两项费用平摊约6元/平方米。

(12)到建设局办理施工许可。

附表1：

房地产开发项目规费一览表

项目名称	费用	项目名称	费用
建设工程社会保险费	22.5元/平方米	新型墙体材料专项资金	10元/平方米
市政设施配套费	20元/平方米	防雷装置验收费	2.1元/平方米
建筑行业上级管理费	5.4元/平方米	白蚁预防费用	1.5元/平方米
水土保持设施补偿费	1元/平方米	中小学校舍修建附加费	45元/平方米
防空地下室易地建设费	48元/平方米	建筑施工噪声排污费	6元/平方米
散装水泥专项资金	1.5元/平方米	合计	163元/平方米

房地产开发项目立项概述

房地产开发项目立项阶段是房地产项目开发的第一步，即取得政府主管部门（省市计划发展委员会）对项目的批准文件。对于房地产开发商来说，在本阶段的主要工作是：起草并向市发改委或市房地产开发管理办公室报送项目建议书，取得批准项目建议书的批复；依据项目建议书批复，编制可行性研究报告报计委审批获准，并列入本年度固定资产投资计划。

确定房地产开发项目应当符合土地利用总体规划、年度建设用地计划和城市规划，并符合房地产开发年度计划的要求，按照国家有关规定需要计划主管部门批准的，还应当报计划主管部门批准，并纳入年度固定资产投资计划。

房地产开发项目应当坚持旧区改建和新区建设相结合的原则，注重开发基础设施薄弱、交通拥挤、环境污染严重以及危旧房集中的区域，保护和改善城市生态环境，保护历史文化遗产；房地产开发项目的开发建设还应当统筹安排配套基础设施，并根据先地下、后地上的原则实施。开发项目土地使用权的取得方式在《城市房地产开发经营管理条例》第十二条规定：房地产开发用地应当以出让的方式取得，但法律和国务院规定可以采用划拨方式的除外。

可以采用行政划拨形式取得土地使用权有以下两种情形。

一是《城市房地产管理法》规定，国家机关用地和军事用地，城市基础设施用地和公益事业用地，国家重点扶持的能源、交通、水利等项目用地，法律、行政法规规定的其他用地。

二是1998年7月3日发布的《国务院关于进一步深化城镇住房制度改革加快住房建设的通知》（国发[1998]23号）规定："经济适用住房建设应符合土地

利用总体规划和城市总体规划，坚持合理利用土地、节约用地的原则。经济适用住房建设用地应在建设用地年度计划中统筹安排，并采取行政划拨方式供应。”建设条件书面意见书在《城市房地产开发经营管理条例》规定，土地使用权出让或划拨前，县级以上人民政府城市规划行政主管部门和房地产开发主管部门应当对下列事项提出书面意见，作为土地使用权出让或者划拨的依据之一，包括以下几方面。

(1)房地产开发项目的性质、规模和开发期限。

(2)城市规划设计的条件。

(3)基础设施和公共设施的建设要求。

(4)基础设施建成后的产权界定。

(5)项目拆迁补偿、安置要求。房地产项目实行资本金制度。

1996年8月23日，国务院发布了《关于固定资产投资项目试行资本金制度的通知》(国发[1996]25号)，该通知规定，从1996年开始，对各种经营性投资项目，包括国有单位的基本建设、技术改造、房地产开发项目和集体投资项目试行资本金制度，投资的项目必须首先落实资本金才能进行建设。

投资项目资本金，是指在投资项目总投资中，由投资者认购的出资额，对投资项目来说是非债务性资金，项目法人不承担这部分资金的任何利息和债务；投资者可按其出资的比例依法享有所有者权益，也可转让其出资，但不得以任何方式抽出。

投资项目资本金的出资方式如下：投资项目资本金可以用货币出资，也可以用实物、工业产权、非专利技术、土地使用权等出资，但必须经过有资格的资产评估机构依照法律、法规评估作价。以工业产权、非专利技术作价出资的比例不得超过投资项目资本金总额的20%，国家对采用高新技术成果有特别规定的除外。

《城市房地产开发经营管理条例》规定：“房地产开发项目应当建立资本金制度，资本金占项目总投资的比例不得低于20%。”房地产开发项目实行资本金制度，并规定房地产开发企业承揽项目必须有一定比例的资本金，可以有效地防止部分开发企业资金使用的不规范行为，减少楼盘“烂尾”等现象的发生。

《城市房地产开发经营管理条例》规定，房地产开发企业应当按照土地的使用权出让合同约定的土地用途、动工开发期限进行项目开发建设。超过出让合同约定的动工开发期限满一年未动工开发的，可以征收相当于土地使用权出让金20%以上的土地闲置费；满两年未动工开发的，可以无偿收回土地使用权。其目的是为了防止利用土地进行非法炒作，激励尽快将土地投入使用，促进土地的合理利用。这里所指的满一年未动工开发的起止日，是指土地的使用权出让合同生效之日算起满一年。动工开发日期，是指开发建设单位进行实质性投入的日期。动工开发必须进行实质性投入，开工后必须不间断地进行基础设施、住房建设。在有拆迁的地段进行拆迁、三通一平，即视为启动。一经启动，无特殊原因则不应当停工，如稍作启动即停工无期，不应算作开工。

《城市房地产开发经营管理条例》还规定了以下三种情况造成的违约和土地闲置，不征收土地闲置费。

(1)因不可抗拒力造成开工延期。不可抗拒力，是指依靠人的能力不能抗拒的因素，如地震、洪涝等自然灾害。

(2)因政府、政府有关部门的行为造成开工延期的。

(3)因动工开发前期工作出现不可预见的情况而造成动工开发延期的，如发现地下文物等问题。

房地产开发项目前期流程

房地产开发项目的前期工作实际上就是实施开发项目具体方案的准备阶段，在这个阶段主要涉及与开发全过程有关的各种合同、条件的谈判与签约。相应涉及的工作内容有：立项、购置开发场地、筹集资金、拆迁安置、项目报建与委托设计。

开发商通过投资分析，可以找出一系列必须事先估计的因素，在购买土地使用权和签订建设合同之前，必须设法将这些因素尽可能精确地量化。当然，在所有影响因素彻底弄清楚以后在购买土地是最理想的。

那么，房地产开发项目的前期工作具体要遵循哪些流程呢?

1. 开发项目立项

(1)申报资料：①书面申请；②提供资金落实证明；③土地使用权证明；④由具有相应资质的工程咨询单位编制的可行性研究报告。可行性研究报告应具有以下附件：规划部门对项目建设选址的初审意见；土地管理部门对建设用地的初审意见。

环保部门的环评报告；有关部门对供电、供水、供热、供气及地震的审查意见；依法必须招标项目的招标总体方案；房地产开发公司的资质证明。

(2)申办程序：有行政主管部门的开发商，由主管行政部门转报项目立项申报资料；无行政主管部门的开发商，可直接报市房地产开发管理办公室，项目立项申报资料由该办转报市发改委。纳入土地收购出让的项目，开发商在通过招标、拍卖方式取得开发土地使用权后，将《中标确认书》或《拍卖成交确认书》和《国有土地使用权出让合同》。与其他申报材料一起上报。

(3)办结时限:在收到申报资料后,5个工作日内予以批复。

(4)收费标准:如在开发办办理立项,须缴纳2元/平方米的开发管理费。

2.申请《建设用地规划许可证》

《城市规划法》规定:房地产开发项目确定后,必须向城市规划主管部门申请定点,由城市规划主管部门核发《建设用地规划许可证》。

首先由开发企业向城市规划主管部门提出选址定点申请,并提交项目的立项批文、企业的资质证明、营业执照、法人代表委托书等文件和证件。城市规划主管部门根据城市规划的要求,参照开发企业的申请,考虑房地产开发项目的性质、规模,初步选定项目用地的具体位置和界限,并提出规划设计条件。

规划设计条件是开发项目总图规划设计的依据,开发企业应委托规划设计院按规划设计条件编制规划设计总图。然后报城市规划主管部门审核规划设计总图,核定用地面积,确定用地红线范围,发给开发企业用地规划许可证。接下来,便可办理土地使用权的出让申请手续。

3.办理国有土地使用权证

(1)受理部门:你所在县(市)的国土资源局。

(2)所需资料。

①申请(或土地登记申请书)。

②土地登记审批表。

③征用土地批准材料和红线图。

④地籍图或地形图(委托你所在县(市)的土地勘察中心测绘,收费按国家规定收费标准收取)。

⑤出让金收据、契税(国有土地使用权出让合同总额的4%)和土地出让业务管理费交付凭证(国有土地使用权出让合同总额的2%)(复印件)。

⑥法人资格证明(或个人身份证明)。

⑦需提供的其他证明材料(包括国有土地使用权出让合同、建设用地规划许可证、建设项目批文、营业执照等复印件)。

(3)受理地点:你所在县(市)的国土资源局。

4.领取《房地产开发项目手册》

开发企业提出的土地使用权出让申请经城市政府及其土地主管部门批准后,双方签订土地使用权出让合同。然后,开发企业到房地产开发主管部门备案,领取《房地产开发项目手册》。

由《城市房地产开发经营管理条例》规定的申领《房地产开发项目手册》制度,是为了加强对房地产开发项目的动态管理而制定的。在房地产开发项目的实施过程中,开发企业就项目的进展情况填写《房地产开发项目手册》,

并定期报到房地产开发主管部门备案，就可以使主管部门及时了解和掌握房地产开发项目的进展情况，实施对开发项目的跟踪管理，如开发项目是否按城市规划要求建设及是否按要求完成拆迁安置；工程进度、质量是否符合预售条件等。

5.拆迁安置

开发企业取得了开发场地后，要对该场地上现有的建筑物和构筑物进行拆迁，对现有的住户进行安置，以便进行项目的规划、勘察、设计和施工。房屋拆迁安置的当事人分别为拆迁人和被拆迁人。所谓拆迁人是指取得房屋拆迁许可证的单位；被拆迁人是指被拆迁房屋的所有人。

拆迁安置是一项政策性很强的工作，其依据有国务院、建设部分别颁发的条例和规定，以及各地方城市政府结合本地的实际情况制定的房屋拆迁管理办法。拆迁人应根据国家和地方政府的法令法规，贯彻执行既保证建设需要，又要对被拆迁人给予合理补偿和安置的规定。被拆迁人必须服从城市建设需要，在限期内完成搬迁。政府的拆迁管理部门按照规定要对房屋拆迁工作实施监督管理，各有关单位应积极协助拆迁管理部门做好房屋拆迁工作。

6.筹集开发资金

房地产开发需要大量的资金，仅靠开发企业的自有资金远远不够，必须通过其他途径筹集资金，如向金融机构申请贷款、发行投资债券、寻找投资开发的合作伙伴、制订合理的预售计划和措施以加快资金的回收等。房地产开发的资金筹集在可行性研究阶段就要考虑，要认真研究资金的筹集策略，制订资金来源安全性好、成本低的筹资计划。在开发项目的前期工作阶段，则要进一步落实资金的到位计划，与有关单位签订资金到位的合同。资金筹集可与其他前期工作平行进行。

7.项目规划设计与报建

房地产开发项目必须通过规划设计成果反映出来，合理的规划设计不仅充分体现投资者的意图，而且是对投资决策方案的完善和补充。因此，为了保证规划设计成果的质量，开发企业应做好规划设计的组织与委托工作。

在开发项目的可行性研究和土地使用权购置的申请过程中，虽已提出规划设计方案，但该方案只是粗略地反映开发项目概况，不能作为施工的依据。项目报建是在原规划设计方案的基础上，由开发企业委托规划建筑设计单位提出各单体建筑的设计方案，并对其布局进行定位，对开发项目用地范围内的道路和各类工程管线进行更深入的设计，使其达到施工要求。用于报建的建筑设计方案经城市规划管理部门和消防处、抗震办、人防部门、环卫部门、供水供电管理部门审查通过后，进一步编制项目的施工图和技术文件，再报城市规划管理部门及有关专业管理部门审批，其具体步骤如下。

(1)开发企业在取得土地使用权后，根据城市规划管理部门提出的设计要求，委托建筑设计院编制设计方案，并将设计方案报城市规划管理部门审批。如果是高层建筑，还要征求消防管理部门的意见。

(2)方案审查通过后，委托设计院进行项目的初步设计(对高层建筑)。并将初步设计报城市规划管理部门，由规划管理部门组织抗震办、人防部门、环卫部门、供水、供电管理部门等对初步设计进行会审。

(3)初步设计审查通过后，委托设计院进行施工图设计。并将施工图报城市规划管理部门，由规划管理部门发建筑定位红线。

(4)到城市规划管理部门领取《建设工程规划许可证》。一旦开发企业取得了城市规划管理部门颁发的《建设工程规划许可证》，便可办理开工手续。至此，房地产开发将进入建设实施阶段。

房地产开发资金筹集规划

房地产开发资金筹集规划就是根据项目可行性研究估算的总投资需要量和年度投资需要量(或分期投资需要量)，通过资金来源与运用表(或称财务平衡表)，研究、安排资金的来源与运用，为项目寻求适宜的资金筹集方案，选择财务费用最经济的资金筹集方案，并在此基础上估计获得资金的可能性，以适应项目预期的现金流量。

开发资金筹集是房地产项目运作的关键环节，为了资金尽快到位和落实，开发资金筹集一般与其他前期工作同步进行。

1.房地产开发企业筹集建设资金的主要方式

(1)金融机构贷款，包括短期贷款和长期借款。金融机构贷款受国家宏观调控政策影响较大，同时也局限于房地产开发企业资产负债率的限制，贷款金额是有限的。

(2)民间筹措资金。特别是民营企业、私营企业，大部分开发资金需要到民间筹措资金。民间筹措资金也包括境外游资。

(3)合作开发。一方出资金，另一方出开发用地。

(4)通过预售房取得建设资金。

(5)通过客户银行按揭贷款取得建设资金。

(6)商业信用。通过应付账款，延期支付施工企业工程款，分期付款采购材料、设备等。

(7)增发股权。

(8)发行企业债券。企业债券包括一般公司债券和可转换公司债券。

2.资金流动计划的编制

(1)资金投入计划。

编制资金投入计划,主要是根据开发项目的进度计划、工程承包合同中的工程成本预算、施工组织设计中关于材料、设备和劳动力的投入时间、要求,以及付款方式来分项计算的。

①土地费用:包括土地出让金、征地或拆迁安置费用等。

②前期费用:包括"三通一平"费用、勘察设计费用、可行性研究费用及有关执照、许可证申领过程中必须支付的保证金、城市基础设施配套费用和招投标费用等。

③建安工程费用:包括土建工程费用,水、电、煤气等安装费用及设备费用。

④室外配套工程费用:包括红线内水、电、煤气、道路、绿化、变电室及环卫、照明设施费用等,以及必须承担的红线外的配套费用。

⑤管理费。

⑥利息。

⑦不可预见费。

⑧税金。

(2)资金收入计划。

编制资金收入计划,主要根据楼宇租售计划,结合市场分析中预计的最可能的租金、售价水平等进行计算。

①必须经过认真的市场调查。

②资金收入计划的时间间隔必须与资金投入计划一致。

③资金收入项目主要包括定金、售楼收入和租金收入,按不同的时间段分别计算。

(3)资金流动计划。

资金投入与资金收入的差额与累计差额分别表示当期或累计期的扣除租金、售楼收入后实际投入的自有资金或借入资金的数量,这是判断必须筹集的资金数量、时间、期限等的主要依据。

房地产项目开发需要大量的资金,房地产开发资金的筹集在可行性研究阶段就要考虑,应认真研究资金筹集的策略与方法,制订资金来源安全性好、成本低的筹资方案,然后进行专业的融资分析。在项目开发的前期工作阶段,需要进一步落实资金到位计划。

房地产开发资金筹集规划内容

房地产开发项目从各种渠道所筹集的资金，不外乎来自于投资人或债权人两大途径。前者称为自有资金，后者称为借入资金。对于房地产开发项目来说，建设资金是项目建设的基本条件，只有在相当明确的资金筹集前景的情况下，才有条件进行项目的可行性研究；如果筹集不到资金，投资方案即使非常合理可行，也不能付诸实施。

房地产开发资金筹集规划的主要内容如下。

1. 对企业或项目的内、外部因素进行分析。内部因素主要包括企业或项目的开发经营状况、筹资能力、财务状况等；外部因素主要包括社会经济环境、政策法规、资本市场供需状况等。在此分析基础上，确定企业或项目的筹资基本条件。

2. 在企业或项目的开发经营目标指导下，合理确定筹资目标，即筹资活动期望达到的目的和要求。一般包括：资金的数量要求与使用时机要求；资本结构要求，即对合理负债与自有资金比例、长期资金与短期资金比例的要求；最低的企业资金综合成本；较低的财务风险。

3. 资金筹集的规模和流量。资金筹集的规模即为项目总筹资需求量。资金筹集的流量是根据项目资金投入和资金偿还要求相适应的不同时间（一般以年为单位）内筹集资金和偿还资金的数量，一般需编制投资估算和资金筹措表以及财务平衡表来进行分析。

4. 资金来源、期限、方式等资本结构分析，即所筹集到的各种属性的资金所占比重的分析。

5. 资金筹集成本分析。在资本结构分析的基础上，估算为合理有效地筹集到所要求的资金而将付出的、且企业或项目能够承受的各种费用和成本。

6. 资金筹集的风险和可行性分析，即预测资金筹集的风险和可行性。

7. 根据企业或项目的筹资目标，以及关于筹资规模和流量、资本结构、资金资本、筹资风险和可行性等的分析，拟订企业或项目各种可行的资金筹集方案（规模、时间安排、渠道、具体方式等），经过评价筛选编制出最合理可行的资金筹集方案（规划）。

在资金筹集规划中，还应对还本付息方式和资金来源、期望收益水平及其分配方式、担保和保险等进行分析研究。同时，建设项目的资金需要量（或筹集规模）必须是在对项目产品市场前景和财务经济分析之后做出的较为符合实际情况的估算。因此在分析项目投资方案的基础上进行项目资金筹集方案的研究，对于项目的顺利实施具有重要的意义。

房地产开发项目确定流程（如图 2-4 所示）

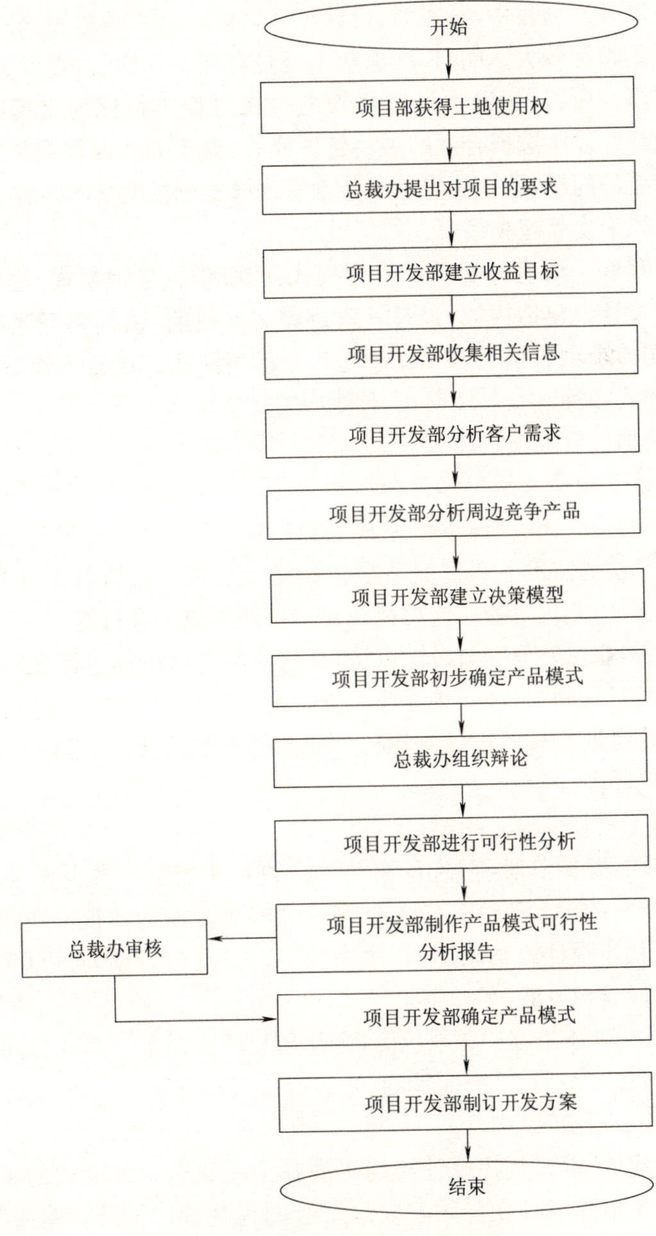

图 2-4　房地产开发项目确定流程

房地产开发管理模式选择

在房地产开发项目中，开发商、设计师、监理工程师、承包商、分包商及供应商相互协调的难度较大。同时，房地产项目具有开发周期长、投资金额大、面临风险多的特点。所以，正确选择项目管理方式对最终目标的实现有很大的影响。在房地产开发中选择合适的项目管理模式，对于开发商提高投资效益来说是一个很重要的问题，以下是房地产开发管理模式选择的具体内容。

1. 房地产开发管理模式简介

国际上现在主要有五种项目管理模式：传统项目管理模式、建筑工程管理模式（CM）、设计—建造模式、设计—管理模式。目前，在我国房地产开发项目中，主要应用传统项目管理模式、建筑工程管理模式、“设计—建造”模式、“设计—管理”模式四种开发管理模式，具体内容如下。

（1）传统项目管理模式。

传统项目管理模式是我国目前房地产项目使用较多的模式。在这种模式中，业主首先委托咨询、设计单位完成项目前期工作，包括施工图纸、招标文件等。在设计单位的协助下通过竞争型招标把工程授予报价低且最具备资质的承包商，施工阶段业主再委托监理机构对承包商的施工进行管理。

也就是说，业主要分别与设计机构、承包商和监理机构签订合同，监理机构与承包商并没有合同关系，而是受业主委托对承包商的工作进行监督。这种模式最突出的特点就是按照设计→招标→建造的顺序进行，只有上一个阶段结束后下一个阶段才能开始。

（2）建筑工程管理模式（CM）。

从工程项目开始阶段，聘请有施工经验的CM经理与本企业、设计咨询人员共同负责项目的设计工作。CM经理提供施工方面的建议并负责管理施工过程，在项目初步设计方案确定后，每完成一部分设计后就对该部分工程进行招标，实行阶段发包方式。

CM公司同时还是施工总承包商，企业与CM公司签订CM合同，CM作为总承包商再与各分包商、供应商签约、并进行协调和管理。

（3）“设计—建造”模式。

“设计—建造”模式是将设计与施工委托给一家公司来完成的项目实施方式，这种方式在招标与订立合同时以总价合同为基础，“设计—建造”总承包商对整个项目的总成本负责，它可以自行设计或选择一家设计公司进行技术设计，然后，采取招标方式选择分包商，当然也可以充分利用自己的设计和施工力量完成大部分设计和施工工作。

业主委托一位拥有专业知识和管理能力的专家为代表（在我国主要是监理工程师），与设计—建造总承包商充分沟通并监督其工作。

(4)“设计—管理”模式。

“设计—管理”模式是指同一家公司向业主提供设计和施工管理服务的工程管理方式。在这种模式中业主只签订一份既包括设计也包括施工管理服务的合同，业主在“设计—管理”公司完成设计后即进行工程招标选择总承包商，在项目施工过程中设计—管理公司又作为监理机构对总承包商以及各分承包商的工作进行监督，实施对投资、进度和质量的控制。

2.选择房地产开发管理模式

在选择房地产开发管理模式时，应结合具体实际项目扬长避短，选择最适合的管理模式，具体选择时，应参考项目复杂程度、项目实施战略、合同方式对项目目标的要求。

(1)项目复杂程度和业主水平条件（见表 2-1）。

表 2-1　房地产开发管理模式选择策略图

项目复杂程度 / 业主技能水平	较低	较高
较低	传统项目管理模式 “设计—建造”模式 “设计—管理”模式	“设计—管理”模式
较高	传统项目管理模式 “设计—管理”模式	建筑工程模式 “设计—管理”模式

(2)影响合同类型的因素。

合同类型的选择会影响到项目相关各方面的利益，因此，合同类型在一定程度上也会影响开发管理模式的选择，不同的合同类型适用的开发管理模式，见表 2-2。

表 2-2　不同的合同类型适用的开发管理模式

合同类型	适用开发模式	优缺点比较
固定总价合同	传统项目管理模式	合同条款较为成熟，且为大家所共同接受，可直接采用标准合同，利于管理，但是有时候不能够保证项目的质量

续上表

合同类型	适用开发模式	优缺点比较
成本加酬金合同	建筑工程管理模式	可以获得较高质量的工程成果，但是业主方需清楚成本核算及预估，并承担所有风险
总价合同	“设计—建造”模式	业主的风险较小，合同争议也较小，但是因为较多地转移了风险，所以业主可能负担更多的费用
单价合同	“设计—管理”和传统项目管理	因为“量价分离”，并通过充分竞争获得更低的报价，质量、进度均能得到良好控制，但是业主需在工程师的协助下列出工程清单，且索赔较多

(3)项目目标对开发管理模式的影响。

业主对项目目标的不同要求会对项目管理方式的选择产生很大的影响。一般情况下，业主对项目目标的要求包括项目质量、项目成本、项目进度、纠纷和索赔等，不同的项目开发管理模式对项目目标的影响见表 2-3。

表 2-3 不同的项目开发管理模式对项目目标的影响

模式	项目质量	项目成本	项目进度	纠纷和索赔	其他
传统项目管理模式	较好	较低	最慢	变更时易引起索赔	成本不明程度一般成本不确定性太大
建筑工程管理模式	较好	较高	最快	可能有较多索赔	早期不明确成本，接近完工时才明确
“设计—建造”模式	质量可能受到影响	较低	较快	较多索赔	业主对工程的控制能力较低
“设计—管理”模式	较好	低	较快	较少索赔	设计者不了解施工，项目变更可能较多

经过以上分析可发现，几种开发管理模式各有利弊，企业应根据项目的侧重点及目标来选择合适的项目管理模式，见表 2-4。

表 2-4　项目开发管理模式选择技巧一览表

标号	项目及业主情况	推荐开发管理模式
1	资金充足且有可靠来源，看重项目质量，业主技术和管理能力较好	传统项目管理模式
2	项目工期紧、不明确程度较高，资金较为充裕，企业管理能力较好	建筑工程管理模式
3	业主技术和管理能力较弱	“设计—建造”模式 “设计—管理”模式

制定房地产产品策略应注意的问题

房地产产品策略得当与否是决定房地产市场营销成败的重大因素。制定房地产产品策略应特别注意以下一些问题。

1. 房地产选址

投资房地产必胜的三要素是：地点、地点、地点。选择地点的优劣直接影响着房地产企业获得利润的多少。选择地点关键在于预测未来的增值潜力，这种预测来自于对城市规划、城市发展、人口流动趋势的全面了解。一般而言，应选择拆迁补偿费用低、交通方便、服务设施较为齐全的地段进行开发；就商业房地产开发而言，开发地点宜选在繁华区、交通便利区、商业中心区、人流量集中区，这样才能获得较大利润；就一般居民住宅而言，要注意交通便利、环境安静、服务设施齐全等方面的条件。

2. 房地产产品设计

产品设计要尽力满足消费者需要，房地产的规格、类型要注意适应住户居住性能意愿的变化。由于建筑师是专业的设计者，并不十分了解市场的需要，对建筑物的机能、造型、配置等都必须与熟悉市场的策划人员共同商讨、相互协作，才能设计出最符合市场需求和现代生活质量的房地产产品。

3. 房地产命名

房地产通常采用预售方式，只能靠命名增强消费者的产品形象。房地产命名应突出创意、气派、响亮、吉利等特点；为了增强传播效果，还得要遵循易记、易念、易识、显著、简单、好听、好感等原则；为提高销售率，应注意以优雅高贵的命名突出房地产的特征。常用的命名方法有以下几点。

(1)地名标示型，使人一目了然。

(2)企业标示型，运用企业形象增强消费者对房地产的信心。

(3)功能标示型,让消费者了解房地产的用途和特色。

(4)历史标示型,以古代帝王名家命名,令人引起思古之幽情。

(5)名人标示型,以中外著名人物为命名的依据,让人产生尊敬印象和荣耀感觉。

(6)吉利标示型,以吉祥如意或名利双收命名,让人仿佛能沾点福气。

(7)期望比标示型,让人满足自我成就感。

(8)移情标示型,取国外与国内风景优美、风光宜人地命名,让人如置身于异国或异地风情中。

(9)意境标示型,以诗情画意的优美文句作为命名根据,让人产生遐想。

4. 房地产包装

装潢材料的选择极大地影响着消费者对房地产质量与档次的判断。同时要充分利用房地产的生态美化环境,注意运用房地产周围的自然、社会环境,创造房地产独特风格的优美环境。

融资方案选择策略

在实际融资过程中,应根据不同项目、不同环节的风险控制和融资需求选择一种或几种融资方式。不同环节的融资方案选择策略具体见表 2-5。

表 2-5 不同环节的融资方案选择策略

项目阶段	选择策略	推荐融资方式
项目准备阶段	本阶段面临投资估算不足,融资规模不够大的风险,融资期限长、数额大、限制多,为保证融资顺利,可接受成本较高的融资方式	采用夹层融资,自有资金达30%,可选用信托融资 资质较好的可发行债券、利用海外基金,中小企业可联合开发
项目建设阶段	本阶段开发成本较高,风险较大。开发商融资进度尽可能与开发进度配合,融资需满足工程需要,又不能因过度融资导致过高的资金成本	基建垫资是最重要来源之一,将部门风险转移至承包商 适合选用信托、夹层融资、短期融资券等方式
项目营销阶段	房地产开发商销售房屋回笼资金,面临贷款利息税升高、购房者拖欠款等风险,本阶段应协助购房者进行融资,加快房屋出售,尽快回笼资金	采用开发商贴息委托贷款方式 融资租赁、抵押贷款等方式

融资方案选择制度

企业需将融资方案选择办法和程序用制度固定化，以规范融资方案选择工作，保证融资方案切实符合地产开发项目的需要，同时减低融资风险，保证企业受益。

以某房地产企业的融资方案选择办法为例，仅供参考。

第1章　总　　则

1. 目的

为规范公司在经营中的融资决策行为，提供融资方案选择标准，降低融资风险，特制定本办法。

2. 适用范围

本办法适用于融资方案选择、授权、审批管理等事项。

3. 术语定义

(1)本办法所指的融资预算，是指本公司在预算期内就需要新借入的长期借款、经批准发行的债券、股票及对缘由借款、债券的还本付息、股票股利等所编制的预算。

(2)本办法所指的融资方案，是指对具体的资金需要所设计的具体程序或者具体的工作安排与实施说明。

第2章　融资方案选择规定

1. 融资方案上交

公司融资经理需根据公司的实景情况与所需资金量的大小、融资的难易程度等事项，编制融资预算与切实可行的融资方案，并及时提报财务总监。

2. 融资方案的选择程序

3. 融资方案分析

(1)决策人员需审核融资方案编写是否合格，是否包括融资总额、融资结构、借款期限等事项。

(2)决策人员应分析、计算和比较各种融资方式与融资渠道的利弊和融资方案的可行性。

(3)决策人员应对融资时机进行审定，如预算融资成本、潜在融资风险、具体应对措施和偿债计划。

4. 融资方案的选择标准

所选择的融资方案，必须符合以下四个条件。

(1)符合《公司法》、《证券法》等法律法规的规定。

(2)融资方案的融资总收益大于融资总成本。

(3)融资方案的融资成本较小,且利益最大。

(4)筹集的资金符合地产开发项目需要,筹集的资金额度适宜。

第3章 融资审批管理

1.公司融资的审批权限

(1)财务总监审批限额:______万元。

(2)总经理审批权限:______万元。

(3)超过万元的,需由公司最高层会议审议后批准。

2.融资预算与融资方案的审批程序

(1)融资经理编制融资预算及融资方案后,签字呈送财务总监。

(2)财务总监对融资预算及融资方案进行审核,组织进行融资方案会审,选择合适的融资方案,签字后呈送总经理。

(3)总经理负责审批融资预算与融资方案,总经理无审批权限的,应提议公司高层会议讨论审议。

3.融资方案审批规定

(1)编制好的融资预算和方案需逐级进行,实行联签制,各级审核人员均需签字盖章,禁止越级审批。

(2)对越级批准造成公司损失的人员,情节轻微的公司追究其经济责任并给予其相应的处分,情节严重的将移交司法机关进行处理。

第4章 附 则

1.本办法由财务部制定,经总经办核准后通过,解释和修改权归财务部所有。

2.本办法自审批通过之日起实施,修改时亦同。

房地产开发项目在项目立项、列入固定资产年度投资计划后,即可与自来水公司、供电公司、热电公司、煤气公司、市政养护部门进行接触商洽,起草协议,办理供水、供电、供热、供气、排污的手续,并按规定支付有关费用。此外,在建设施工过程中,还会涉及道路挖掘和道路占用等方面的问题,在此一并说明。

接驳的实施程序具体如下。

1.与自来水设施的接驳

(1)承办部门:各市自来水公司。

(2)申报资料:①用水申请报告;②总平面图;③施工现场周边地形图。

(3)申办程序:①用水申请报告,到生产技术科办理申请开户手续;②申请手续批复后,到规划设计室办理勘察、设计事宜;③签订协议并缴纳自来水增容费、勘察设计费;④等待工程公司安排施工。

(4)办结时限:执行双方协议的有关规定。

(5)收费标准:用于销售的房屋所用水表按生产标准收取增容费,自来水公司根据建筑物的性质和体量,配备总表,收费标准以总表表径的大小确定。勘察费 50 元/表;设计费可协商解决,自来水公司内部标准为取接水工程造价的 4.5%;施工费用按自来水工程公司出具的施工结算值计取。

(6)应注意的事项:①开发商用于居民回迁的水表按生活标准收取增容费;②批准开户的用户申请只在当年有效,跨年度的需重新办理申请;③对用户规定,一个门牌号只能装一块水表,楼房住房只能以单元为单位安装水表;④由自来水公司总水表供水的用户,以进户总水表为界,水表以外的管道及设施归自来水公司负责维护、管理;水表以内的管道及设施归用户或产权单位负责维护管理;⑤对进户总水表及表井,用户有责任进行保护。

2. 与天然气(管道煤气)系统的接驳

(1)承办部门:各市管道煤气公司。

(2)申报资料:①申请开户书;②标准层 1∶100 平面图、剖面图;③1∶500 地形图及用气建筑 2 个坐标高程点(市测绘院测定的坐标高程点)。

(3)申办程序:①申请报告,注明开户的地址、用气性质、户数、联系方式,到用户处理处办理申请开户手续;②完成开户手续后,签订天然气(管道煤气)工程协议,由煤气公司进行现场勘察和设计;③工程施工由煤气公司负责,在规定的工期内完成施工任务;④工程竣工后,由管道煤气公司安检人员进行通气点火。

(4)办结时限:执行双方协议规定的有关条款。

(5)收费标准:开户费:1 980 元/户,另外还有总额约为 50 元/户的点火通气费和保险费。此费用通过协商可减免(此费用各地可能不同,或通过协商可减免)。

3. 与供电系统的接驳

(1)承办部门:各市供电局。

(2)申报资料:①项目的立项批文;②有关的用电资料,包括用电地点、电力用途、用电性质、用电设备清单、用电负荷、保安电力、用电规划等;③按市供电局规定的格式填写的用电申请。

(3)申办程序:到市供电局服务大厅提交用电申请和其他申办资料,办理手续。签订供用电合同(协议)签约、缴纳相关费用。

(4)办结时限。

供电企业对已受理的用电申请,确定供电方案,在下列期限内正式书面通知用户:①居民用户最长不超过五天;②低压电力用户最长不超过十天;③高压单电源用户最长不超过一个月;④高压双电源用户最长不超过两个月。

若不能如期确定供电方案时,供电企业应向用户说明原因。用户对供电企业答复的供电方案有不同意见时,应在一个月内提出意见,双方可再行协商确定。

(5)收费标准:用户新装或增加用电,在供电方案确定后,应按国家的有关规定向供电企业交纳新装增容供电工程贴费(以下简称供电贴费)。

(6)应注意的事项:①新建受电工程项目在立项阶段,开发商应与供电企业联系,就工程供电的可能性、用电容量和供电条件等达成意向性协议,方可定址,确定项目;②供电方案的有效期,是指从供电方案正式通知书发出之日起至交纳供电贴费并受电工程开工日为止。高压供电方案的有效期为一年,低压供电方案的有效期为三个月,逾期注销。用户遇有特殊情况,需延长供电方案有效期的,应在有效期到期前十天向供电企业提出申请,供电企业应视情况予以办理延长手续。但延长时间不得超过前款规定期限。

4.与供热系统的接驳

(1)承办部门:各市热电公司各区分支机构。

(2)申报资料:申请报告,注明开户地址、建筑面积、居住户数等指标。

(3)申办程序:①提出申请报告;②经热电公司同意后,与热电公司签订协议。

(4)办结时限:视协议谈判情况而定。

(5)收费标准:采暖开户费由区域供热公司收取,按建筑面积计,110元/平方米。该费用的标准与区域供热公司有协商的余地。

5.与市政排污系统的接驳

(1)承办部门:各市城管局养护处。

(2)申报资料:给排水施工图。

(3)申办程序:执图到城管局养护处办理审批手续。审批结束后,由城管局组织施工。

(4)办结时限:视具体情况而定。

(5)收费标准:接入市政管网的费用,视具体情况而定。

(6)应注意事项:该部门执行规章有弹性,收费标准可与其商洽。

6.道路占用审批手续

(1)承办部门:各市城管局市容处。

(2)申报资料:①临时占用主、次干路审批表一式五份;②位置示意图;③平面图;④临时设施效果图一式两份。

(3)申办程序:①需要占用主、次干路机动车道、非机动车道、人行道、隔离带及其他附属设施的，应向市公安交通管理部门提出申请。同意占用的，申请人持批准书及申报材料到市城管局办理审批手续；②需要占用主、次干路以外城市道路的，到区建委办理审批手续；③需要占用街头空地、广场、道路绿地的，按道路分类直接到市城管局与区建委办理手续；占用道路绿地的，还应按有关法律、法规的相关规定办理。

(4)办结时限：7个工作日。

(5)收费标准：视具体情况而定。

7. 道路挖掘审批手续

(1)承办部门：各市城管局市容处。

(2)申报资料：①建设工程规划许可证；②施工图纸；③其他文件。

(3)申办程序：①需要挖掘主、次干路机动车道、非机动车道、人行道、隔离带及其他附属设施的，应向市公安交通管理部门提出申请。同意挖掘的，申请人持批准书及申报材料到市城管局办理审批手续；②需要挖掘主、次干路以外城市道路且面积小于50平方米的，到区市政工程设施管理部门办理审批手续；③需要挖掘街头空地、广场、道路绿地的，应向市城管局提出书面申请，按道路分类直接到市城管局与区建委办理手续。挖掘道路绿地的，还应按有关法律、法规的相关规定办理。

第三章
土地使用权获取与行政审批管理流程

土地使用权获取概述

获取土地使用权是实施房地产项目开发的第一步，在获取土地过程中，根据不同情况，需要进行的工作还有征地、拆迁安置、建设用地的"三通一平"等。土地使用权受让方在办理《建设用地规划许可证》时，必须持有附具城市规划行政主管部门提供的规划设计条件及附图的土地出让合同，取得《建设用地规划许可证》后，方可办理土地使用权权属证明。

开发企业在取得建设用地规划许可证并签署国有土地使用权出让合同后，便可办理土地开发企业持规划用地许可证，以及用地申请报告、可行性研究报告、规划设计方案、企业章程、营业执照副本、地形图以及其他资料和文件，到城市土地管理部门办理土地使用权申请手续。

土地使用权用于自行开发建造厂房等自用地上建筑物时，土地使用权的账面价值不与地上建筑物合并计算其成本，而仍作为无形资产进行核算。

如果房地产开发企业取得的土地使用权用于建造对外出售的房屋建筑物的，其相关的土地使用权的价值应当计入所建造的房屋建筑物成本。

企业外购房屋建筑物所支付的价款中包括土地使用权以及建筑物的价值的，一般应当对实际支付的价款按照合理的方法(例如，公允价值相对比例)在土地使用权和地上建筑物之间进行分配；确实无法在土地使用权和地上建筑物之间进行合理分配的，才能全部作为固定资产核算。

1. 政府土地收购储备与土地一级开发

土地收购储备，是指城市政府通过设立的专责机构，统一负责行政区域内土地整理、征用、收购、收回、置换、储备、一级开发以及土地交易等活动的一种工作制度。该制度的建立，旨在规范土地供应市场，提高政府调控土地市场和房地产市场供给数量和价格的有效性，确保政府在土地开发利用过程中的所有者权益。

土地一级开发，是指城市政府委托当地土地收购储备机构，按照土地利用总体规划，城市总体规划及控制性详细规划和年度土地供应计划，对确定的存量国有土地、拟征用和农转用土地，统一组织进行征地、农转用、拆迁和市政道路等基础设施建设的行为。

纳入政府土地收购储备范围的土地，在进行土地使用权出让前，需要按照土地一级开发模式，对地块进行土地开发工作。当前纳入政府土地收购储备范围的土地类型主要包括：新增建设用地中用于经营性开发的土地；已列入危旧房改造计划的土地；因单位搬迁、解散、撤销、破产、兼并或其他原因调整出的原划拨国有土地，包括原有城市基础设施改造中调整出来的划拨用地；依法收回的闲置土地；政府依法收购和整理的国有土地；土地使用权期限已满、政府依法收回的土地；以出让方式取得土地使用权后无力继续履行出让合同、又不具备转让条件的土地；土地使用者要求政府收回的土地；市区范围内无合法使用权的国有土地；其他依据法律、法规可以收回的国有土地。

进行土地一级开发常用的操作程序是：制订城市近期、中期和长期的社会经济发展计划；对城市区域范围内的土地利用状况进行详细调查，掌握可开发土地资源现状的数量、质量和分布；制定开发区域发展的控制性规划和详细规划；按确定的优先顺序选择启动开发地块或区域；编制土地一级开发项目可行性研究报告并获有关部门批准；由土地管理部门协助办理土地出让(或划拨)手续；制订拆迁安置补偿方案，并获得政府主管部门批准；进行现场土地开发工作，达到相应的建设条件；核算土地开发成本、评估土地价格，按土地出让计划，通过政府土地交易市场，以招标、拍卖、挂牌或协议方式出让土地使用权。

土地收购储备制度的建立和土地一级开发模式的普遍实施，推动了公开、公平和透明的土地供应市场建设，改变了传统的开发商获取土地使用权的程序，对房地产开发商或投资者获取土地使用权的价格也产生了重大影响。但由于政府土地收购储备中心所实施的土地一级开发工作，通常将土地开发工程发包给私营开发商，因此也为房地产开发商参与土地开发创造了市场机会。

2.获取土地使用权的途径

根据《土地管理法》、《土地登记办法》的相关规定，土地使用类型只有土地使用权划拨和土地使用权出让两种形式。

(1)土地使用权出让。

土地使用权出让是指国家以土地所有者的身份将国有土地使用权在一定年限内让与土地使用者。由土地使用者向国家支付土地使用权出让金后取得的土地使用权。取得出让土地使用权有以下几个特征。

①取得的土地使用权是有偿的。土地使用者取得一定年限内的土地使用权应向国家支付土地使用权出让金。国家凭借土地所有权取得的土地经济效益，表现为一定年期内的地租，一般以土地使用者向国家支付一定数额的货币为表现形式。

②取得的土地使用权是有期限的。土地使用者享有土地使用权的期限以

出让年限为限。出让年限由出让合同约定，但不得超过法律限定的最高年限。

③取得的土地使用权是一种物权。土地使用权出让是以土地所有权与土地使用权分离为基础的。土地使用权出让后，在出让期限内受让人实际享有对土地占有、使用、收益和处分的权利，其使用权在使用年限内可以依法转让、出租、抵押或者用于其他经济活动，合法权益受国家法律保护。

此外，土地使用权出让的形式有三种，即协议出让、招标出让和拍卖出让。

(2)土地使用权划拨。

土地使用权划拨是指经县级以上人民政府依法批准，在土地使用者缴纳补偿、安置等费用后，取得的国有土地使用权，或者经县级以上人民政府依法批准后无偿取得的国有土地使用权。由此可见，划拨土地使用权有两种基本形式。经济适用房和廉租房项目用地，目前也通过行政划拨方式供地。

经县级以上人民政府依法批准，土地使用者缴纳补偿、安置等费用后取得的国有土地使用权。这种划拨土地使用权有两个显著特征：一是土地使用者取得土地使用权必须经县级以上人民政府依法批准，二是土地使用者取得土地使用权必须缴纳补偿、安置等费用。

经县级以上人民政府依法批准后，土地使用者无偿取得的土地使用权。这种划拨土地使用权也有两个显著特征：一是土地使用者取得土地使用权必须经县级以上人民政府依法批准，二是土地使用者取得土地使用权是无偿的，也就是说无须缴纳任何费用、支付任何经济上的代价。

土地使用权转让程序

土地使用权是指国家机关、企事业单位、农民集体和公民个人，以及三资企业，凡具备法定条件者，依照法定程序或依约定对国有土地或农民集体土地所享有的占有、利用、收益和有限处分的权利。

那么，土地使用权的转让程序有哪些呢？

1.申请交易双方提出转让、受让申请交易当事人申请办理转让手续的同时，还应提供转让协议、土地使用证、宗地界址点图、建筑物产权证明、法人资格证明，委托书、身份证明等资料。

2.批准，接到申请后，承办人应对资料及宗地情况进行详细审查了解，并进行现场勘察，与有关资料对照核实。核对无误后，填写转让审批表。经办人携完整转让档案与转让审批表等报中心及局领导审查批准。

3.签订转让合同，《中华人民共和国城镇国有土地使用权出让和转让暂行条例》第二十条规定，土地使用权转让应当签订转让合同，并且转让合同应该采用书面形式。

4. 公证，转让合同应经过公证。

5. 变更登记办理土地使用权变更登记，是土地使用权转让的法定要件。经办人依据出让合同、转让审批表、付款票据等，填写变更登记审批表进行变更登记。变更登记审批表，可随转让审批表同时报批。

国有土地使用权获取的办理流程（如图 3-1 所示）

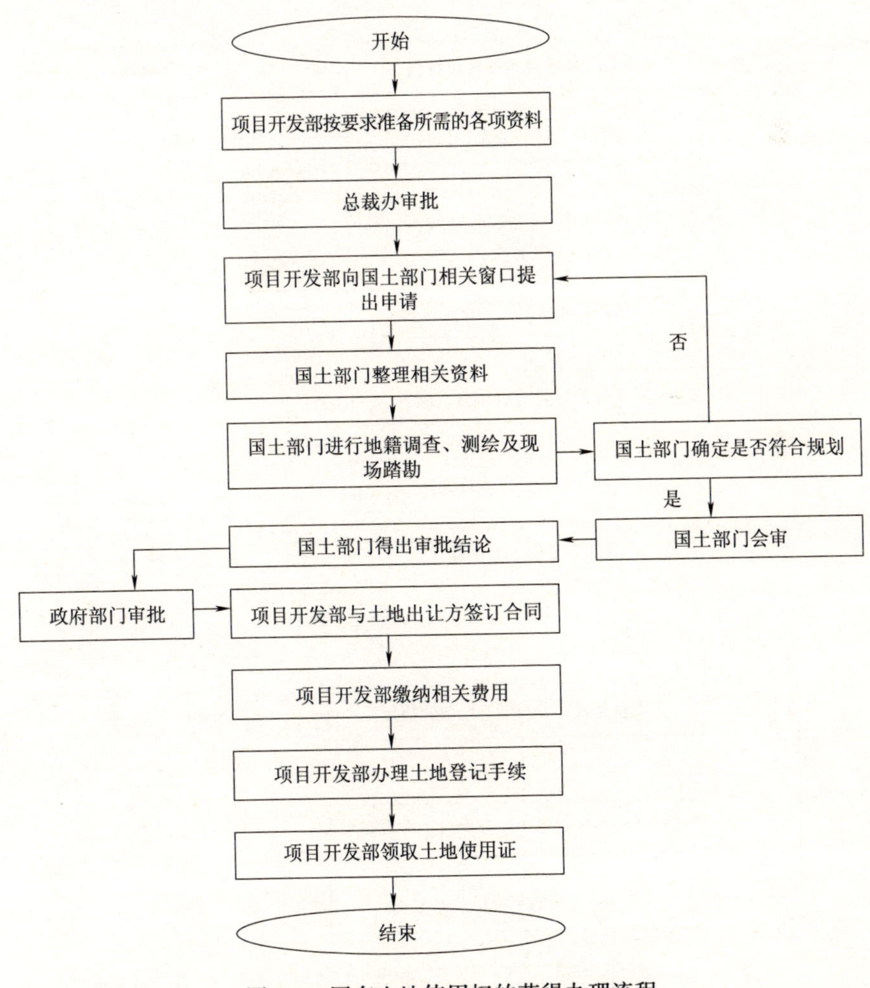

图 3-1　国有土地使用权的获得办理流程

以招标方式获取土地使用权流程(如图 3-2 所示)

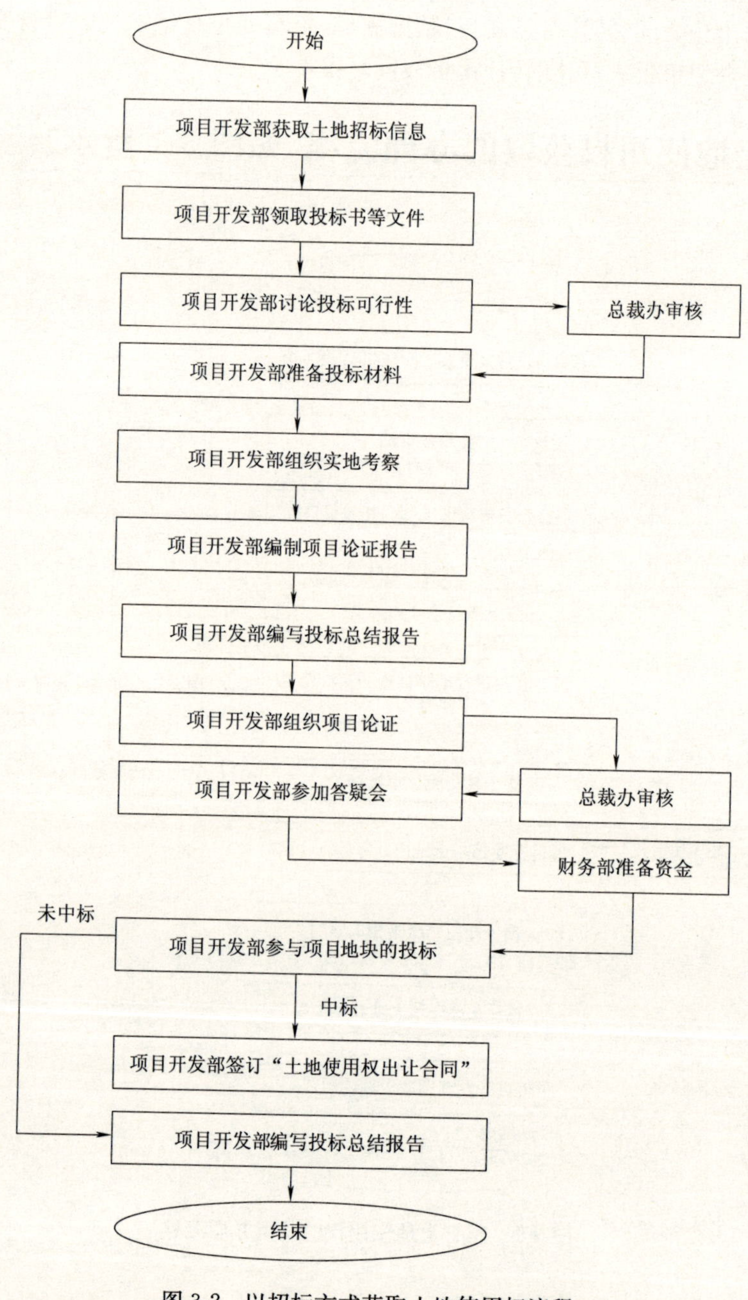

图 3-2 以招标方式获取土地使用权流程

以拍卖方式获取土地使用权流程（如图 3-3 所示）

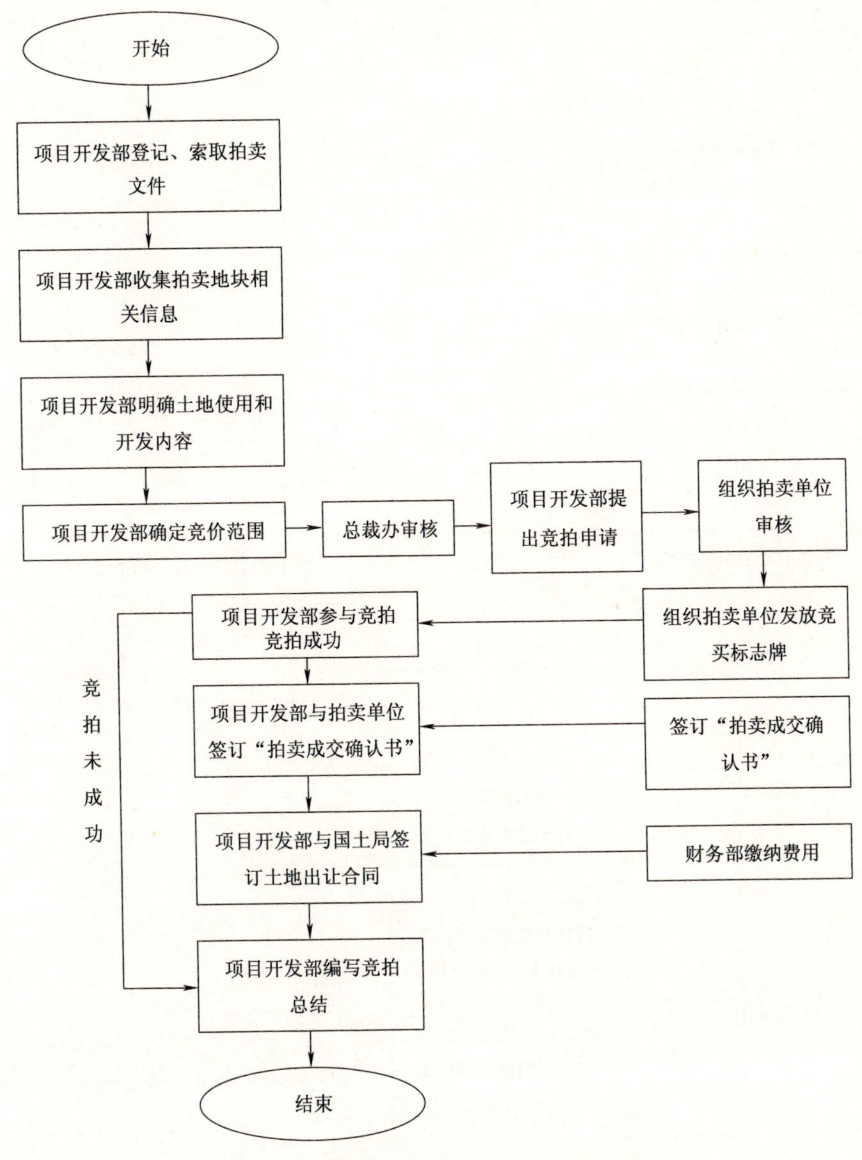

图 3-3　以拍卖方式获取土地使用权流程

以挂牌方式获取土地使用权流程（如图 3-4 所示）

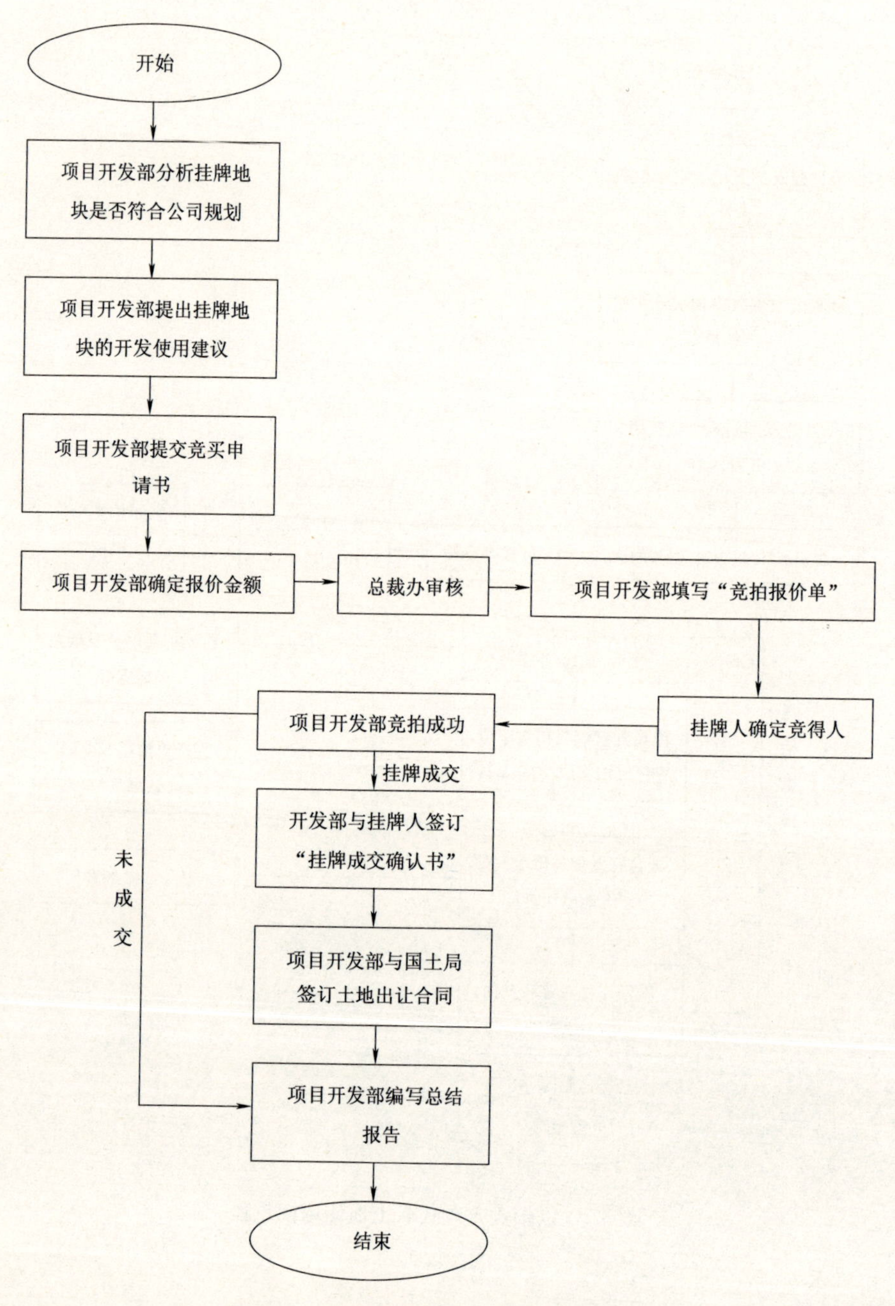

图 3-4 以挂牌方式获取土地使用权流程

国有土地使用权转让办理流程（如图 3-5 所示）

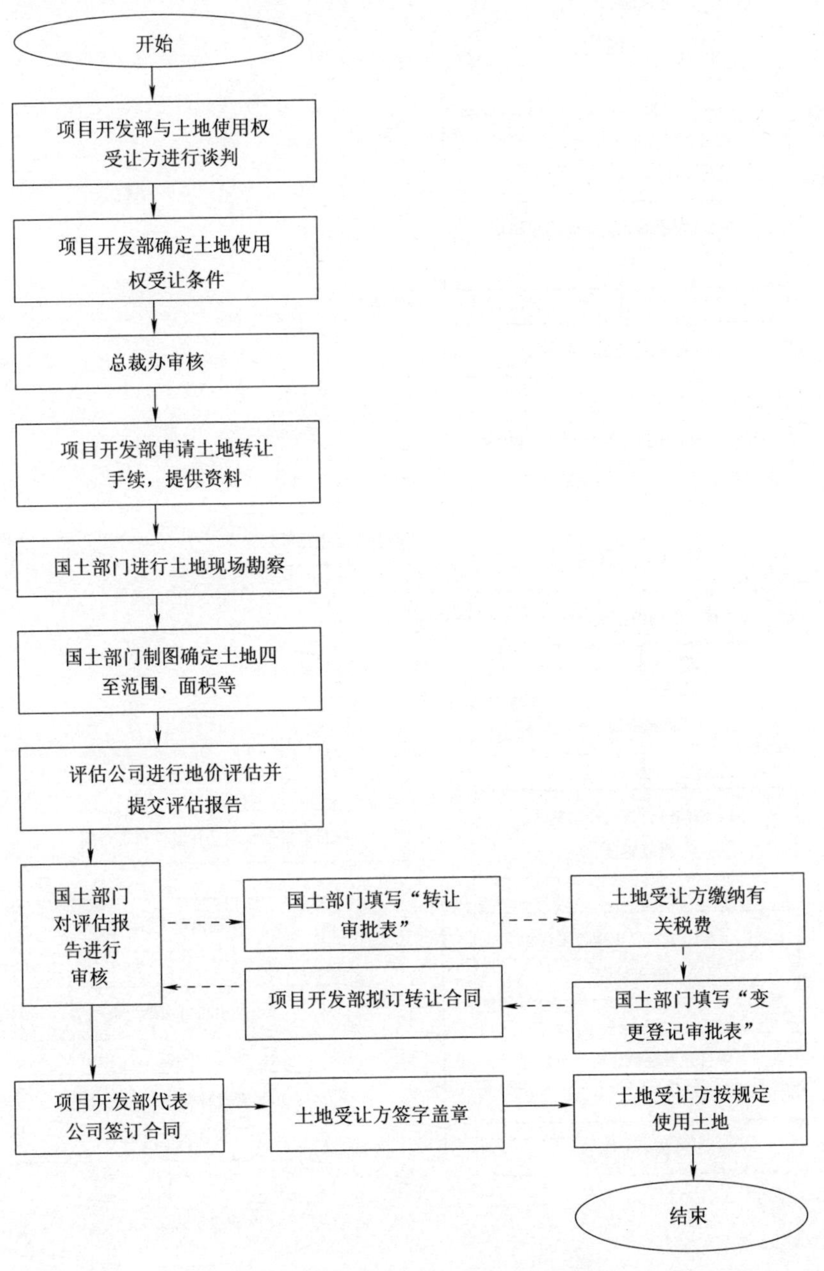

图 3-5　国有土地使用权转让办理流程

国有土地使用权租赁办理流程（如图 3-6 所示）

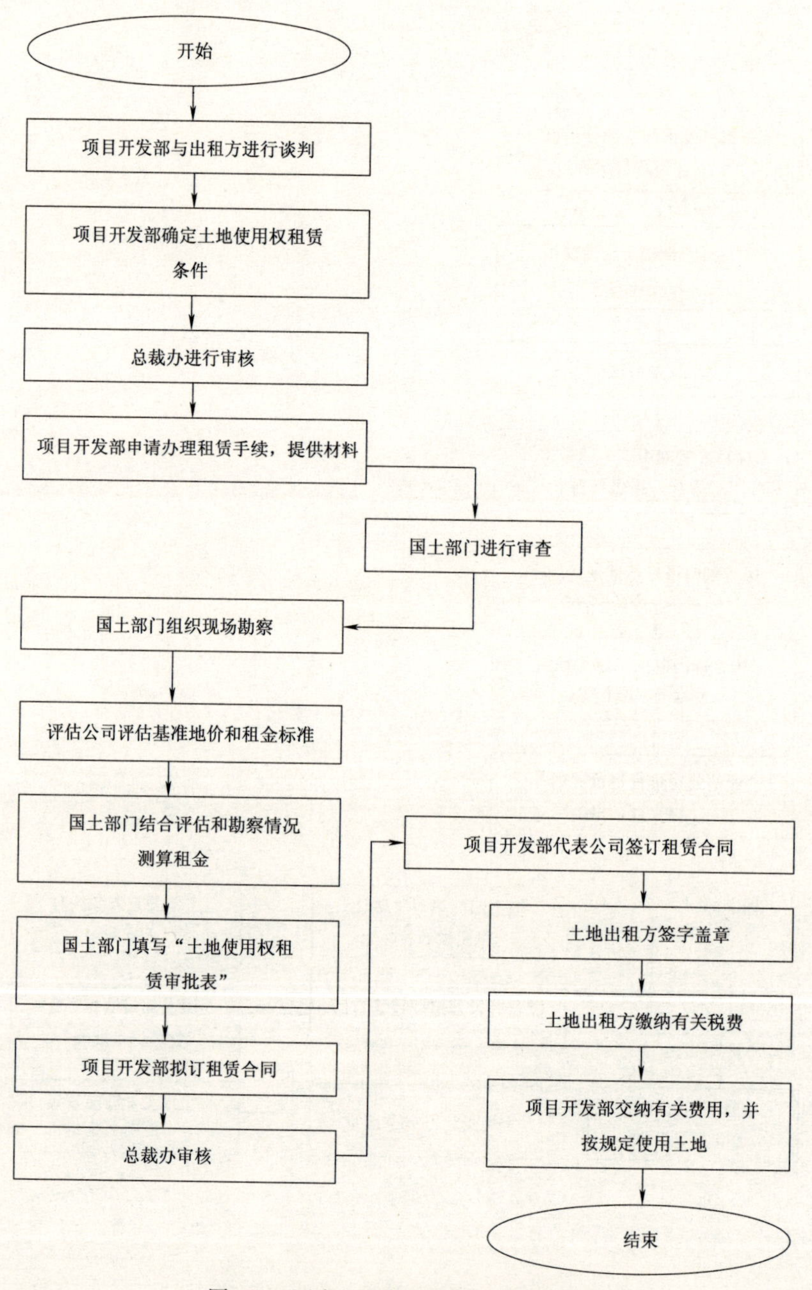

图 3-6 国有土地使用权租赁办理流程

项目规划总图审查流程（如图 3-7 所示）

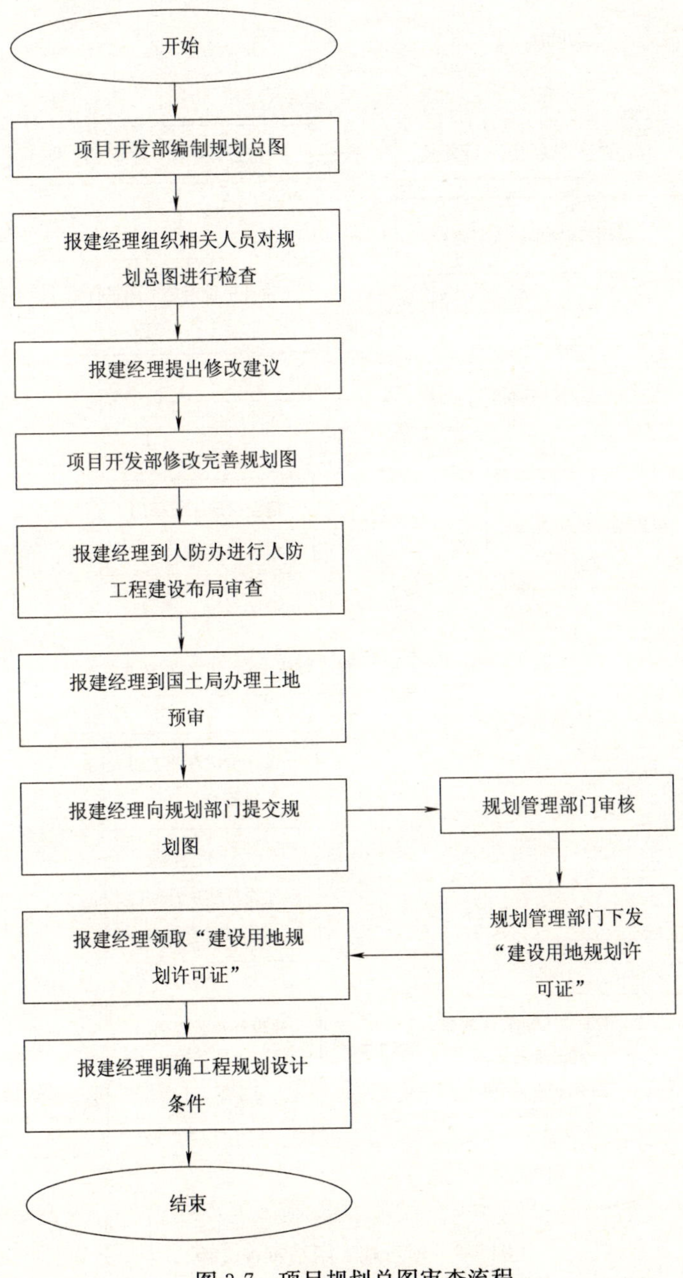

图 3-7 项目规划总图审查流程

项目施工图纸审查流程（如图 3-8 所示）

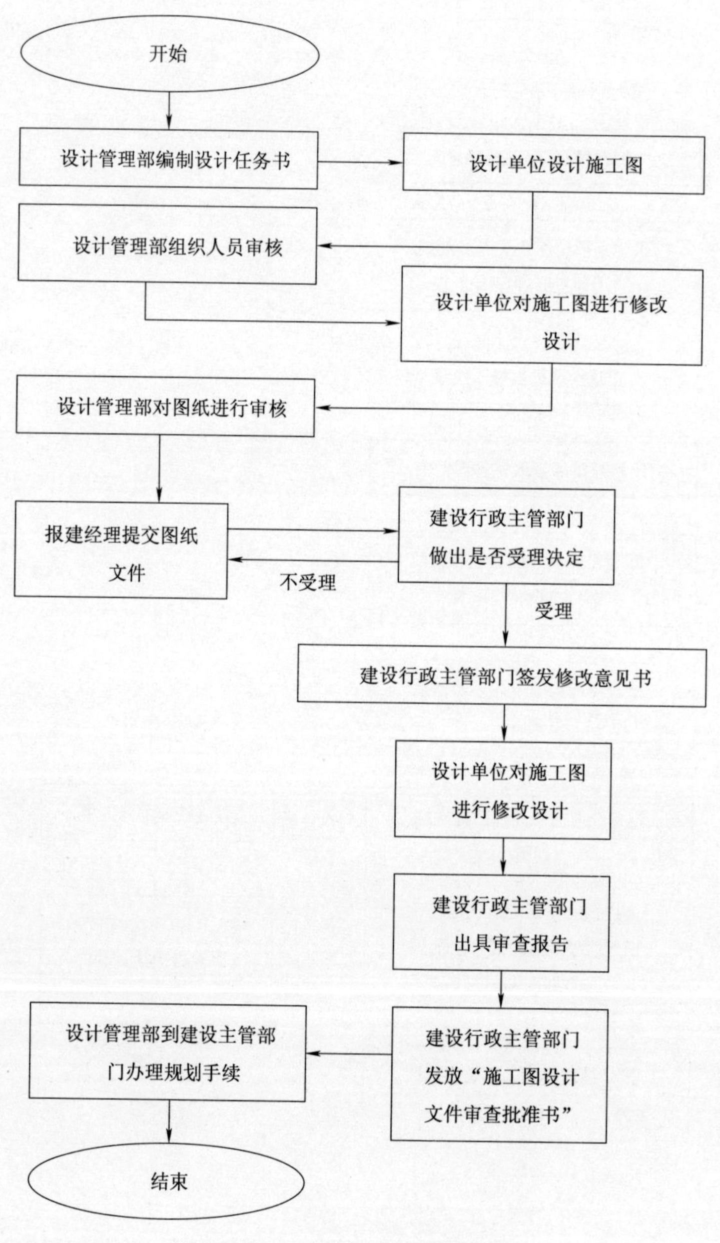

图 3-8 项目施工图纸审查流程

规划报建图纸审查流程（如图 3-9 所示）

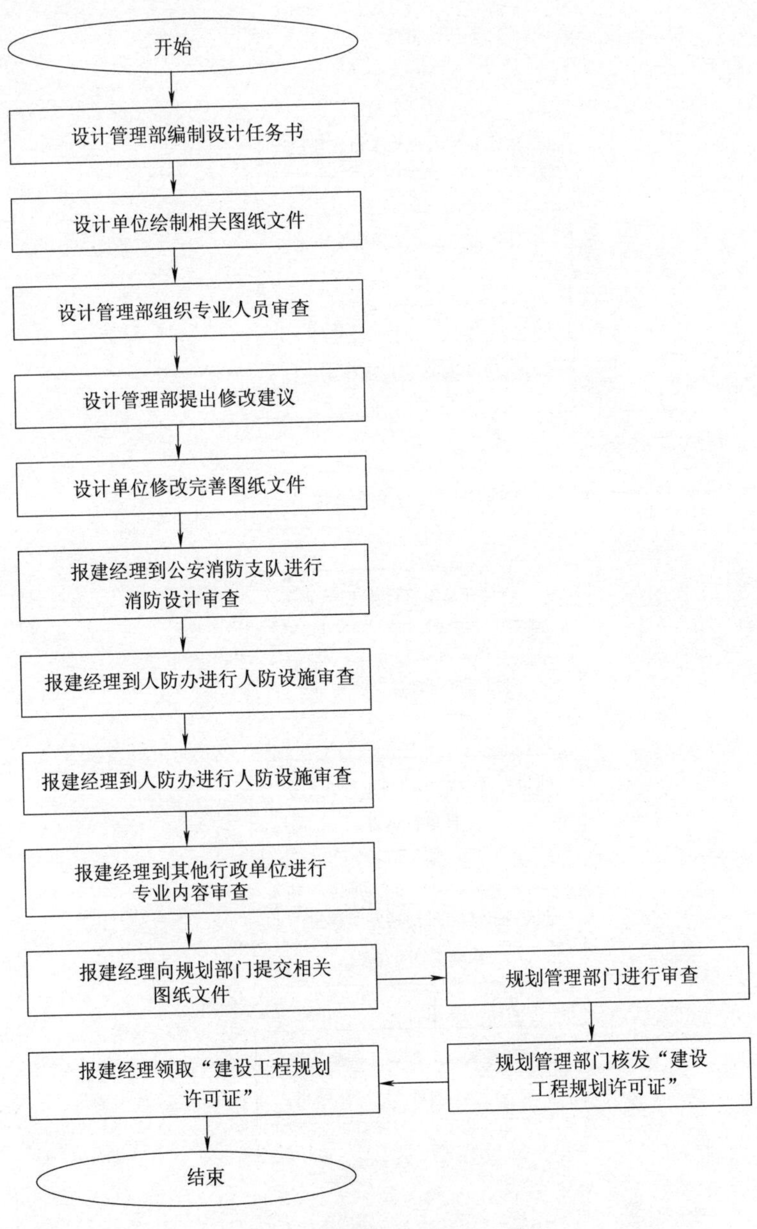

图 3-9　规划报建图纸审查流程

项目施工报建审查流程（如图 3-10 所示）

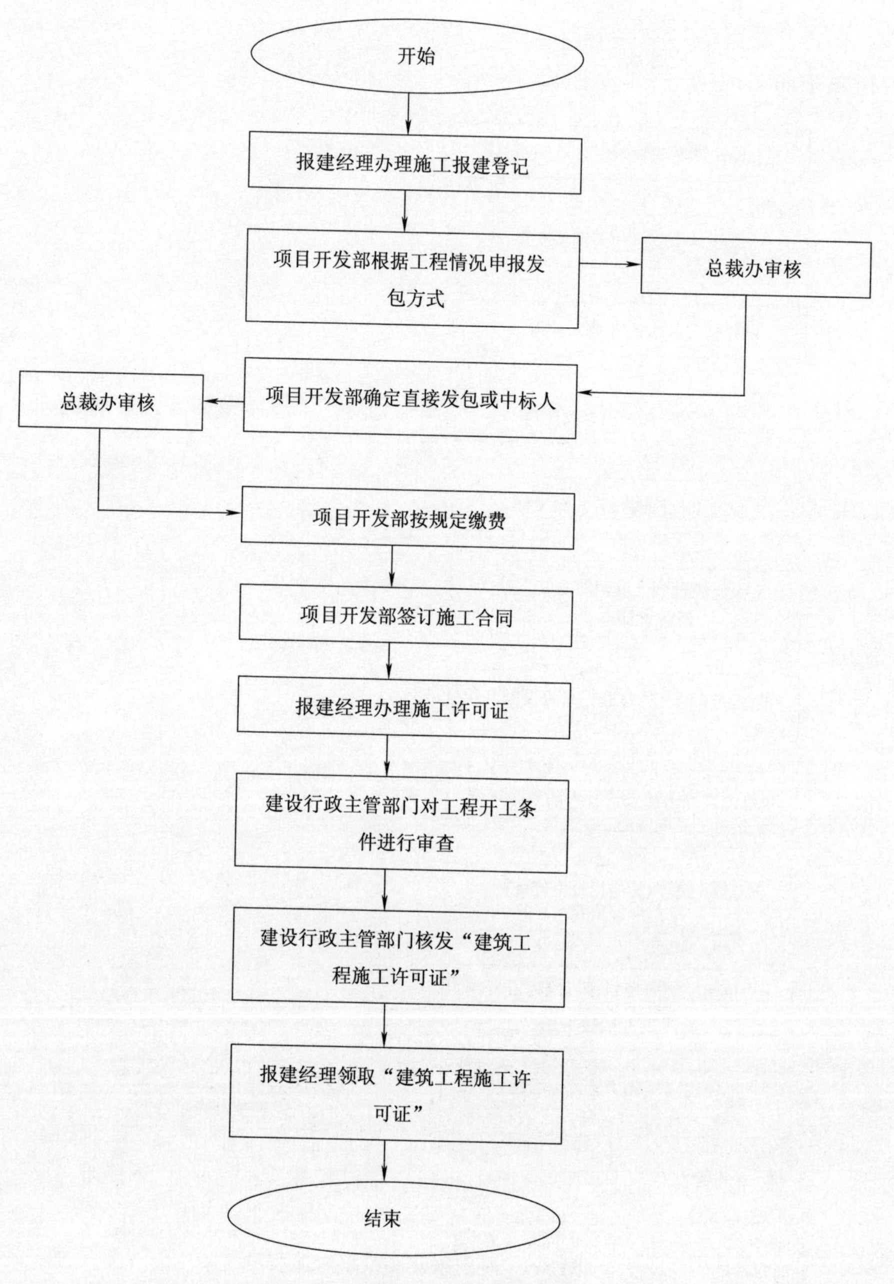

图 3-10 项目施工报建审查流程

房地产法律制度体系细则说明书

有关房地产法律制度体系，是指各种不同的房地产法律制度，按照一定的内在联系而组成的一个共同的有机整体。从立法层次上看，中国房地产法律制度体系的构架是由宪法、法律、行政法规、行业规范性文件、部门规章、地方性法规等构成。

1. 宪法

宪法是国家的根本大法，在中国的法律体系中具有最高法律效力。《中华人民共和国宪法》(以下简称《宪法》)于 1982 年颁布，1988 年、1993 年、1999 年和 2004 年进行过四次修订。

对于房地产法，宪法也做出了原则性规定。这些规定确立了房地产领域的基本制度，是中国房地产法律、法规的立法依据和效力来源。《宪法》规定了中国现行的土地所有制，明确了国有土地和集体土地的范围，以及自然资源的归属等问题。

此外，《宪法》还对集体土地的征收、征用及土地使用权的转让等做出了原则性的规定，要求合理利用土地、自然资源。

(1)关于土地征收、征用的规定。

《宪法》第十条规定："国家为了公共利益的需要，可以依照法律规定对土地实行征收或者征用并给予补偿。"

《宪法》第十三条规定："国家为了公共利益的需要，可以依照法律规定对公民的私有财产实行征收或者征用并给予补偿。"

(2)关于土地利用和保护的规定。

《宪法》第十条规定："一切使用土地的组织和个人必须合理地利用土地。"

第十二条规定："社会主义的公共财产神圣不可侵犯。国家保护社会主义的公共财产。禁止任何组织或者个人用任何手段侵占或者破坏国家的和集体的财产。"

第二十六条规定："国家保护和改善生活环境和生态环境，防治污染和其他公害。"

(3)关于土地使用权流转的规定。

《宪法》第十条规定："任何组织或者个人不得侵占、买卖或者以其他形式非法转让土地。土地的使用权可以依照法律的规定转让。"

(4)关于保护房地产权利的规定。

《宪法》第十三条规定："公民的合法的私有财产不受侵犯。国家依照法律规定保护公民的私有财产权和继承权。”

第三十九条规定：“中华人民共和国公民的住宅不受侵犯。禁止非法搜查或者非法侵入公民的住宅。”

(5)关于土地所有权的规定。

《宪法》第九条规定：“矿藏、水流、森林、山岭、草原、荒地、滩涂等自然资源，都属于国家所有，即全民所有；由法律规定属于集体所有的森林和山岭、草原、荒地、滩涂除外。”

《宪法》第十条规定：“城市的土地属于国家所有。农村和城市郊区的土地，除由法律规定属于国家所有的以外，属于集体所有；宅基地和自留地、自留山，也属于集体所有。”

2. 基本法律

法律是由全国人民代表大会及其常务委员会制定的，其地位和效力低于宪法而高于其他法。法律是制定行政法规、地方性法规及行政规章的依据。

中国房地产法律制度体系中包含的法律主要有《土地管理法》、《城乡规划法》、《城市房地产管理法》、《建筑法》、《物权法》等，它们既有分工，又相辅相成。

此外，在《民法通则》、《合同法》、《担保法》、《招标投标法》等法律中也有调整房地产法律关系的条文。

(1)《土地管理法》。

1986 年 6 月 25 日，第六届全国人民代表大会常务委员会第十六次会议通过《中华人民共和国土地管理法》，其后经过 1988 年、1998 年、2004 年三次修正。

《土地管理法》是为了加强土地管理，维护土地的社会主义公有制，保护、开发土地资源，合理利用土地，切实保护耕地，促进社会经济的可持续发展而制定的。该法对土地的所有权和使用权、土地利用总体规划、耕地保护、建设用地、监督检查以及法律责任等做了详细的规定，为人们处理土地及与土地相关问题提供了重要的法律依据。

(2)《城乡规划法》。

2007 年 10 月 28 日，第十届全国人民代表大会常务委员会第三十次会议通过《中华人民共和国城乡规划法》，自 2008 年 1 月 1 日起施行。

《城乡规划法》是为了加强城乡规划管理，协调城乡空间布局，改善人居环境，促进城乡经济社会全面协调可持续发展而制定的，在城市规划区范围内进行建设活动，必须遵守城市规划管理。城市规划是引导和控制整个城市建设和发展的基本依据和手段，是城市政府进行宏观调控的重要手段。

(3)《城市房地产管理法》。

1994 年 7 月 5 日，第八届全国人民代表大会常务委员会第八次会议通过

《中华人民共和国城市房地产管理法》,2007 年 8 月 30 日,第十届全国人民代表大会常务委员会第二十九次会议对其进行了修正。

《城市房地产管理法》是为了加强对城市房地产的管理,维护房地产市场秩序,保障房地产权利人的合法权益,促进房地产业的健康发展而制定的,对如何在国有土地范围内取得房地产开发用地的土地使用权、房地产开发、房地产交易和房地产权属登记管理等做出具体规定,构建了中国城市房地产领域的基本法律制度。

(4)《建筑法》。

1997 年 11 月 1 日,第八届全国人民代表大会常务委员会第二十八次会议通过《中华人民共和国建筑法》,自 1998 年 3 月 1 日起施行。

《建筑法》是为了加强对建筑活动的监督管理,维护建筑市场秩序,保证建筑工程的质量和安全,促进建筑业健康发展而制定的。该法虽然是规范建筑行业的基本法,但是建筑与房地产开发及房屋质量密切相关,成为规范房地产开发与建设的前提要求,因而也成为调整房地产关系的重要法律。

(5)《物权法》。

2007 年 3 月 16 日,第十届全国人民代表大会第五次会议通过《中华人民共和国物权法》,并于 2007 年 10 月 1 日起正式实施。

《物权法》是为了维护国家基本经济制度,维护社会主义市场经济秩序,明确物的归属,发挥物的效用,保护权利人的物权而制定的,是规范财产关系的民事基本法律,调整因物的归属和利用而产生的民事关系,包括明确国家、集体、私人和其他权利人的物权以及对物权的保护。

《物权法》确定了国家、集体和私人的物权平等保护的原则,确定了物权的种类和内容、不动产登记制度,设立了更正登记、预告登记等。

《物权法》的颁布实施,对确认物的归属,明确所有权和用益物权、担保物权的内容,保障各种市场主体的平等法律地位和发展权利,依法保护权利人的物权,发展社会主义市场经济将发挥重要的作用。

3. 行政法规

行政法规是由国家最高行政机关即国务院制定并公布的规范性法律文件。房地产行政法规是大量存在的,因为法律规定不全或没有规定的,可以由国务院制定单行的条例或补充规定,如《土地管理法实施条例》、《城市房地产开发经营管理条例》、《建设工程质量管理条例》、《城市房屋拆迁管理条例》、《城镇国有土地使用权出让和转让暂行条例》、《住房公积金管理条例》、《物业管理条例》、《民用建筑节能条例》、《中华人民共和国城镇土地使用税暂行条例》等。

4.行业规范文件

规范性文件通常是指那些无权制定行政规章的行政机关(如各级人民政府及其所属工作部门,人民团体、社团组织等),在其法定职权范围内制定的具有约束力的文件。规范文件的法律效力低于法律、法规和规章,但可作为行政机关制定具体行政行为的依据。

房地产行业规范文件包括:《房地产估价师执业资格暂行规定》、《房地产估价师执业资格考试实施办法》、《城市房地产市场评估管理暂行办法》、《关于加强与银行贷款业务相关的房地产抵押和评估管理工作的通知》、《房地产经纪人员职业资格制度暂行规定》、《房地产经纪人执业资格考试实施办法》、《关于房地产中介服务收费的通知》、《城市房屋拆迁估价指导意见》、《房地产抵押估价指导意见》等多项规范性文件,以及国家标准《房地产估价规范》、《房地产测量规范》等多项技术规范。

5.部门规章

房地产部门规章是指国务院房地产行政主管部门以及中央各部委根据宪法、法律、行政法规和国务院规定的职责范围,依法制定并发布的有关房地产管理的规范性法律文件,或者房地产行政主管部门与国务院其他有关部委联合制定和发布的规范性法律文件,如《房地产开发企业资质管理规定》、《城市房屋拆迁单位管理规定》、《城市商品房预售管理办法》、《商品房销售管理办法》、《城市房地产转让管理规定》、《城市房屋租赁管理办法》、《城市房地产抵押管理办法》、《闲置土地处置办法》、《城市房地产中介服务管理规定》、《房屋登记办法》等。

6.地方性法规

房地产地方性法规是省、自治区、直辖市及省、自治区人民政府所在地的市和经国务院批准的较大市的人民代表大会及其常务委员会,根据宪法、法律和行政法规的规定,制定的调整本行政区域内房地产法律关系的规范性文件,在本行政区域内有效,如《山东省物业管理条例》、《上海市住房公积金管理若干规定》等。

现行房地产土地政策和制度说明

土地制度是一切社会形态中最重要、最基本的制度,它对一个国家一定时期的上层建筑起着决定性的作用。土地政策是土地制度得以实行的措施体系或行为准则。因此,土地制度是土地政策的基础,土地政策又是土地制度的具体体现。

1. 中国现行土地所有制

中国现行土地所有制为社会主义土地公有制，它分为社会主义全民所有制和社会主义劳动群众集体所有制。土地全民所有制，即国家所有制，简称国有土地，具体采取的是社会主义国家所有制的形式，由社会主义国家代表全体劳动人民占有属于全民的土地，行使占有、使用、收益和处分等权利。

土地的社会主义劳动群众集体所有制，具体采取的是社会主义集体经济组织所有制的形式，由各个社会主义集体经济组织代表各该集体经济组织的全体劳动人民占有属于该集体的土地，行使占有、使用、收益和处分等的权利。

城市市区的土地属于国家所有；农村和城市郊区土地，除由法律规定属于国家所有外，属于农民集体所有；宅基地、自留地属于农民集体所有。

2. 其他基本制度

同时，我国实行土地登记制度、土地有偿有限期使用制度、土地用途管制制度、保护耕地制度、城市土地储备制度以及其他制度。

(1)国家实行土地登记制度。

县级以上人民政府要对所管辖区域内的土地进行登记造册。属于国有土地的，核发国有土地使用证；属于集体土地的，核发集体土地所有证。进行依法登记的土地，它的所有权和使用权受法律保护，任何单位和个人不得侵犯。

(2)国家实行土地有偿有限期使用制度。

国有土地有偿使用是指国家将一定时期内的土地使用权提供给单位和个人使用，而土地使用者按照土地有偿使用合同的规定，一次或分年度向国家缴纳土地有偿使用费的行为。

除了国家划拨的土地以外，凡是新增的土地或者是原使用土地改变用途或使用条件，进行市场交易等，均要实行有偿有限期使用。

(3)国家实行土地用途管制制度。

国家为保证土地资源的合理利用以及经济、社会的发展和环境的协调，通过编制土地利用总体规划，划定土地用途区域，确定土地使用限制条件，使土地所有者、使用者严格按照国家确定的用途利用土地而采取的管理制度。

土地管制的核心是不能随意改变农用地的用途。土地用途的变更须经有批准权的人民政府核准。土地管制还要控制建设用地的总量，严格限制农用地转为建设用地。

(4)国家实行保护耕地制度。

土地用途管制制度是指国家为保证土地资源的合理利用和经济、社会及环境的协调发展,通过编制土地利用总体规划划定土地利用区,确定土地使用条件,并要求土地所有者和使用者严格按照国家确定的用途利用土地的制度。

中国耕地具有四个明显的特点:第一,人均占有耕地少;第二,耕地总体质量差;第三,生产水平低;第四,退化严重,后备资源不足。

因此,国家对耕地实行特殊保护,严格控制耕地转为非耕地。在征收土地时,要坚持"一要吃饭,二要建设"的方针,必须坚持"十分珍惜每寸土地,合理利用每寸土地"的基本国策;必须坚持精打细算,能少占地就不多占;坚决反对征而不用、多征少用、浪费土地的错误做法。

(5)城市土地储备制度。

城市土地储备制度是指土地行政主管部门受政府委托,依据规定,将需盘活的土地通过收回予以储存,并根据市场需求,有计划地盘活存量土地资产,有效配置土地资源的行为。

建立城市土地储备制度的目的是为了解决城市存量土地供应不能垄断,造成城市土地供应总量失控,土地招标、拍卖制度难以推行,土地资产流失屡禁不止的状况。由于历史和制度的原因,城市存量土地几乎都掌握在土地使用者手中,无偿划拨以及规划、计划没有控制好,土地供应量过大,结构不合理,导致城市土地闲置或低效利用,以往推行过"退二进三",鼓励困难企业自行盘活自己使用的土地进行房地产开发,在现行法律制度下,这些土地使用者可通过补办土地出让手续转让土地,成为土地供应者,形成存量土地多头供应的局面。

建立城市土地储备制度是城市土地制度改革的一个创新,其基本思路是由城市政府的委托机构,如土地储备中心,通过征用、收购、置换等方式,将土地使用者手中分散的土地集中起来,进行土地整理和开发,在完成一系列前期开发整理工作后,变成可建设的"熟地",根据城市土地年度计划,通过招标、拍卖有计划地将土地投入市场,以供应和调控城市各类建设用地需求的一种经营管理制度。

纳入政府土地收购储备范围的土地在进行土地使用权出让前,需要按照土地一级开发的模式对地块进行土地开发工作。土地一级开发是指城市政府委托当地土地收购储备机构,按照土地利用总体规划、城市总体规划及控制性详细规划和年度土地供应计划,对确定的存量国有土地、拟征收土地,统一组织进行征地、拆迁和市政道路等基础设施建设的行为。

土地收购储备制度的建立和土地一级开发模式的普遍实施，推动了公开、公平和透明的土地供应市场的建立。实行土地储备制度后，从土地储备中心供应的土地是可以直接用来从事房屋建设的熟地，对开发商而言，大大缩短了地块开发周期，降低了地块的周转成本，同时增加了投资针对性，减低了投资风险。现在由于政府土地收购储备中心所实施的土地一级开发工作通常将土地开发工程包给开发商，因此也为房地产开发商参与土地开发创造市场机会。

第四章
项目前期策划和立项管理实用表单

项目成本估算表(见表 4-1)

表 4-1 项目成本估算表

成本项目	总成本（万元）	单位成本（元/平方米）	参考项目	单位成本	说明
1. 土地获得价款					
1.1 政府低价及市政配套					
1.2 合作款项					
1.3 红线外市政配套					
1.4 拆迁补偿费					
2. 开发前期准备费					
2.1 勘察设计费					
2.2 报批报建费					
2.3 三通一平费					
2.4 临时设计费					
3. 主题建筑工程费					
3.1 基础工程					
3.2 结构及粗装修					
3.3 门、窗工程					
3.4 公共部位精装修					
3.5 室内精装修					
3.6 室内水电气暖					
3.7 室内设备及装修					
3.8 室内设备及安装					

续上表

成本项目	总成本（万元）	单位成本（元/平方米）	参考项目	单位成本	说明
4.红线内市政工程费					
4.1 室外给排水系统					
4.2 室外采暖系统					
4.3 室外燃气系统					
4.4 室外高低压系统					
4.5 室外消防系统					
4.6 室外职能化系统					
5.园林环境费					
5.1 环境设计费					
5.2 绿化建设费					
5.3 建筑小品费					
5.4 道路广场建造					
5.5 围墙建造费					
5.6 室外照明费					
5.7 室外背景音乐					
5.8 室外零星工程					
6.公共配套设施费					
6.1 游泳池					
6.2 会所					
6.3 幼儿园					
6.4 学校					
6.5 儿童游乐设施					
6.6 商业设施					
6.7 其他					
7.开发间接费					
7.1 工程管理费用					

续上表

成本项目	总成本（万元）	单位成本（元/平方米）	参考项目	单位成本	说明
7.2 销售费用					
7.3 资本化利息					
7.4 物业管理完善费					
合计					
备注	1. 成本估算应按本表明细项目分类，因条件所限制确实无法做出详细估算时，可只列大类。 2. 参考项目可选公司内外的项目，但需选择已竣工且具有最大可比性的项目。				

项目用地平衡表（见表 4-2）

表 4-2 项目用地平衡表

序号	类别代号		用地名称		面积（公顷）	占建设用地百分比（%）	人均建设用地面积（平方米）
1	R		居住用地				
	其中	R1	其中	一类居住用地			
		R2		二类居住用地			
2	C		公共设施用地				
	其中	C1	其中	行政办公用地			
		C2		商业金融用地			
		C3		文化娱乐用地			
		C4		体育用地			
		C5		医疗卫生用地			
		C6		教育科研设计用地			
		C7		社会福利设施用地			

续上表

<table>
<tr><th>序号</th><th colspan="2">类别代号</th><th colspan="2">用地名称</th><th>面积（公顷）</th><th>占建设用地百分比（%）</th><th>人均建设用地面积（平方米）</th></tr>
<tr><td rowspan="2">3</td><td colspan="2">M</td><td colspan="2">工业用地</td><td></td><td></td><td></td></tr>
<tr><td>其中</td><td>M1</td><td>其中</td><td>工业用地</td><td></td><td></td><td></td></tr>
<tr><td rowspan="4">4</td><td colspan="2">S</td><td colspan="2">道路广场用地</td><td></td><td></td><td></td></tr>
<tr><td rowspan="3">其中</td><td>S1</td><td rowspan="3">其中</td><td>道路用地</td><td></td><td></td><td></td></tr>
<tr><td>S2</td><td>广场用地</td><td></td><td></td><td></td></tr>
<tr><td>S3</td><td>社会停车场库用地</td><td></td><td></td><td></td></tr>
<tr><td rowspan="3">5</td><td colspan="2">G</td><td colspan="2">绿地</td><td></td><td></td><td></td></tr>
<tr><td rowspan="2">其中</td><td>G1</td><td colspan="2"></td><td></td><td></td><td></td></tr>
<tr><td>G2</td><td colspan="2"></td><td></td><td></td><td></td></tr>
<tr><td>6</td><td colspan="2">U</td><td colspan="2">市政公共设施用地</td><td></td><td></td><td></td></tr>
<tr><td>7</td><td colspan="2">T</td><td colspan="2">对外交通用地</td><td></td><td></td><td></td></tr>
<tr><td colspan="5">城市建设用地</td><td></td><td></td><td></td></tr>
</table>

项目主要经济指标分析表（见表 4-3）

表 4-3　项目主要经济指标分析表

经济指标	单位数值（元/平方米）	项目总金额（万元）
销售收入		
直接成本		
总投资		
毛利率		
税前利润		
税后利润		
销售净利率		
投资回报率		

项目开发各期利润预测表（见表 4-4）

表 4-4 项目开发各期利润预测表

经济指标	2011 年		……		20____年		合计
	上半年	下半年	上半年	下半年	上半年	下半年	
结算面积（平方米）							
单位利润（元/平方米）							
利润（万元）							

项目用地现状说明表（见表 4-5）

表 4-5 项目用地现状说明表

现状项目	现状说明	附图
四至范围		
地势平坦状况		
地面现状		
地面现有居民情况		
地下情况		
土地完整性		
地址情况		

项目投资收益分析表（见表 4-6）

表 4-6 项目投资收益分析表

经济指标	A	A+M	A+2M	……	A+nM
楼面地价					
完全成本					
总投资					
毛利率					

续上表

经济指标	A	A+M	A+2M	……	A+nM
税前利润					
税后净利率					
销售净利率					
总投资回报率					

最高楼面地价和最高总地价测算表(见表 4-7)

表 4-7 最高楼面地价和最高总地价测算表

销售净利率	全部总成本	最高楼面地价	最高总地价
R1			
R2			
R3			
…			

项目立项申请表(见表 4-8)

表 4-8 项目立项申请表

<table>
<tr><td>申请人</td><td></td><td>所属办事处</td><td></td><td>申请时间</td><td></td></tr>
<tr><td>申请项目名称</td><td colspan="5"></td></tr>
<tr><td>预计费用</td><td colspan="2"></td><td>预计
实施时间</td><td colspan="2"></td></tr>
<tr><td>办事处主任
意见</td><td></td><td>大区经理
意见</td><td></td><td>公司领导
意见</td><td></td></tr>
<tr><td colspan="6">备　注</td></tr>
<tr><td colspan="6">1. 当相关房产开发人员发现有立项价值的新项目时,即可填写本表,经办事处和大区经理审批后,送市场总部进行备案。
2. 未立项的项目,原则上不会报销销售费用。
3. 市场部考核项目时,每失败一单扣____元,成功一单奖____元,未立项每单扣____元。</td></tr>
</table>

项目开发风险分析表（见表 4-9）

表 4-9 项目开发风险分析表

房地产开发特点	风险分析
房地产位置敏感性	
开发周期的长期性	
开发投入、经济社会相关性	
市场的不充分	
国家政策方针	
……	

项目区位调查表（见表 4-10）

表 4-10 项目区位调查表

项目名称	项目明细	调查情况	主要影响
居住环境	自然环境		
	人文环境		
就业环境	就业情况		
	就业条件		
市政交通	交通设施		
	交通成本		
	路网条件		
配套设施	银行		
	超市		
	餐饮		
	医疗		
	菜市场		
	学校		
	其他设施		
其他方面			
调查时间		调查人	

竞争项目调查表(见表4-11)

表4-11　竞争项目调查表

项目名称			
开发商			
代理商			
建筑单位			
建筑类别			
建筑设计		景观设计	
占地面积		总建筑面积	
绿化率		容积率	
总户数		在售户数	
面积范围		销售率	
主力面积		主力户型	
价格范围		物业管理公司	
平均价格		物业管理费用	
付款方式		车位	
开盘日期		交房日期	
开工日期		竣工日期	
售楼中心			
内部环境			
配套设施			
装修情况			
综合评价			

项目成本变动敏感性分析表(见表 4-12)

表 4-12 项目成本变动敏感性分析表

经济指标	预测成本×90%	预测成本	预测成本×110%	预测成本×120%
总投资				
毛利率				
税前利率				
税后利率				
销售净利率				
总投资回报率				

售价变动敏感性分析表(见表 4-13)

表 4-13 售价变动敏感性分析表

经济指标	预测成本×90%	预测成本	预测成本×110%	预测成本×120%
总投资				
毛利率				
税前利率				
税后利率				
销售净利率				
总投资回报率				

容积率变动敏感性分析表(见表 4-14)

表 4-14 容积率变动敏感性分析表

主要指标	容积率	容积率 1	容积率 2	容积率 3	容积率 4
多高层比					
营业额					
总投资					

续上表

主要指标	容积率	容积率 1	容积率 2	容积率 3	容积率 4
毛利率					
税后利润					
税后净利率					
总投资回报率					

城市房地产运行状况统计表（见表 4-15）

表 4-15　城市房地产运行状况统计表

面积单位：平方米　　金额单位：亿元

年份 成交面积、金额	____年	____年	同比增长
该市房屋成交总登记面积			
该市房屋成交总登记金额			
该市预售商品房成交登记面积			
该市预售商品房成交登记金额			
该市二手房成交登记面积			
该市二手房成交登记金额			

本地商品住宅市场总体状况分析项目表（见表 4-16）

表 4-16　当地商品住宅市场总体状况分析项目表

分析项目	分析内容或指标
近 3～5 年该区域商品住宅市场发展情况	开工面积____平方米，竣工面积____平方米，销售面积____平方米，销售额____万元
量值描述市场状况	（土地批租量____平方米，开工量____平方米，竣工量____平方米，销售量____平方米，销售额____万元，供需比____：____，其中，个人购房比例占____%，平均售价____元，个人信贷额度占销售额比例____%）

续上表

<table>
<tr><th colspan="2">分析项目</th><th>分析内容或指标</th></tr>
<tr><td colspan="2">各类型产品的市场特征</td><td>该区域的价位为______，随着均价的不断攀升，市场上 90 平方米以下小户型的公寓为该区域的发展趋势，其中，两室的户型最受欢迎</td></tr>
<tr><td rowspan="2">本市其他各行政区市场状况比较</td><td>量值</td><td>（包括土地批足量、开工量、竣工量、销售量、各种档次楼盘的销售比重、平均价格等，此处略）</td></tr>
<tr><td>商品住宅分布特征</td><td>（包括供应量、销售量变化和发展趋势等，此处略）</td></tr>
<tr><td colspan="2">当地城市近、中期规划发展方向描述</td><td>近期城市发展规划速度加快、该地区的定位功能为高新技术产业开发的配套住宅、基础设施建设正在进一步完善，有利于本项目开发和本地居民的生活、出行、医疗等相关方面</td></tr>
<tr><td colspan="2">主要发展商情况</td><td>本地主要发展商包括××地产、××置底、××商业地产等公司，其中企业性质、开发水平等</td></tr>
<tr><td colspan="2">热点区域的表达和特征，热点产品的表述和特征</td><td>该地区热点区域包括高新技术产业开发区、经济开发区、城南区域、城东生态区域等，主要热点产品为 90 平方米左右的两居室</td></tr>
<tr><td colspan="2">客户的购买偏好、购买关注要素</td><td>该客户在购买过程中，最关注的因素依次为价格、户型、面积、周围配套设施、电梯和小区安保等</td></tr>
<tr><td colspan="2">重点楼盘描述</td><td>该区域周围的重点楼盘包括以下三项：
××城市花园，均价______元，在售面积______平方米，主要为大户型
××苑，均价______元，在售面积______平方米，主要为两居和三居
××家园，均价______元，在售面积______平方米，主要为精装公寓</td></tr>
</table>

第二部分
项目设计和变更管理

内容提要

- 项目设计和变更流程
- 项目设计和变更管理实用表单

第五章
项目设计和变更流程

项目设计管理流程（如图 5-1 所示）

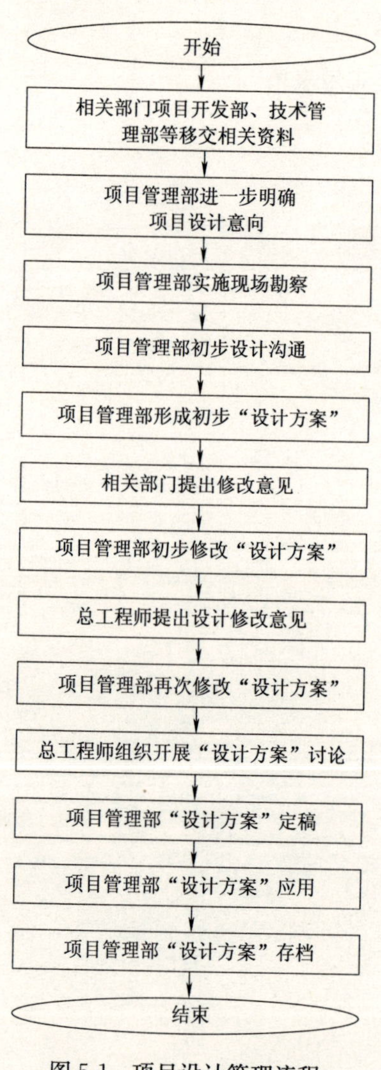

图 5-1　项目设计管理流程

项目设计质量控制流程（如图 5-2 所示）

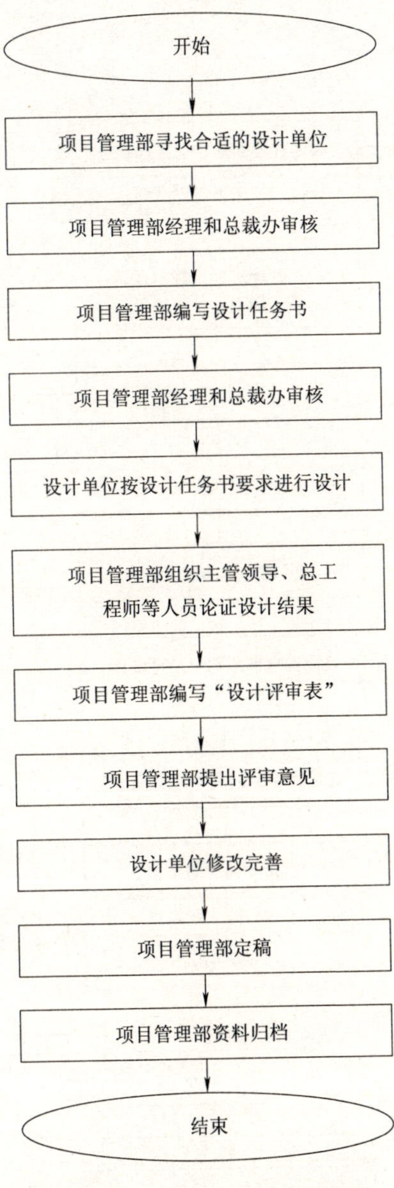

图 5-2　项目设计质量控制流程

项目设计进度控制流程（如图 5-3 所示）

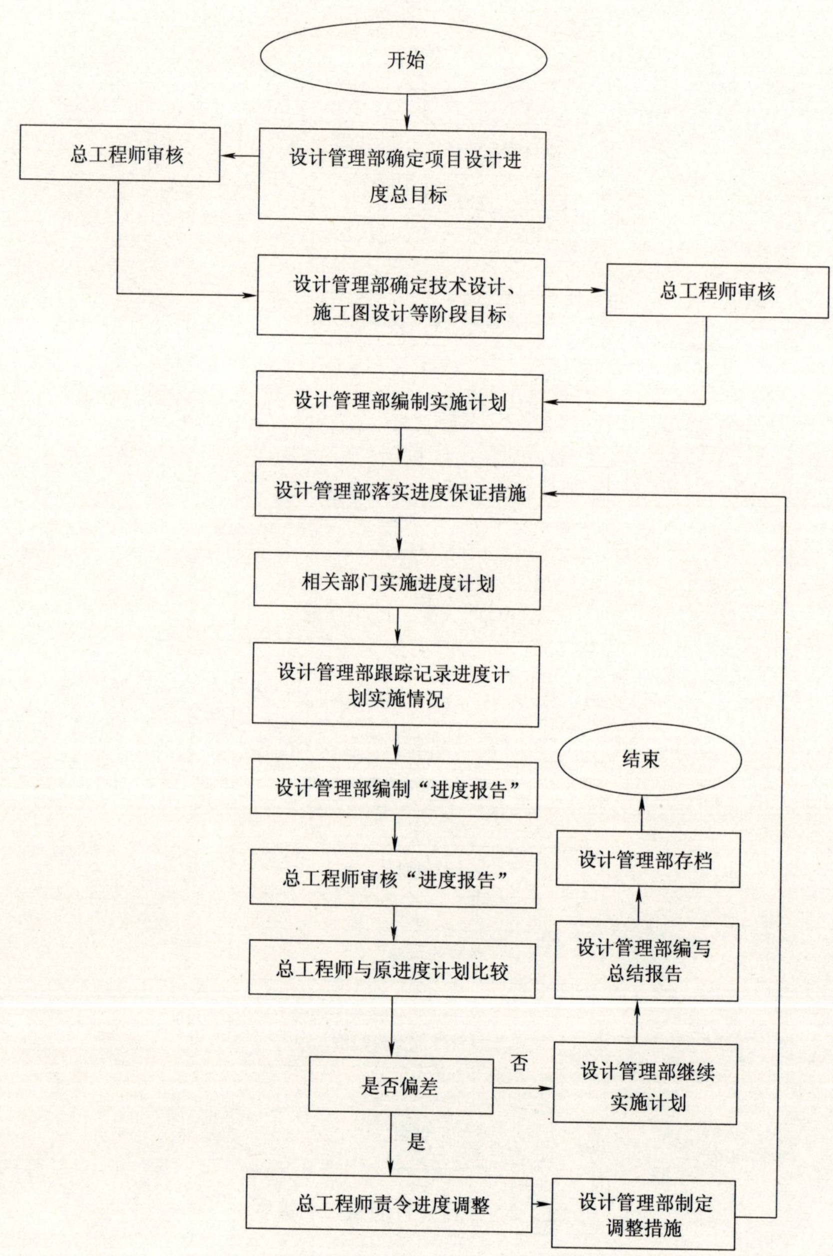

图 5-3 项目设计进度控制流程

项目施工图设计管理流程(如图 5-4 所示)

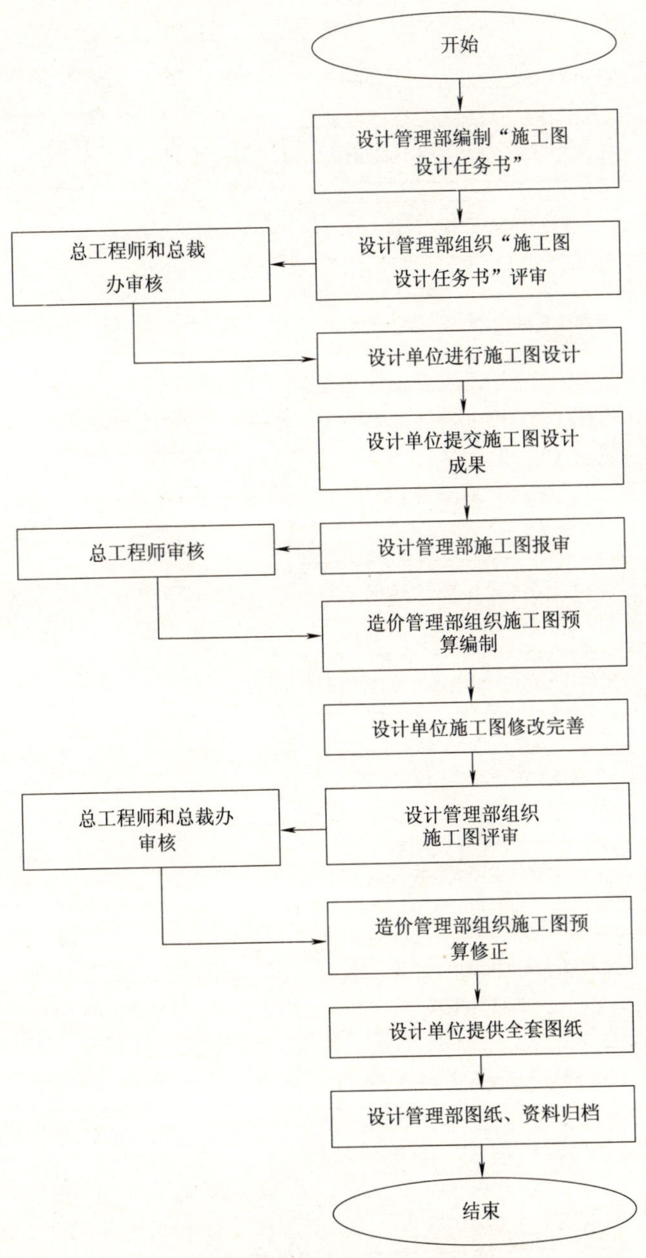

图 5-4　项目施工图设计管理流程

项目技术设计管理流程（如图 5-5 所示）

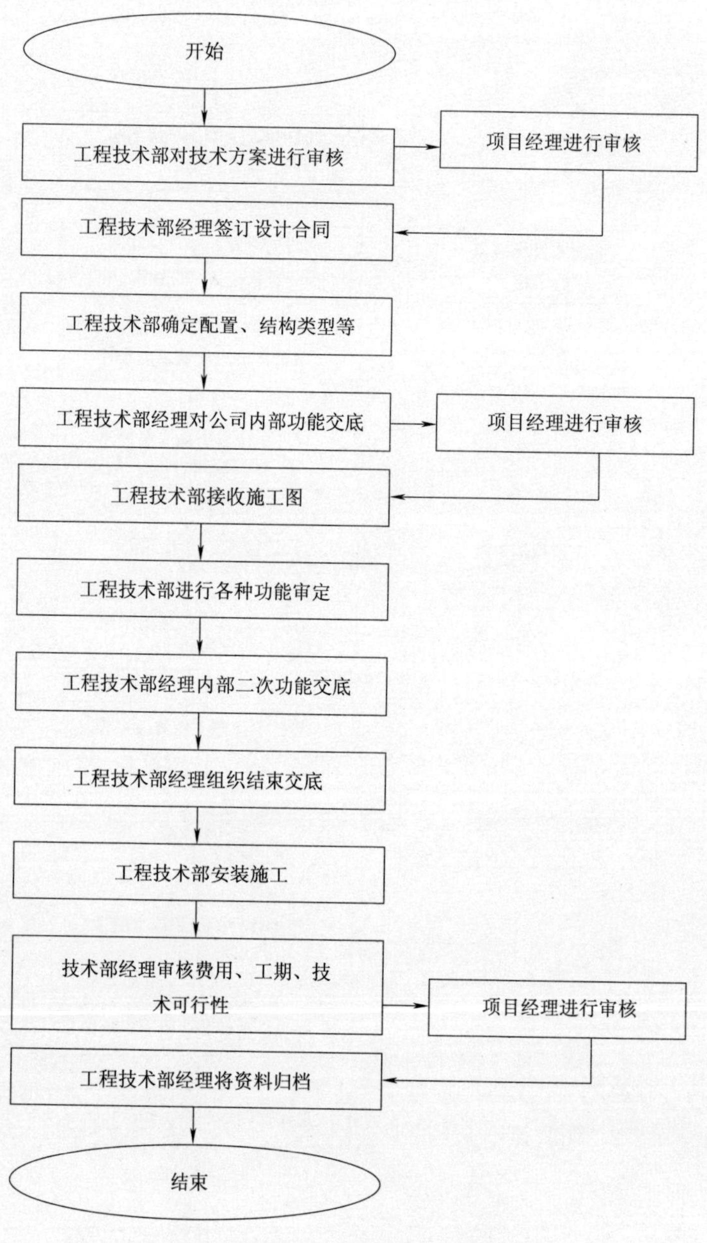

图 5-5 项目技术设计管理流程

规划设计方案评估管理流程（如图 5-6 所示）

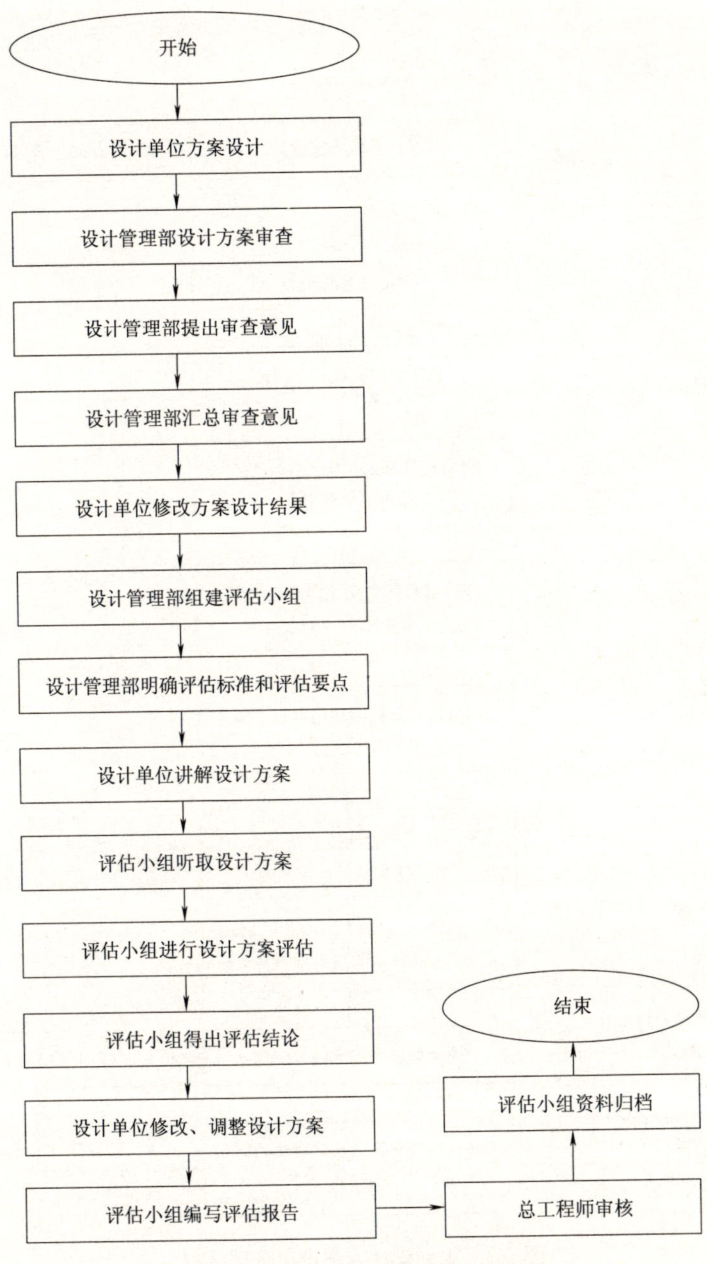

图 5-6　规划设计方案评估管理流程

规划设计方案审定管理流程（如图 5-7 所示）

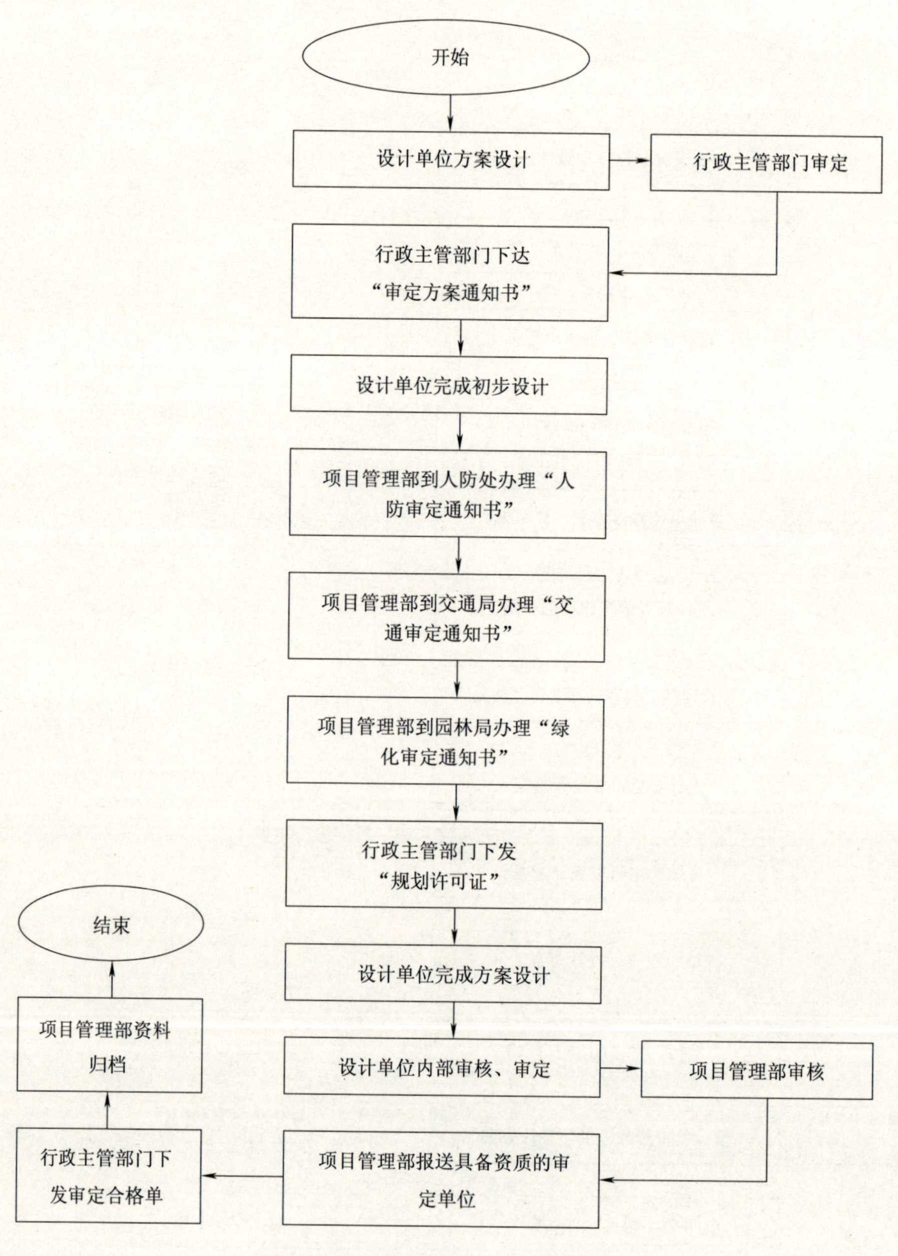

图 5-7 规划设计方案审定管理流程

房地产设计阶段成本控制

对项目投资影响最大的阶段是施工图设计前的阶段。据测算，设计阶段对投资额的影响程度高达75%～95%；在项目设计阶段，通常用限额设计和标准设计来控制投资，进而达到在设计阶段控制项目成本的目的。

1. 推行设计招标，择优选择设计单位

积极推行建筑方案与经济方案相结合的设计招标方法，尽量将工程主体及配套的围护、绿化等均放在一起进行招标，采用多家竞投，组织有关专家综合评比，这样既可优选出好的设计单位，又可促进设计方在项目整体布局、建筑造型使用功能上开拓创新，在降低工程造价上下功夫。

2. 标准设计

经国家或地方政府批准的建筑、结构和构建等整套标准技术文件和图纸，称为标准设计。目前，我国的标准设计包括以下内容。

(1)重复建造的建筑类型及生产能力相同的企业单独的房屋构筑物，都应采用标准设计或通用设计。

(2)对不同用途和要求的建筑物，可按照统一的建筑模数、建筑标准、设计规范、技术规定等进行设计。

(3)当整个房屋或构筑物不能定型化时，则应把其中重复的部分，如房屋的建筑单元和主要的结构节点，在构配件标准化的基础上进行定型化设计。

(4)建筑物和构筑物的柱网、层高及其他参数尺寸的统一化。

(5)建筑采用的构配件统一化，在基本满足使用要求和修建条件的情况下，尽可能地具有通用互换性。

3. 开展限额设计，有效控制造价

积极推行限额设计，健全设计经济责任制。设计人员应熟悉掌握建筑工程预算定额及费用定额，熟悉建筑材料预算价格，然后按照项目投资估算控制初步设计及概算，再用初步设计概算控制施工图设计及概算。因此，各专业在保证功能及技术指标的前提下，必须制定双赢策略，合理分解和使用投资限额，将施工图设计和施工图预算融为一体，把技术和经济有机结合起来。严格控制设计变更，以保证投资限额不轻易突破。房地产开发企业的工程造价管理人员应与设计部门积极配合，及时提供可靠的工程基础资料。

推行标准设计不仅有利于降低工程造价，节约项目投资，它还是建筑产品标准化、规范化生产的基础工作，是建筑业走向工业化生产的必由之路，对于全面提高建筑工程施工效率、提高工程质量具有重要意义。

工程项目施工设计管理制度

第1章 总 则

1. 目的

为了保证设计工作的进度，提高工程设计的质量，降低工程造价，鼓励在建工程在设计活动中能够采用先进的技术、工艺设备及新型材料，确保设计成果符合规定和要求，特制定本制度。

2. 适用范围

（1）本制度适用于从方案招标开始到施工图经审图企业审核完成为止。

（2）该范围的交付件是经审图企业加盖印章的施工图。

第2章 部门及人员职责

1. 设计管理部负责方案的起草，以及设计阶段的组织、实施和设计控制的协调工作。

2. 总设计师负责拟订《设计任务书》，组织相关人员考察设计单位、发标、评标、签订设计合同、进行方案设计评比。

3. 设计管理部的其他设计师及相关人员负责施工方案的初步设计、施工图设计的追踪控制和审查等。

第3章 制度内容

1. 招标原则

（1）保证企业可以选择到合格的设计单位，设计方案可以充分体现集团的意图和期望，得到符合要求的设计成果，确保设计文件的有效性、连续性并保证工程项目的安全性、经济性。

（2）建设工程设计必须杜绝“三边”（边勘察、边设计、边施工）工程，坚决执行工程建设的强制性标准，严格按照“先勘察、后设计、再施工”的原则开展。

（3）建设工程设计业务必须委托给资质等级符合要求（根据不同的项目制定具体标准）的设计单位。禁止将设计业务委托给超越其资质等级许可范围的设计单位。

（4）必须选择在国内或国际建设工程设计领域具有较高知名度的设计单位，而且，只有在设计领域具有较高知名度的人员才可以参加方案竞标。

（5）选择方案设计单位的数量视具体项目而定，但原则上不少于三家。

（6）设计招标的评标标准，包括设计方案优劣、方案所采取的技术和工艺水平、整个方案投入产出的经济效益评估、服务细则承诺，以及设计单位资历和社会信誉等。

2. 招标流程

(1)设计计划。

①总设计师负责对每一项工程设计任务设计该项目的《设计控制计划》,并且要明确设计控制的内容、参与人员及其责任分工、控制工作的方式、要求、阶段性交付件等。

②设计任务书。

③总设计师根据收集到的资料,拟定《建筑工程设计任务书》,经总工程师签字审定后,报总经理批准后实施。

④总设计师收到政府的规划方案审批意见后,组织有关人员讨论初步设计的有关问题,在满足规划意见、市场定位要求的前提下最大限度地控制成本。

⑤最终形成《初步设计说明书》,经过总工程师签字审定后,报集团批准实施。

⑥根据初步设计审核意见的要求,决定是否做扩初设计,如需要做扩初设计,按企业规定的程序执行。

(2)设计管理部负责编制《招标邀请函》。

(3)设计单位可由集团、设计管理部、投资发展部等推荐。

(4)设计单位初选。

由总设计师组织相关人员,对被推荐或者邀请的设计单位进行考察。考察内容为设计单位资质、以往设计成果、人员和设备情况、投标热情、收费标准等。最后,根据考察结果形成初选拟邀请投标的单位名单,并报总经理批准。

(5)发标。

集团有权根据实际情况,在设计管理部拟订的邀请单位中,直接委托设计单位。例如,集团决定招标,则由设计管理部负责组织发标会,邀请各投标单位及有关部门参加,进行设计发标。

(6)评标。

①《投标书》确定之日起,设计管理部开始接受《投标书》,接标人员根据《设计任务书》及招标文件的要求,确认《投标书》,保证其真实、有效。

②总设计师拟订的评委名单须报集团审批,通过集团批准后方可实施。对于超过一定规模或具较大影响力的项目,应按有关规定向政府主管部门提出申请,由政府主管部门确定评委名单,并组织集团内外有关专家,统一对各投标单位的设计方案进行评标。

③经评标确定中标单位后,《标书评审记录》和《合同推荐书》要上报集团批准,集团批准后,由总设计师向中标单位发放《中标通知书》,并拟订《委托设计合同书》,并上报总经理进行审批。

(7)签约。

确定设计单位后,由总设计师代表企业与其签订《委托设计合同书》。

3. 设计过程追踪控制

(1)由设计管理部确定对设计过程的控制要求,根据项目的特点,制定并形成《设计管理配合要求》,发放至设计单位。

(2)设计管理部在每一个项目设计开始前,都要要求设计单位提供该项目的设计计划,以及设计输入文件,设计管理部派出指定的控制人员对其进行审查认可,并填写《设计追踪检查记录单》。

(3)在施工图的初步设计过程中,设计管理部应依据《委托设计合同书》要求和《设计控制计划》规定,组织控制人员前往设计单位进行实地追踪检查,主要包括对设计进度、人员资格及专业配合等内容的检查。

(4)检查依据是《委托设计合同书》、《设计管理配合要求》、设计单位编制的《设计计划》。

(5)检查结束后,将检查结果填入《设计追踪检查记录单》,并将该文件报集团企业备案。

(6)如果在检查中发现不符合要求的问题,由检查人员填写《专业工程师通知单》,并上报设计单位,由其进行调整或更改,同时,设计单位应将书面整改结果报设计管理部备案存档。

4. 设计评审

(1)方案设计评审。

①设计管理部在收到方案设计后,应对方案设计进行施工成本估算,同时也要对施工难度和工期进行评估。

②设计管理部应组织相关人员,在收到方案设计后五日内对方案设计进行评审,并将方案设计的施工成本估算以及施工难度和工期向与会人员通报。

③经总经理签字后,设计方案最终生效。

(2)初步设计评审。

①设计管理部在收到初步设计方案后,应根据规划部门的意见,依据《方案/初步设计审查方案》,组织有关部门对初步设计进行审查,在满足规划意见、市场定位要求的前提下,最大限度地控制成本。

②最终形成的初步设计评审意见,经总工程师签字审定,报集团批准后,设计管理部交给设计单位完善初步设计。

(3)扩初设计评审。

①设计管理部在扩初设计完成后,须将设计文件送交投资发展部,由投资发展部负责征询当地政府部门,并由其进行扩初评审。

②投资发展部应明确市政意见中的修改是修改扩初设计,还是直接在施工

图中予以修改。明确后,为加快进度,投资发展部应将市政部门的审查意见直接电传至设计单位、设计管理部。

③设计管理部根据扩初意见,组织相关部门,对扩初设计进行局部功能优化。由工程技术部研究设计资料,在满足使用功能且不降低项目质量的前提下,为降低成本提出合理化建议。

④如果市政部门的意见影响到项目的使用功能,则设计管理部应立即与营销策划部协商,同时通知设计单位暂缓对该部分内容的设计修改,待设计管理部和工程技术部、项目开发部、营销策划部达成一致的协商意见后,再由设计管理部通知设计单位,设计修改具体内容。

⑤设计管理部应汇总所有市政部门意见和集团各部门意见,并交至设计单位,以此作为施工图设计的依据。

(4)施工图设计评审。

①在设计单位开始设计施工图之前,设计管理部应将地质报告、甲方和市政部门的扩初设计意见和批复、市政配套的具体条件等资料准备好,以此作为设计单位的设计依据。

②设计管理部根据项目的进度要求,对设计单位的设计进程准备具体的书面要求。

③书面表达的内容包括设计是否分阶段进行、施工图的出图数量、报建图出图日期、基础施工图出图日期、主体建筑施工图出图日期等。

④除了设计单位的设计图要由设计管理部直接上交给项目开发部用于报建使用外,其他各阶段的施工图,均由设计管理部落实审图企业。

⑤设计管理部将审图企业的审图意见发回设计单位,用于设计单位对施工图进行修改。

⑥修改完成的施工图作为项目开发部招投标的正式依据。

5.设计输出文件的审查与验收

(1)在完成初步设计及施工图设计后,设计管理部要根据《设计控制计划》,组织项目开发部、营销策划部、造价管理部、审图企业、设计单位分别按《方案初步设计审查方案》和《施工图审查方案》的规定对有关图纸进行审查,并填写《设计输出文件审查表》,报集团公司批准后,发给设计单位。

(2)设计单位根据《设计输出文件审查表》进一步完善设计输出文件。

(3)审查设计输出文件,主要是审查以下两个方面。

①对设计结果文件的审查。

②对设计单位所进行设计评审、设计验证的记录的审查。

审查应依据《设计任务书》、《委托设计合同书》、《设计管理配合要求》和设计单位编制的《设计计划》进行。

6. 设计控制总结

(1)集团公司签署《设计验收单》后，设计管理部组织有关控制人员撰写《设计控制总结》，其内容包括设计进度控制情况、设计质量控制情况和设计投资控制情况等。

(2)《设计控制总结》经总经理审核签署后，报集团公司档案室备案存档。

7. 设计变更管理

设计变更管理，即施工图审图备案出图后，再对原图进行修改(以下统称为“设计变更”)，由设计管理部负责统一管理。

8. 设计变更管理流程

(1)因企划、销售、配套、资产、物业等原因，需提出设计变更的单位，均应与设计单位取得联系，进行变更事宜的沟通，同时书面报告给设计管理部。

(2)由设计管理部审核后签发《设计变更申报表》，设计单位按照《设计变更申报表》内容，修改并填写《设计变更通知单》，设计管理部将修改结果送交相关部门。

(3)因施工单位原因需要进行变更设计时，可由施工单位以技术核定单形式，送工程技术部和设计管理部进行会签，再送设计单位签证后生效。但是，在施工图交底时发生的变更，应以会审记录的形式处理，由会审单位签字，交至设计管理部备案。

(4)因设计单位原因需要进行变更设计的，可由设计单位以《设计修改通知单》的形式，送达设计管理部，由设计管理部发放至造价管理部、工程技术部、项目经理部及有关单位。

(5)无论基于何种原因，其他部门不能直接通知设计单位进行变更设计。

(6)当项目进入销售期，并于网上公布信息后，原则上不再进行设计变更。

9. 施工图管理

(1)设计文件的发放和归档工作，可以加强设计工作的管理，使设计工作及施工的进行更加合理而有序，还能进一步确保工程质量和进度。

(2)通过审图备案正式出图的施工图、方案设计文本、初步设计文本，均应先交设计管理部登记归档，由设计管理部统一发放。

(3)设计管理部、项目经理部都应该设置资料管理员，用以负责通知和分发设计文件，各收图单位由指定人员到档案室签领。

(4)配套企业在征询阶段和方案调整阶段所需的工作图纸，以及正式出图后各部门所需的增晒图纸，均可由设计企业直接发给所需单位的指定人员。

(5)在工程结束后，超印、超晒的设计文件由设计单位凭《文件签领单》，到项目经理部进行统一结算。

(6)设计文件的归档内容，以及负责归档单位，均按表5-1中的规定执行。

表 5-1　设计文件的归档内容及归档单位

文件名称	归档单位
设计任务书	设计管理部
详规设计	设计管理部
方案设计	设计管理部
初步设计	设计管理部
概算书	设计管理部、造价管理部
施工图审图备案图	项目经理部、监理企业、质量管理部
施工图电子文件	设计管理部
设计变更通知单	项目经理部、监理企业
施工技术核定单	项目经理部、造价管理部、监理企业
竣工图	项目经理部

工程项目设计变更管理流程

工程设计变更管理流程具体如下。

1. 设计管理部将设计好的设计方案，交由相关部门，由相关部门提出关于工程设计变更的申请。

2. 设计管理部要对此申请进行受理、审议和办理。

3. 由设计管理部提交工程设计变更申请，由外部相关单位对此进行审议，并签发《工程设计变更通知书》。

4. 设计管理部在接到《工程设计变更通知书》后，根据具体变更内容，对整体设计进行费用核算，看是否需要进行费用调整。

5. 如果需要进行费用调整，设计管理部就需要将此变更通知交与造价管理部，由他们对造价进行重新的预算，然后交与总工程师进行审核，审核通过后，由设计管理部将此变更通知书分发到施工单位。

6. 如果不需要进行费用调整，设计管理部可直接将此变更通知分发到施工单位，并将此资料以档案形式存档。

工程项目设计变更规范

1. 与工程设计有关的部门需要注意以下事项，以减少发生设计变更的概率和工程成本，从而保证工程建设的正常运行，避免使公司产生重大损失的风险。

(1)设计管理部必须选择实力雄厚、信誉良好、知名度较高的设计单位，一定要对设计单位进行详细考察，然后收集一系列客观、真实、有说服力的数据，报总经理办公会议审批。

(2)工程技术部对做好的图纸要进行认真的审核，及时发现设计中的失误和疏漏等问题，并采取措施予以解决，特别是对工程造价影响较大的设计变更，更要及时发现问题及时解决问题。

(3)若是工程设计确需变更，相关部门最好可以将其控制在未采购工程材料设备之前，即设计初期阶段，这样可以将损失和风险降到最低。

2.工程项目在施工过程中，如有下列情形之一发生，相关部门即可申请设计变更。

(1)施工中产生错误。

(2)增减工程内容。

(3)改变使用功能。

(4)设计错误、遗漏。

(5)工程地质勘察资料不准确。

(6)使用的材料品种发生改变。

(7)修改工艺技术，包括设备的改变。

3.如果发生设计变更，应由工程技术部会同设计管理部、监理单位、设计单位、施工单位协商，经过总工程师确认后，由责任设计师发出相应图纸或说明，并由设计单位、监理单位会同办理签发手续，下发到有关部门付诸实施。

4.设计变更审查工作一定要认真、严密，需要注意的事项主要有以下几点。

(1)确属原设计不能保证工程质量要求，确有设计遗漏或错误，以及与现场实际情况不符，确实无法施工非改不可的。

(2)发生设计变更会产生许多连带效应，一般情况下，即使变更要求在技术经济上是合理的，也应全面考虑，要对变更以后所产生的效益(质量、工期、造价)，与现场变更会引起的施工单位的索赔等产生的损失进行比较，做好风险和损失的评估工作，权衡轻重后再做出决定。

(3)一旦发生变更后，工程造价增减幅度是否控制在总预算的范围之内，是否有可能超出预算，更要慎重考虑。

(4)需要进行设计变更时，应简要说明产生变更的背景，包括变更产生的提出单位、主要参与人员、时间等。

(5)设计变更必须说明变更原因，如工艺改变、工艺要求、设备选型不当等，设计者需考虑提高或降低标准、设计漏项、设计失误或其他原因。

(6)相关单位对设计图纸的合理修改意见应在施工之前提出。

(7)施工中发生的材料代用，应办理材料代用单，要坚决杜绝内容不明确、没有详图或具体使用部位，而是增加材料用量的变更。

5.设计变更产生的费用，一般控制在工程造价的5%以内，项目总体设计变更产生的新增投资额，不得超过不可预见费用的1/3。严禁通过设计变更扩大建设规模、增加建设内容、提高建设标准，使工程造价提高。

6.设计变更审查通过后，必须经公司总工程师签字确认，由项目部相关专业工程师进行签证，施工单位才可以对设计进行必要的变更。如果没有经过领导审批，施工单位随意变更，由此产生的一切后果，由施工单位自行承担。

7.设计变更实施后，项目部需要注意以下事项。

(1)若原设计图已经实施后才发生变更，则应加以注明，因其牵扯到原图制作加工、安装、材料费以及拆除费。若原设计图没有进行具体实施，则要扣除变更前部分项目的费用。

(2)若发生拆除，已拆除的材料、设备或已加工好但未安装的成品、半成品均应回收。

8.预算管理部、财务部在进行工程结算时，需要收集设计变更的签证及资料，同时，按照标书或合同中的有关规定，通过审核后将其作为结算的依据。在此过程中，需要注意以下事项。

(1)如果是由于施工不当或施工错误造成的设计变更，应注明原因，对此产生的变更费用施工单位自行负责，公司不予处理；若对项目工期、工程质量、投资效益造成一定影响的，公司还会对施工单位进行反索赔。

(2)由于设计单位的错误或设计缺陷所造成的变更费用，以及采取补救措施(如返修、加固、拆除)所发生的费用，应由财务部、项目部与总经办进行协商是否向其索赔(按设计合同条款执行)。

(3)由于监理单位的责任产生的变更费用，对公司造成一定损失的，应扣减监理费用。

(4)设计变更应视为原设计图纸的一部分，所发生的费用计算应保持一致，并根据合同条款按国家的有关政策进行费用调整。

(5)材料的供应及自购范围应和原合同内容一致。

(6)属于变更削减的内容，也应按上述程序办理费用削减，如果施工单位拖延，可督促其执行或采取措施直接发出削减费用结算单。

(7)对于设计变更造成的工期延误或延期，由项目部会同其他部门进行协商，然后按照有关规定进行处理。

9.本规范经公司总工程师办公室审议通过后，自颁布之日起实施。

10.本规范由总工程师办公室负责制定，其修改、解释权归总工程师办公室所有。

第六章
项目设计和变更管理实用表单

工程项目设计任务单(见表 6-1)

表 6-1 工程项目设计任务单

项目名称：　　　　　　　　　　　　　　　　　　专业：
编号：　　　　　　　　　　　　　　　　　　　　日期：

序号	设计任务内容
1	
2	
3	
4	

设计师：　　　　　　　　专业负责人：　　　　　　　　项目负责人：

工程项目设计方案送审表(见表 6-2)

表 6-2 工程项目设计方案送审表

收件编号：　　　　　　　　　　　　　　　　　　收件日期：

建设单位	名称		单位隶属		建设单位盖章
	地址		联系人		
	电话		邮政编码		
	建设地点	____区(县)____镇(乡)____路(村)____号(队)			
设计计划	名称		邮政编码		设计单位盖章
	地址				
	勘察设计证书编号				
	设计负责人		电话		

续上表

建筑工程名称	建筑物名称	建筑面积(平方米)	建筑物名称	建筑面积(平方米)	
建筑设计指标	用地面积(平方米)		绿地率		
	建筑容积率		建筑高度		
	建筑密度		其他		
注:本送审单附送下列图纸、文本。 1.建设项目选址意见书(复印件)或建筑工程规划设计要求通告单(复印件)。 2.建设基地的地形图一份(市测绘院晒印,比例为 1∶500 或 1∶1 000),地形图上标示拟建工程的基地范围及工程位置。 3.建设设计方案图(总面积图、平、立、剖面图)两套,需加盖设计单位的初步设计图章。					

工程项目设计变更表(见表 6-3)

表 6-3 工程项目设计变更表

工程名称:

工程部施工地点		编号	
设计变更的具体内容			
设计变更原因			

续上表

<table>
<tr><td>变更依据</td><td colspan="3"></td></tr>
<tr><td>工程数量增减</td><td></td><td>工程价款增减</td><td></td></tr>
<tr><td>建设单位批复</td><td colspan="3">年 月 日</td></tr>
<tr><td>设计单位批复</td><td colspan="3">年 月 日</td></tr>
</table>

工程项目设计变更审批表(见表 6-4)

表 6-4 工程项目设计变更审批表

编制人员： 填表日期：

<table>
<tr><td>工程名称</td><td colspan="3"></td></tr>
<tr><td>序号</td><td>原工程内容</td><td colspan="2">变更内容</td></tr>
<tr><td>1</td><td></td><td colspan="2"></td></tr>
<tr><td>2</td><td></td><td colspan="2"></td></tr>
<tr><td>3</td><td></td><td colspan="2"></td></tr>
<tr><td>4</td><td></td><td colspan="2"></td></tr>
<tr><td>5</td><td></td><td colspan="2"></td></tr>
<tr><td>6</td><td></td><td colspan="2"></td></tr>
<tr><td>工程负责人</td><td></td><td>审批人</td><td></td></tr>
</table>

工程项目设计变更费用统计表(见表 6-5)

表 6-5　工程项目设计变更费用统计表

单位:(元)

<table>
<tr><td>序号</td><td>工程名称</td><td>施工单位</td><td>费用变更数量
增(+)减(-)</td><td>变更金额(元)
增(+)减(-)</td></tr>
<tr><td></td><td></td><td></td><td></td><td></td></tr>
<tr><td></td><td></td><td></td><td></td><td></td></tr>
<tr><td></td><td></td><td></td><td></td><td></td></tr>
<tr><td>……</td><td></td><td></td><td></td><td></td></tr>
<tr><td>备注</td><td colspan="4"></td></tr>
<tr><td>负责人
意见</td><td colspan="2"></td><td>日期</td><td></td></tr>
</table>

项目设计投标企业审查表(见表 6-6)

表 6-6　项目设计投标企业审查表

编号:

<table>
<tr><td rowspan="3" colspan="2">招标工程
概况</td><td>工程名称</td><td colspan="2"></td><td colspan="2">工程类型</td><td></td></tr>
<tr><td>建筑面积</td><td colspan="2"></td><td colspan="2">估算投资</td><td></td></tr>
<tr><td>技术复杂程度</td><td colspan="5"></td></tr>
<tr><td rowspan="10">拟邀请投标单位基本情况</td><td>企业名称</td><td colspan="3"></td><td colspan="2">经济性质</td><td></td></tr>
<tr><td>地址</td><td colspan="3"></td><td colspan="2">电话</td><td></td></tr>
<tr><td>设计资质等级</td><td></td><td>定级时间</td><td></td><td>资格证号</td><td colspan="2"></td></tr>
<tr><td rowspan="2">企业法人
代表资料</td><td>姓名</td><td></td><td>职务</td><td></td><td>职称</td><td></td></tr>
<tr><td>文化程度</td><td></td><td>出生年月</td><td></td><td>电话</td><td></td></tr>
<tr><td rowspan="2">企业技术
负责人</td><td>姓名</td><td></td><td>职务</td><td></td><td>职称</td><td></td></tr>
<tr><td>文化程度</td><td></td><td>出生年月</td><td></td><td>电话</td><td></td></tr>
<tr><td rowspan="2">专业技术
人员状况</td><td>高级职称</td><td colspan="2">______人</td><td>中级职称</td><td colspan="2">______人</td></tr>
<tr><td>助理级职称</td><td colspan="2">______人</td><td>技术人员级职称</td><td colspan="2">______人</td></tr>
<tr><td>前三年业务成果</td><td colspan="6"></td></tr>
</table>

续上表

<table>
<tr><td colspan="2">考察人</td><td>考察日期</td></tr>
<tr><td colspan="2"></td><td>____年____月____日</td></tr>
<tr><td>审查意见</td><td>审查人意见：
审查人签名：__________
日期：___年___月___日</td><td>招投标领导小组审核意见：
审核人签名：__________
日期：___年___月___日</td></tr>
</table>

项目设计跟踪检查记录表(见表 6-7)

表 6-7 项目设计跟踪检查记录表

编号：

审查日期：

<table>
<tr><td>工程名称</td><td colspan="2"></td><td>编号</td><td colspan="2"></td></tr>
<tr><td>工程地点</td><td colspan="2"></td><td>专业</td><td colspan="2"></td></tr>
<tr><td>审图单位</td><td colspan="2"></td><td></td><td>联系电话</td><td></td></tr>
<tr><td>设计单位</td><td colspan="2"></td><td></td><td>联系电话</td><td></td></tr>
<tr><td>工程当前进度</td><td colspan="5"></td></tr>
<tr><td>设计进度</td><td colspan="5"></td></tr>
<tr><td>序号</td><td>检查项目</td><td>检查依据</td><td>检查结果</td><td colspan="2">备注</td></tr>
<tr><td>1</td><td></td><td></td><td></td><td colspan="2"></td></tr>
<tr><td>2</td><td></td><td></td><td></td><td colspan="2"></td></tr>
<tr><td>3</td><td></td><td></td><td></td><td colspan="2"></td></tr>
<tr><td colspan="2">检查人(签名)</td><td></td><td>检查日期</td><td colspan="2"></td></tr>
</table>

第三部分
项目造价与预决算管理

内容提要

- 项目造价管理流程
- 项目预算和决算管理流程
- 项目造价和预决算管理实用表格

第七章
项目造价管理流程

工程造价管理流程

1. 新开发项目投资成本的估算

根据总经理的指令，设计研发部向造价管理部提供新开发项目各项技术指标概况，造价管理部在收到新开发项目各项技术指标概况后，应配合总经理室编制建筑安装工程投资成本估算。

2. 售楼面积计算

(1)监理单位将把施工单位报送的申请损耗率确认报表及初审意见送到项目经理部，然后，项目经理部办好签收手续，最后送造价管理部。

(2)造价管理部接到确认表及初审意见后，通知监理单位负责组织由造价管理部、项目经理部、施工单位、监理单位共同测定现场施工用量，由造价管理部组织与施工单位商谈、确认损耗率，转送财务计统部复核。

(3)财务计统部将复核意见反馈造价管理部。

(4)造价管理部将材料特殊损耗率以“签价单”形式通知项目经理部。

(5)项目经理部经监理单位送交施工方项目经理部，并办好签收手续。

3. 施工图预算审核

(1)一般情况下，不具备预算编制条件的工程，不进行施工图预算审核，而是采用进度款、中间结算过程，把关控制全过程造价。

(2)具备施工图预算审核或采用施工图预算包干的项目，项目经理部收到监理单位初审的施工图预算，办好签收手续，在两天内核查施工图预算资料，具体的资料包括计价表、工程量计算书、酬金表。

①报送资料符合要求，于收到资料第三天转交造价管理部。

②报送资料不符合要求，退回监理单位重报。

4. 工程进度款审核

(1)经监理单位初审承包单位报送的工程进度款后，由总监理工程师审查、确认，并转交项目经理部。

(2)项目经理部确认之后转送造价管理部审核。

(3)造价管理部审核通过后，提出工程进度款确认单，经集团总经理批准后通知项目经理部。

(4)项目经理部在合同约定时间内，经监理单位，送交施工单位，准许办理付款手续。

5. 中间结算、竣工结算审核

造价管理部负责组织办理中间结算、工程竣工结算审核，具体内容如下。

(1)造价管理部预算员负责整理、分析工程签价单，熟悉合同，核查结算资料。

(2)预算员分土建、水电专业进行工程量、单价审核，并编制审核意见书。

(3)造价管理部复核人员负责复核各预算员审核结果。

(4)造价管理部分管副经理重点抽查审核结果。

(5)造价管理部经理根据合同条款，对审核结果进行复查。

(6)造价管理部发函通知施工单位领取审核意见书，并商定核对时间。

(7)造价管理部根据核对结果，对审核意见书进行修改、整理。

(8)造价管理部将结算资料按规定整理成册，结算资料主要包括以下这些方面：工作请示单、送财务部审核意见书、送总经理室副总工审核意见书、合同、竣工图纸、图纸会审纪要、设计变更通知单、签证单、签价单、施工记录表、乙方送审的结算书、乙方送审的工程量计算书、甲方计算书、委托书、其他。

(9)造价管理部落实财务核算部复核意见。

①如果内部复核结果，在结算审核偏差率在表7-1规定的范围内，造价管理部将维持原审核意见。

表7-1 结算审核偏差率

单项工程造价	偏差率	价值	单项工程造价	偏差率	价值
5万元	1.0%	500元	500万元	4.0‰	2.0万元
10万元	9.8‰	980元	1 000万元	3.0‰	3.0万元
30万元	9.5‰	2 850元	3 000万元	1.6‰	4.8万元
50万元	9.0‰	4 500元	5 000万元	1.5‰	7.5万元
100万元	8.0‰	8 000元	8 000万元	1.2‰	9.6万元
300万元	6.0‰	1.8万元	1亿元	1.0‰	10.0万元

②如果复核结果大于结算审核偏差率，则本项目无遗留争议项目，造价管理部将修改原审核意见书。

③造价管理部将财务核算部复核意见，以及结算审核意见书，提交总经理室复核。

④造价管理部将正式审核意见书交施工单位确认，签字盖章（一份三联）。

⑤造价管理部将经施工单位签字盖章的正式结算审核意见书，报总经理室批准。

⑥造价管理部将正式结算审核意见书（第三联）发给施工单位，记录签发时间。

⑦造价管理部将总经理批准的审核意见书（第二联）送财务部付款，记录签发时间。

⑧造价管理部将总经理批准的审核意见书（第一联）存于造价管理部，待该项目财务决算后移交公司档案室存档。

(10)装饰工程结算审核。

①监理单位初审竣工结算资料后，交至项目经理部，由项目经理部上报造价管理部。

②监理单位在造价管理部的委派下，负责组织由造价管理部、项目经理部、施工单位、监理单位共同到现场丈量工程量。

③造价管理部组织财务统计部、总经理室联合审核装修单价，并与施工单位核对。

④造价管理部将经施工单位签字盖章的正式结算审核意见书，报总经理室批准。

(11)广告制作费用审核。

①营销部收到广告制作结算书后，如果有委托监理单位监理的，可由监理单位初审其工程量及施工内容，并报送至造价管理部。

②造价管理部收到广告制作结算书后，组织相关人员到现场落实、丈量工程量。

③造价管理部参照广告制作费用审核，并与广告商核对。

④造价管理部编制审核意见书，并转交财务部。

⑤造价管理部将经施工单位签字盖章的正式结算审核意见书，报至总经理室批准。

(12)限额造价管理,此项管理仅限用于设计与施工为一体的工程。

①公司确定高级装饰工程、景园工程的最高投资限额。

②造价管理部应阶段性地反映过程累计工程成本,及时上报总经理。

a.监理单位按项目经理部的要求,提供分部分阶段落实的工程量。

b.造价管理部亦分部、分项、分阶段复核经监理单位初审后的工程量及单价,并提出过程累计发生成本,然后上报总经理。

(13)资料管理

由造价管理部负责设专人管理、编号存档有关工程造价管理的政策性文件资料。

①工作请示单分项目和签价单资料分项目待竣工结算完成后,送交公司档案室存档。

②工程预算审核意见书分项目和竣工结算审核意见书分项目,按统一编号造册存档。

相关表单记录

1.材料认价单。

2.建筑安装工程预算审核意见书。

3.工程进度款审核相关表单。

(1)工程进度款确认单。

(2)工程进度款结算审核意见书。

(3)建筑安装进度结算审核意见书。

4.建筑安装工程结算审核相关表单。

(1)送总经理室审核意见书。

(2)分项工程量确认单。

(3)送财务部审核意见书。

(4)结算资料汇编封面。

(5)工程结算阶段性审核通知书。

(6)分项工程过程造价确认单。

(7)结算资料目录。

5.工程结算审核记录表。

工程量清单编制流程（如图 7-1 所示）

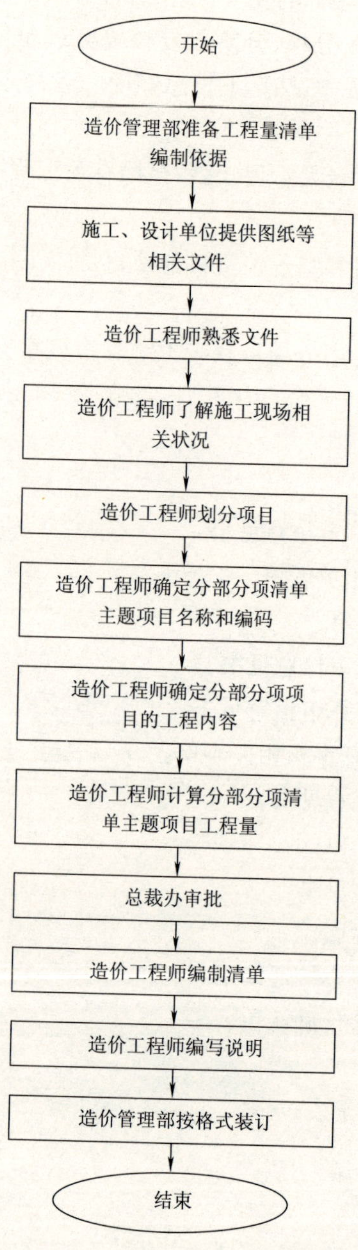

图 7-1 工程量清单编制流程

工程量清单及计算流程(如图 7-2 所示)

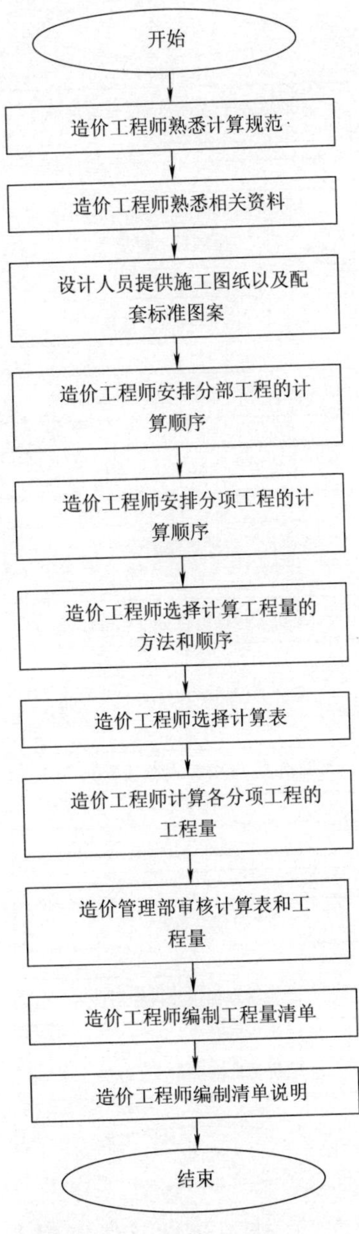

图 7-2　工程量清单及计算流程

工程量清单计价文件编制流程(如图 7-3 所示)

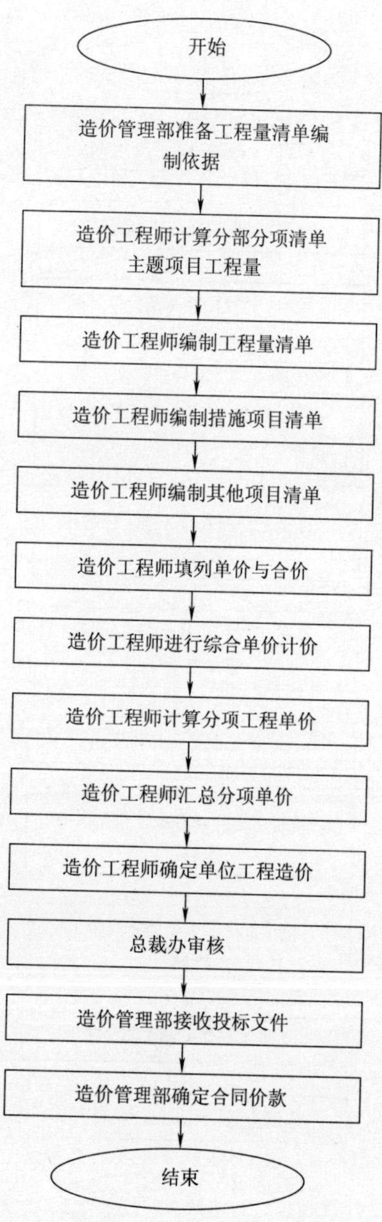

图 7-3 工程量清单计价文件编制流程

施工图定额计价工程量计算流程（如图 7-4 所示）

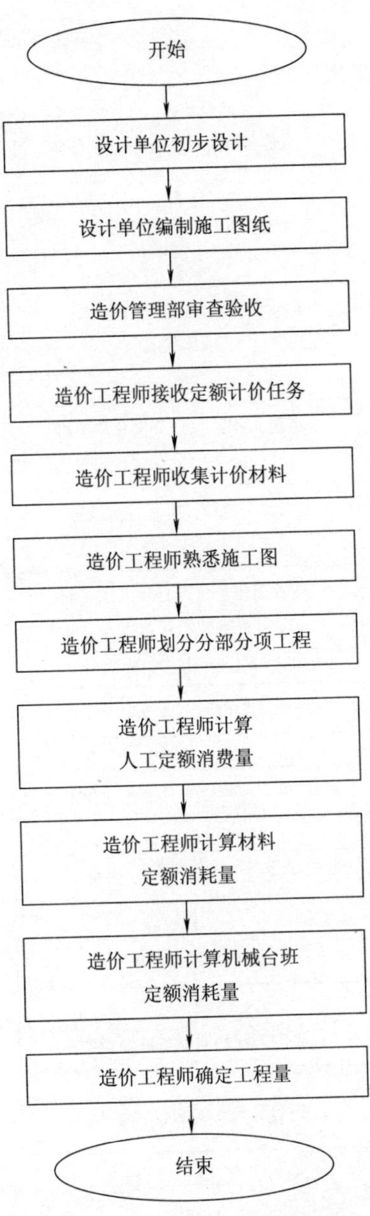

图 7-4　施工图定额计价工程量计算流程

施工图定额计价预算编制流程（如图 7-5 所示）

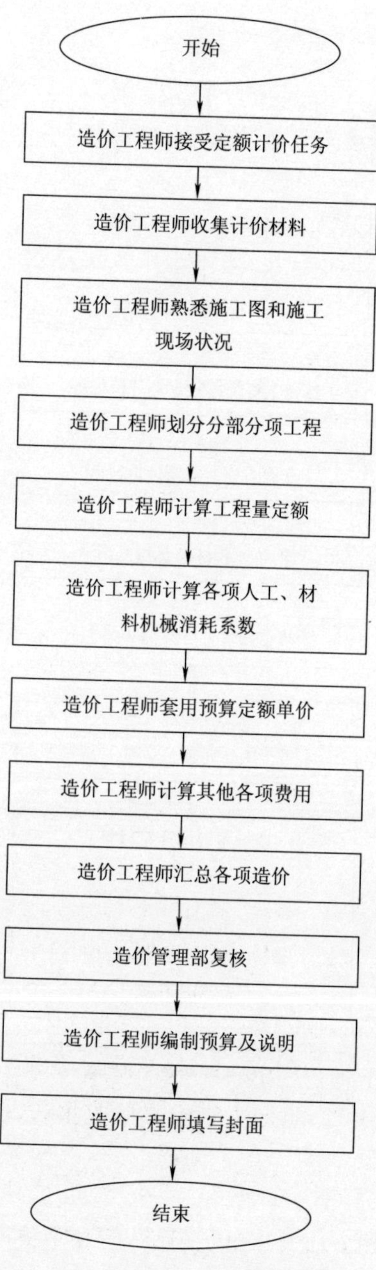

图 7-5 施工图定额计价预算编制流程

第八章
项目预算和决算管理流程

项目预算审批工作流程

1.工程部技术主管接到市场部的《客户追踪记录表》后，根据客户需求制定《工程方案》，并提交项目预算。

2.项目方案、预算按审批权限批准后，交市场部销售中心，销售中心根据项目预算制定标准报价，若需对客户提供优惠报价，则需按审批权限批准后向客户提供报价。

3.当预算方案报价与客户洽商后，可根据实际情况，由工程部技术主管负责修改，修改后的方案报价，经按审批权限批准后，由市场部销售中心与客户进一步洽商。

项目决算审批工作流程

1.外包工程合约生效后，工程部设备主管负责按设计方案规定的物料数量发放给外包商。

2.由工程主管负责工程施工过程中的进度、质量管理。

3.工程部工程主管在接到外包商工程完工通知后，应立即对工程进行预验收。

4.对于预验收不合格的工程，工程主管有权要求外包商进行整改。

5.预验收合格，并经过半年试运行后，工程主管填写《工程验收申请书》，向质保主管提出工程验收申请。

6.质保主管组织工程人员、技术人员、服务站对工程进行验收，验收合格后，出具《验收报告》，对于不合格的工程要求整改。

7.对于验收合格的工程，质保主管出具验收报告，验收报告包括以下三项内容。

(1)工程质量验收结论。

(2)实际工程量以及物料消耗。

(3)需退库的物料清单。

8. 工程主管在接到验收报告后，应督促外包商将剩余物料退工程部设备管理人员，并出具《材料退库单》。

9. 工程主管将《验收报告》、《材料退库单》进行整理，并向财务部提出决算申请。

10. 财务部根据《工程预算》、《验收报告》、《材料退库单》进行决算。决算通过后，按审批权限交由相关领导进行审批。

11. 对于结算没有通过的工程，工程主管要进行相应的修改，并再次提出决算申请。

12. 审批通过后，由财务部付款。

工程预算编制业务流程

1. 设计单位提供《施工图纸》。

2. 造价管理部熟悉施工图。

3. 熟悉施工图后，造价管理部要派相关人员到现场熟悉情况，此时，设计单位应有相关人员陪同、协助。

4. 造价管理部了解了施工现场后，要了解《施工组织设计资料》以及《施工技术规范》，此资料由设计单位提供。

5. 造价管理部掌握计价定额。

6. 由相关单位提供工程项目资料，造价管理部列出具体的工程项目。

7. 计算工程量。

8. 将计算好的工程量上报到总工程师进行审核。

9. 审核通过后，造价管理部开始编制《基价直接费计算表》。

10. 计算定额直接费并进行供料分析。

11. 计算单位工程预算造价。

12. 将预算造价上报到总工程师进行复核。

13. 复核通过后，由造价管理部编写《工程预算编制说明》。

14. 上交总工程师进行审核。

15. 总工程师审核通过后，上交总经理进行审批。

16. 总经理审批通过后，造价管理部装订签章，工程预算编制业务流程完毕。

工程结算编制业务流程

1. 项目经理部编制《工程竣工验收报告》。

2. 经总经理签字确认后，项目经理部填写《竣工结算报告》。

3. 根据《竣工结算报告》，造价管理部核查合同条款、约定价款。

4. 造价管理部对结算内容进行相应的调整。

5. 核对《隐蔽工程验收记录》。

6. 落实《设计变更签证》相关事宜。

7. 按照《施工图纸》，对工程数量进行核实。

8. 核实后，按照合同约定对进行工程计价。

9. 编制《工程竣工结算报告》。

10. 上交到项目经理部进行审核。

11. 项目经理部审核通过后，上报至总经理进行审批。

12. 总经理审批通过后，由财务管理部确认，并支付工程结算款。

13. 最后，项目经理部接收竣工工程。

项目付款审批工作流程

1. 项目经理部上报《付款申请单》。

2. 工程技术部对《付款申请单》进行审核。

3. 审核后，由造价管理部造价工程师核查。

4. 核查后，由造价管理部经理进行审核。

5. 项目分管副经理进行审核。

6. 审核通过后，由合同管理员将《付款申请单》交与财务部。

7. 财务部同意付款。

8. 报至总经理进行审批。

9. 财务部开具支票。

10. 安排付账，并登记台账。

11. 项目经理处负责人领用支票，至此，付款审批工作完毕。

工程预结算管理及审核细则

第1章　总　　则

1. 目的。

为了使工程造价更加合理，提高工程预结算编制和审核质量，有效维护预结算正常秩序，促进成本管理的规范化，特制定本细则。

2. 适用范围。

本细则适用于本公司、项目为承包人所发生的预结算的编制工作，以及作为发包人所发生的预结算审核工作。

3. 各部门职责。

(1)造价管理部负责管理工程预结算，负责编制或审定工程预结算，负责工程量的计算、统计，并审核供方工程量。

(2)材料设备部全面负责编制《甲供主要材料物资预算表》，并分送总包方和项目内部施工、工程、合同、经营、物资等有关部门，同时还负责编制自行供应的辅材物资需求计划和限额领料卡。

(3)造价管理部、工程技术部、项目经理部主要负责按月核算实际领用材料、使用机械及其他费用。

(4)分包单位主要负责编制承包工程的预决算工作，包括工程量的日常统计。

第2章 承包工程(合同)预结算

4. 为了使造价工作更加顺利和有效，造价管理部作为项目预结算编制和审核的统一管理部门，应设置一名造价工程师和两名预算员。

5. “合同为本、事实为据、合法合理”是预决算管理的总体原则。

6. 在与外方交往中，我方要做到有礼有节、相互尊重、实事求是、据理力争，在工作中也是如此。

7. 在项目内部，要做到“工程与经济相结合”，工程技术部、造价管理部、设计管理部、项目经理部相互支持、相互协作，使工程与经济目标能同步实现。

第3章 工程量统计及审核签证

8. 图纸总工程量统计。

(1)鉴于开工初期，工程技术人员尚未全面掌握各专业的预算工程量统计规则，项目图纸总工程量仍由造价管理部预算人员先负责统计，再由工程技术部相关技术人员核对。

(2)在总包方审核过程中，要按预算员要求，由工程技术部技术人员提供协助。

(3)在同一册图纸中，与总包方或第三方存在施工责任接口的，技术人员应在开工前及时通知造价管理部预算员，并协同造价管理部预算员计算分解图纸工程量。

(4)按照时间要求，原则上应于分项工程开工当月完成图纸总工程量的统计工作。

9. 完成每月的工程量统计。

(1)工程技术部主要负责按各单位工程下属的每册图纸为单位，每月统计实际完成的工程量和累计完成进度百分比，承包工程量每月统计周期为上月 16 日至当月 15 日。

(2)工程技术部在每月 15 日下班之前，应将该月度实际完成的实物工程量和《设备安装进度报表》报送至造价管理部。

(3)造价管理部全面负责编制承包工程预结算文件，并根据工程技术部报送的《进度报表》，计算出工程款申请额，在每月日上午时，将合同预结算文件直接送至项目经理部。

10. 设计修改、变更和总包方委托承包合同外临时项目施工。

(1)统计工程量由工程技术部技术人员负责(包括增补工程量以及因修改造成返工的工作量)，统计完毕后，由造价管理部造价工程师进行审核，其中量小或无法按预算定额方式计算的，由技术人员负责办理点工签证。

(2)每月 15 日下班之前，工程技术部技术人员负责将已经完成的工程量统计资料，以及经总包方审核签证的《点工签证单》，送交造价管理部造价工程师审核。工程技术部报送的结算进度，最晚不能超过工程进度 10 天。

第 4 章　承包合同工程预结算

11. 预算人员负责编制工程预结算文件。

(1)通常情况下，造价管理部在分项工程开工当月，就应完成该分项工程施工图的预算编制工作。材料设备采购供应人员，以及财务管理部应根据工程结算的需要，提供《材料设备采购合同》和票据等相关资料。

(2)造价管理部应于每月 16 日上午 9 时向总包方报送月度工程预结算文件。

(3)单位工程完工并经验收合格后一个月内，造价管理部编制完成《单位工程决算书》，并报总包方审核。

(4)机组投产后两个月内，造价管理部汇编完成该机组的《工程竣工决算书》报总包方审核。

12. 解决预决算中的分歧和争议。

(1)在预决算过程中发生分歧和争议，要从企业的整体利益出发，根据合理合法的原则，尽量通过友好协商的方式解决。

(2)对于较为重大的分歧或争议，造价管理部应及时报告项目经营副总经理乃至项目总经理，以便尽早采取对策予以解决。

第 5 章　工程采购预结算

13. 工程量的审核和确认。

(1)代建制引进队伍承包和外借内包的工程。

①原则上，应该由分包单位负责编制《代建制引进队伍承包工程预结算

书》,其预结算编制人员必须具有行业或地方工程概预算上岗资格。

②分包单位凭施工图预算申请中间结算。

③预结算工程量由工程技术部负责审核。鉴于项目的具体情况,如事先已有总包方审定预结算工程量,经项目经理同意可直接参照使用。

④项目委派的零星工作均按预算方式结算,如确实无法按预算定额方式计算的,实际用工不到10个工作日的,根据工程技术部审核后的《派工单》,按照技术工人、普通工人的不同点工单价计算;实际用工超过10个工作日,则须由分管领导签发《派工单》,按点工结算。

(2)租用施工机械和运输车辆等的实际使用台班数量,由工程技术部负责审核。

(3)纯劳务用工、班组部门考勤用工,由项目经理部、现场零星派工由工程技术部分别负责审核。

(4)由合同指定的部门单位负责审核其他对外委托工作。

14. 中间结算。

(1)工程采购合同供方在项目中发生的费用,应于每月底对以下四项费用进行清理、核算。

①材料设备部统计每月领用材料(含总包方调拨辅材)、工作服及安全帽等个人劳保用品、小型机工具使用费等。

②工程技术部统计每月施工机械使用台班费用(含使用总包方机械)等。

③综合办公室统计每月汇总加班快餐、搭伙费、水电费、通信费、代付民工工资等。

④经分包单位的结算负责人签字确认以上费用清单后,分送造价管理部和财务管理部备用。

(2)凡是涉及安全违章、质量事故、治安事件等罚款事项,在职能部门处理过后,工程相关责任方,应立即到财务管理部缴付现款。

(3)通常情况下,工程分包合同(含外借内包)于月度中间结算,按规定办理支付审批手续,具体内容如下。

①工程技术部负责审核工程的实际进度情况是否属实、是否满足计划要求。

②质量管理部审核完成的各分项工作是否符合质量要求。

③财务管理部汇总在项目发生时应扣的费用。

④造价管理部审核实际完成的承包产值(一般以完成量的80%为限),并计算安全保证金、质量保证金,确定应付金额。

⑤审核完毕后,交项目经营副总(具体按财务工作规范的权限确定)审批。

经审批后的《中间结算会签审批表》，分送造价管理部和财务管理部。

(4)劳务结算。

一般经综合办公室或工程技术部和造价管理部审核后，由项目经营副总经理审批支付。

15. 竣工结算。

(1)在单位工程完工验收后的一个月内，分包单位应编制完成《单位工程决算书》，并报项目审核。

(2)发包工程竣工结算实行全面逐项审核法，审核内容和程序具体如下。

①由工程供方办理《决算(送审前)审批表》会签手续。

②造价管理部负责签收《结算书》并登记台账。

③工程量的审核和确定(责任部门见第13条)。

④造价管理部审核预结算单价、取费费率。

⑤上述第14条第(1)款在项目中发生的总费用应由相关部门审核会签、汇总。其中，分包单位从项目领用辅材，实际使用量若少于其上报材料计划量的，按计划量办理出库手续，费用由分包单位承担；分包单位领用甲供主材超量的，由分包单位承担费用。

⑥财务管理部负责核减各项应扣费用，预扣质量保证金。

⑦如果是分包单位在本工程最终的总结算，将退还其预留的安全保证金余额。

⑧经项目经营副总经理审核后，由项目经理批准支付。

⑨项目经理批准后的结算资料，由造价管理部负责整理分析与归档。

(3)应当按照合同规定的时间及时完成《竣工结算书》的审核，如遇大规模竣工结算，项目应当在征求供方的基础上，编制整体结算计划，经项目经理部批准后执行。

(4)竣工结算审核人员在对工程变更价款的计算时，应当遵循以下四项原则。

①合同或审定的《施工图》预算中已有与变更工程相同单价时，应按已有单价计算。

②合同或审定的《施工图》预算或定额子目中均没有适用单价时，应按定额中相类似定额子目确定变更价格。

③合同或审定的《施工图》预算或定额子目中均没有适用和类似单价时，由双方协商解决。

④合同或审定的《施工图》预算或定额子目中均没有适用和类似单价时，亦可由供方编制补充定额报送合同预算主管审定，必要时，要报当地造价管理机

构备案。

第6章 预结算编审人员要求

16.所有与预结算编审有关的工作人员，应当提高工作责任心，以维护企业、项目的合法利益为根本，加强合同预算、造价管理等方面知识的学习，做好各项基础工作。

17.工程技术人员，应当树立强烈的经济观念，加强工程量统计规则等方面知识的学习，做好工程量的统计和审核工作，尤其是实际工程量和材料计划。

18.审核人员在审核供方编制的结算过程中，应当做到既合法又合理，按合同约定办事，不故意克扣压低价格，不以下浮金额的多少作为结算审核质量好坏的标准。

19.在审核过程中，预算编审人员如发现供方编制的结算中有漏算、少算现象，应当在内部了解，并在现场实际调查确凿的基础上，及时通知该结算编制人，根据实际情况和相关约定予以补正。

20.项目管理部对工程预结算工作卓越者将给予鼓励和嘉奖。

21.凡因工程预结算工作不负责任，造成项目(企业)损失的，或消极工作影响预结算正常进行，影响企业形象的，项目管理部将根据具体情况，按照企业的有关责任追究制度，对有关人员给予一定的行政或经济处罚。

第7章 附 则

22.本细则经领导审批合格后，自发布之日起开始实行。

第九章
项目造价和预决算管理实用表格

单项工程量计量表(见表 9-1)

表 9-1 单项工程量计量表

工程名称： 编号：

单项工程名称	序号	清单编号	材料名称	定额编号	工程内容	施工单位	计算公式	数量
土建工程								
给排水工程								
暖通工程								
……								
相关说明								
编制人员			审核人员			批准人员		
编制日期			审核日期			批准日期		

单项工程概、预算表(见表 9-2)

表 9-2 单项工程概、预算表

编号： 编制人：

定额编号	工程名称	施工单位	数量	概、预算		人工	
				单价	合价	单价	合价

续上表

定额编号	工程名称	施工单位	数量	概、预算		人工	
				单价	合价	单价	合价

工程预算调整申请表(见表 9-3)

表 9-3 工程预算调整申请表

<table>
<tr><td>编号</td><td colspan="2"></td><td colspan="2">日期</td><td></td></tr>
<tr><td>工程名称</td><td colspan="2"></td><td colspan="2">动工时间</td><td></td></tr>
<tr><td>施工单位</td><td colspan="2"></td><td colspan="2">竣工时间</td><td></td></tr>
<tr><td>调整原因</td><td colspan="5"></td></tr>
<tr><td>预算调整内容</td><td colspan="5"></td></tr>
<tr><td>调整前预算金额</td><td colspan="2"></td><td colspan="2">调整后预算金额</td><td></td></tr>
<tr><td>项目经理意见</td><td colspan="2"></td><td colspan="2">副总经理意见</td><td></td></tr>
<tr><td>财务部经理意见</td><td colspan="2"></td><td colspan="2">总经理意见</td><td></td></tr>
<tr><td>相关说明</td><td colspan="5"></td></tr>
<tr><td>编制人员</td><td></td><td>审核人员</td><td></td><td>批准人员</td><td></td></tr>
<tr><td>编制日期</td><td></td><td>审核日期</td><td></td><td>批准日期</td><td></td></tr>
</table>

工程签证结算表(见表 9-4)

表 9-4 工程签证结算表

编号	
工程名称	
施工单位	

续上表

工程量					
预算额					
实际造价		各项应扣款			
理由					
审批意见	日期：	核准意见		日期：	
相关说明					
编制人员		审核人员		批准人员	
编制时间		审核时间		批准时间	

工程竣工结算申请表（见表 9-5）

表 9-5　工程竣工结算申请表

工程名称		合同编号	
合同金额		申报时间	
施工单位： 施工单位（章） 经办人：______负责人：______时间：			
项目监理意见： 项目监理部（章） 总监理工程师：______时间：			
建设项目工程部意见： 建设项目工程部（章） 工程师：______负责人：______时间：			
物资部意见： 物资部（章） 经办人：______负责人：______时间：			
计划发展部意见： 计划发展部（章） 经办人：______负责人：______时间：			

续上表

<table>
<tr><td>工程名称</td><td></td><td>合同编号</td><td></td></tr>
<tr><td>合同金额</td><td></td><td>申报时间</td><td></td></tr>
<tr><td colspan="4">总经理意见：
总经理(章)
经办人：______时间：</td></tr>
<tr><td colspan="4">财务部意见：
财务部(章)
经办人：______负责人：______时间：</td></tr>
</table>

工程竣工结算统计表(见表 9-6)

表 9-6 工程竣工结算统计表

编号			日期			
工程名称				开工日期		
施工单位				竣工日期		
项目类别	人工金额	设备金额	材料金额	总工程量	合计	备注
……						
合计						
填写人				审核人		

工程竣工结算核定表(见表 9-7)

表 9-7 工程竣工结算核定表

编号			日期		
工程名称					
施工单位					
分项工程内容	分项工程总价	监理审核数	监理批准数	备注	
……					
结算总额			监理负责人		
填写人		审核人		批准人	

工程项目概况表(见表 9-8)

表 9-8 工程项目概况表

工程名称	
建设性质：	□新建□扩建□改建□技术改造□其他
项目性质：	□生产性项目□非生产性项目
建设地点	
建设单位	
建设单位地址	
监督单位	
建设用途	
结构类型	
地上面积	
层数	
地下室面积	
内墙装饰	

续上表

工程名称			
外墙装饰			
地面装饰			
防火设备			
抗震等级			
监理单位			
施工单位			
分包单位			
法定代表人		联系人	
联系电话		邮政编码	
立项文件			
批准文号			
批准机关		批准日期	
立项级别	□国务院(各部委)□市□区(县)□其他		
总投资额	万元,其中设备投资万元		
建设工程规模			
建筑面积		计划开工日期	

项目分类:

相关说明					
编制人员		审核人员		批准人员	
编制时间		审核时间		批准时间	

工程竣工财务决算表（见表 9-9）

表 9-9　工程竣工财务决算表

<table>
<tr><td colspan="2">资金来源</td><td>金额</td><td colspan="2">资金占用</td><td>金额</td></tr>
<tr><td rowspan="6">基础建设拨款合计</td><td>预算拨款</td><td></td><td rowspan="4">基础建设</td><td>在建工程</td><td></td></tr>
<tr><td>基础建设基金拨款</td><td></td><td>支付使用资产</td><td></td></tr>
<tr><td>进口设备转账拨款</td><td></td><td>非经营项目转出投资</td><td></td></tr>
<tr><td>自筹资金拨款</td><td></td><td>待核销基础建设支出</td><td></td></tr>
<tr><td>材料转账拨款</td><td></td><td colspan="2">器材</td><td></td></tr>
<tr><td>其他拨款</td><td></td><td colspan="2">货币基金</td><td></td></tr>
<tr><td colspan="2">项目资本</td><td></td><td colspan="2">预付及应收款</td><td></td></tr>
<tr><td colspan="2">项目资本公积</td><td></td><td colspan="2">有价证券</td><td></td></tr>
<tr><td colspan="2">基础建设借款</td><td></td><td rowspan="5">固定资产</td><td>固定资产原价</td><td></td></tr>
<tr><td colspan="2">企业债券基金</td><td></td><td>减：累计折旧</td><td></td></tr>
<tr><td colspan="2">留成收入</td><td></td><td>固定资产净值</td><td></td></tr>
<tr><td colspan="2">待冲基建支出</td><td></td><td>固定资产清理</td><td></td></tr>
<tr><td colspan="2">预收及应付款</td><td></td><td>待处理固定资产损失</td><td></td></tr>
<tr><td colspan="2">合计</td><td></td><td colspan="2">合计</td><td></td></tr>
<tr><td colspan="2" rowspan="3">补充说明</td><td colspan="4">1. 基础建设投资借款余额：</td></tr>
<tr><td colspan="4">2. 应收生产单位投资借款余额：</td></tr>
<tr><td colspan="4">3. 基础建设结余资金：</td></tr>
<tr><td>相关说明</td><td colspan="5"></td></tr>
<tr><td>编制人员</td><td></td><td>审核人员</td><td></td><td>批准人员</td><td></td></tr>
<tr><td>编制时间</td><td></td><td>审核时间</td><td></td><td>批准时间</td><td></td></tr>
</table>

工程竣工决算审批表（见表 9-10）

表 9-10　工程竣工决算审批表

编号：

建设单位	
项目名称	

续上表

建设性质	
主管部门	
开户行意见	（盖章）日期：
总经办意见	（盖章）日期：
主管部门意见	日期：

工程造价对照表（见表9-11）

表9-11 工程造价对照表

项目名称	装修	土建	电梯	水电	消防	智能化	总计
普通多层							
小高层							
中高层							
高层							
花园式洋房							
TOWNHOUSE							
独栋别墅							

停车场系统造价表（见表9-12）

表9-12 停车场系统造价表

材料名称	型号	数量	单价	单位	产地	合计
电源						
感应卡						
电动道闸						
计算机						
读卡器						

续上表

材料名称	型号	数量	单价	单位	产地	合计
中文收费管理软件						
维根模组						
地感线圈						
UPS 电源						
读卡箱						
……						
设备总金额						
系统总造价						
税金						

监控系统造价表(见表 9-13)

表 9-13　监控系统造价表

材料名称	型号	数量	单价	单位	产地	合计
室外防护罩						
手动定焦镜头						
低照度黑白摄像机						
支架						
矩阵主机						
室外解码器						
控制台						
电源线						
控制线						
摄像机电源						
……						
设备总金额						
系统造价						
税金						

一卡通系统造价表(见表 9-14)

表 9-14 一卡通系统造价表

材料名称	型号	数量	单价	单位	产地	合计
感应卡						
感应卡读卡器						
门禁控制器						
中文多媒体管理软件						
电源箱						
磁力锁						
线缆及附件						
开门按钮						
通信转换器						
电磁过滤器						
……						
设备总金额						
系统造价						
税金						

网络设备造价表(见表 9-15)

表 9-15 网络设备造价表

材料名称	型号	数量	单价	单位	产地	合计
UPS						
网卡						
路由器						
服务器						
热插拔硬盘						
交换机						

续上表

材料名称	型号	数量	单价	单位	产地	合计
打印机						
计算机						
光纤收发器						
……						
设备总金额						
系统造价						
税金						

可视对讲系统造价表(见表 9-16)

表 9-16 可视对讲系统造价表

材料名称	型号	数量	单价	单位	产地	合计
电源箱						
单路保护器						
可视对讲分机						
围墙门主机						
高层单元门口主机						
控制线						
信号转换器						
电锁						
管理中心主机						
视频放大器						
……						
设备总金额						
系统造价						
税金						

预算造价审核表(见表 9-17)

表 9-17 预算造价审核表

项目	审定数	计算公式	审核依据
土地相关费用			
土地补偿费			
耕地占用税			
征地管理费			
土地使用税			
……			
合计			

第四部分
项目招标和投标管理

内容提要

- 房地产招投标管理流程
- 房地产招投标管理实用文书

第十章
房地产招投标管理流程

招标书编制流程设计（如图 10-1 所示）

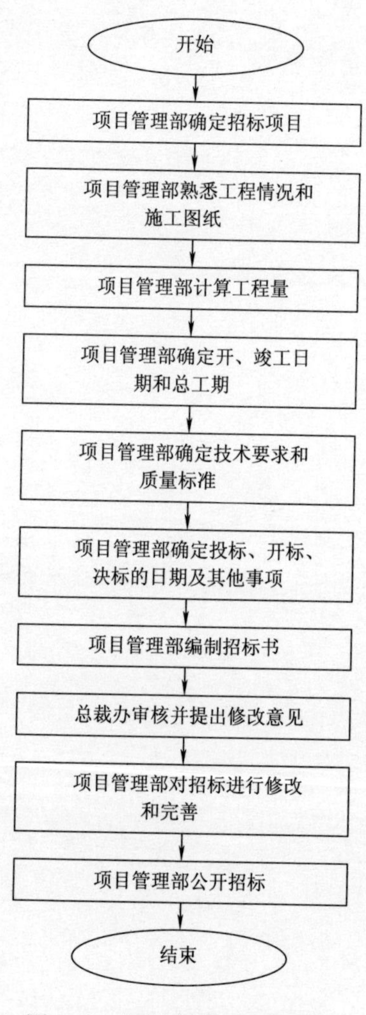

图 10-1　招标书编制流程设计

招标管理工作流程设计（如图 10-2 所示）

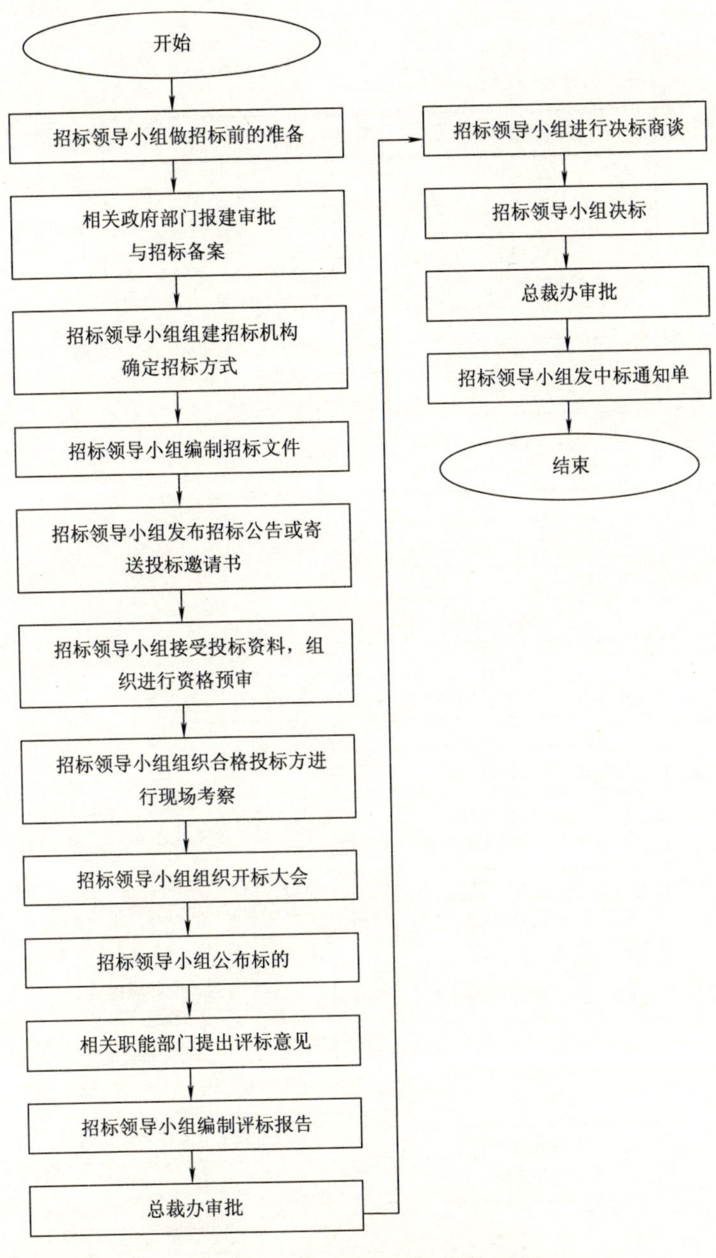

图 10-2 招标管理工作流程设计

工程勘察设计招投标流程（如图 10-3 所示）

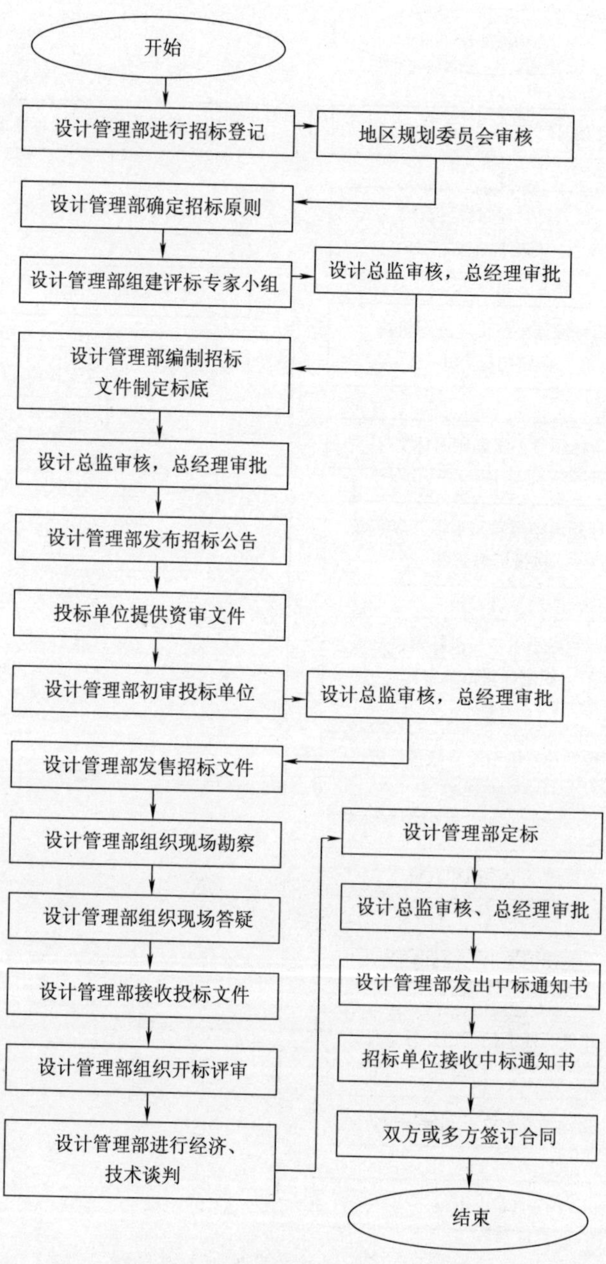

图 10-3 工程勘察设计招投标流程

工程施工招投标工作流程（如图 10-4 所示）

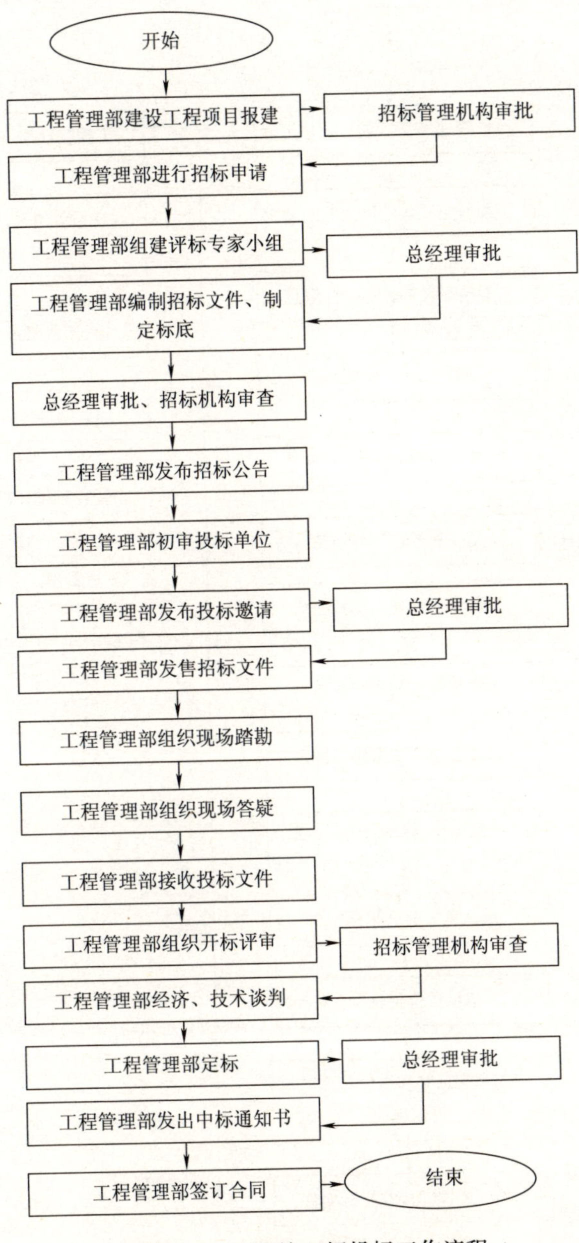

图 10-4　工程施工招投标工作流程

工程装饰招投标流程（如图 10-5 所示）

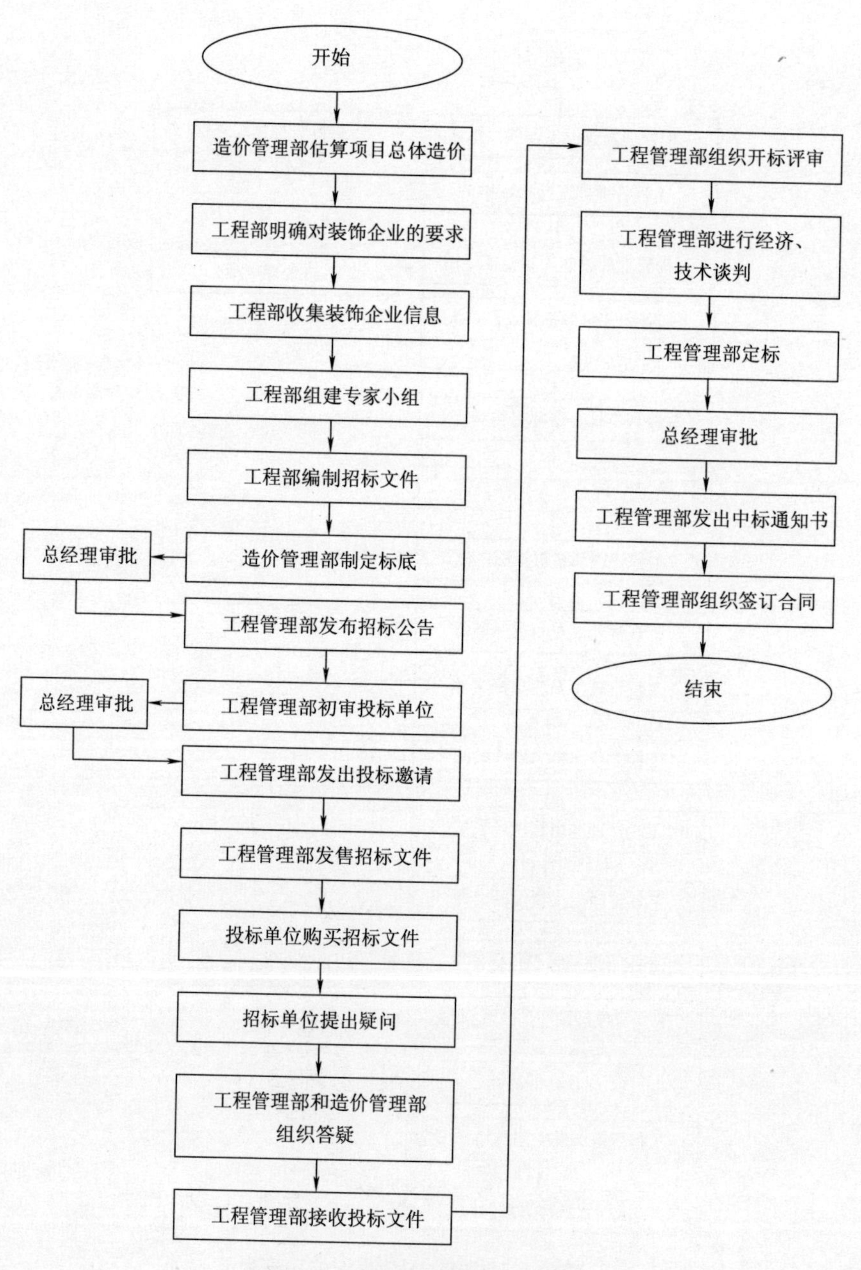

图 10-5 工程装饰招投标流程

工程监理招投标工作流程（如图 10-6 所示）

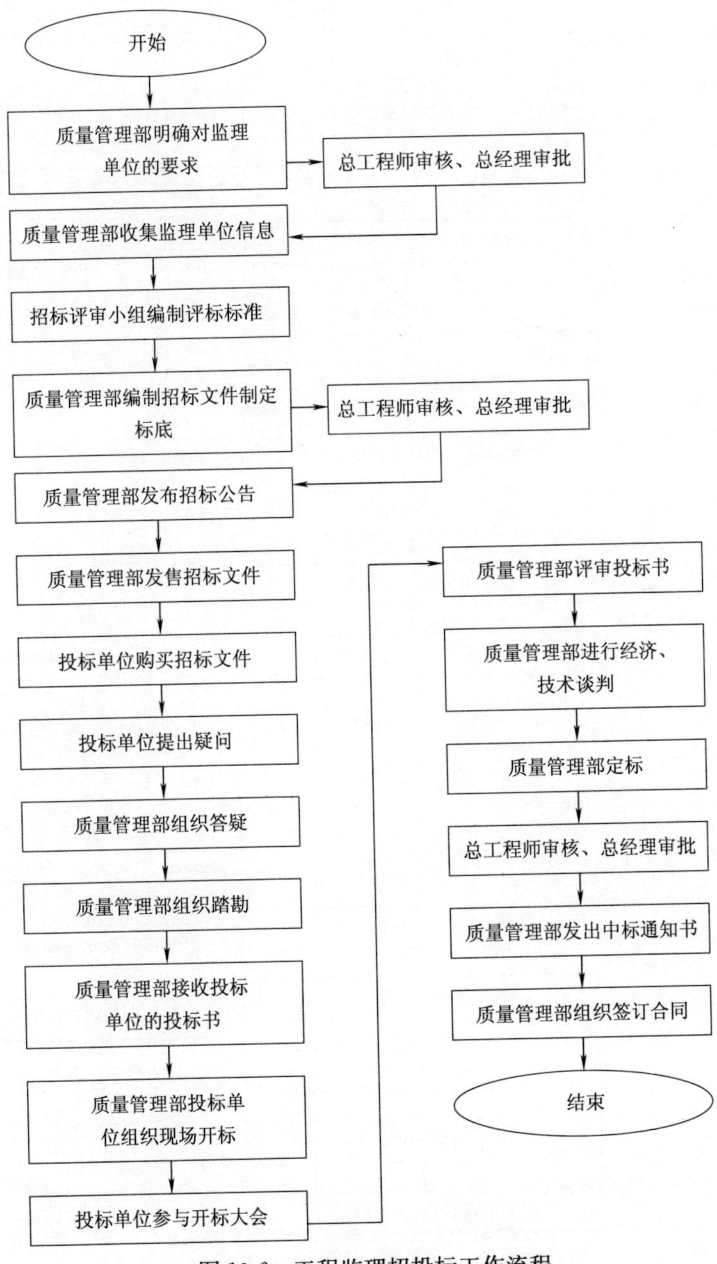

图 10-6　工程监理招投标工作流程

设备物资采购招投标流程(如图 10-7 所示)

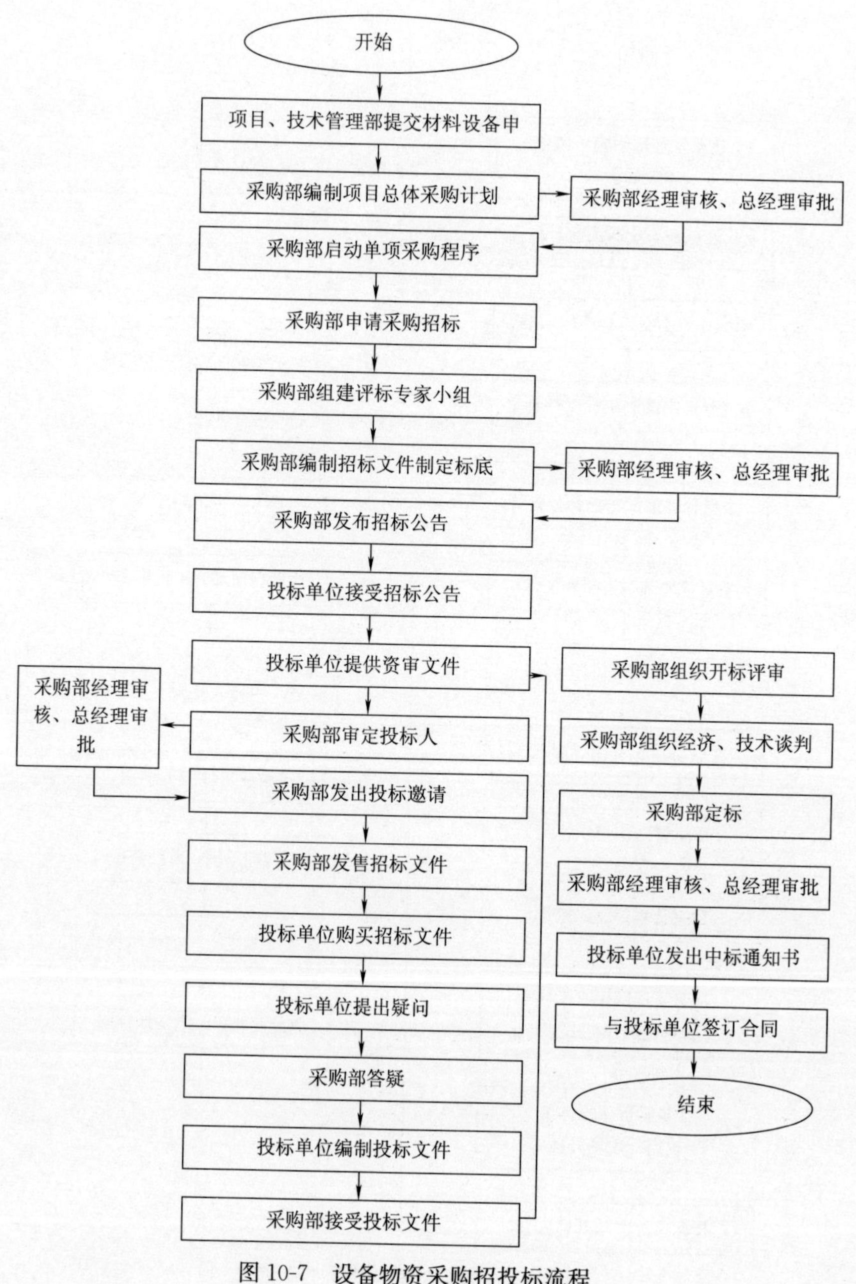

图 10-7 设备物资采购招投标流程

国际工程招投标管理流程（如图 10-8 所示）

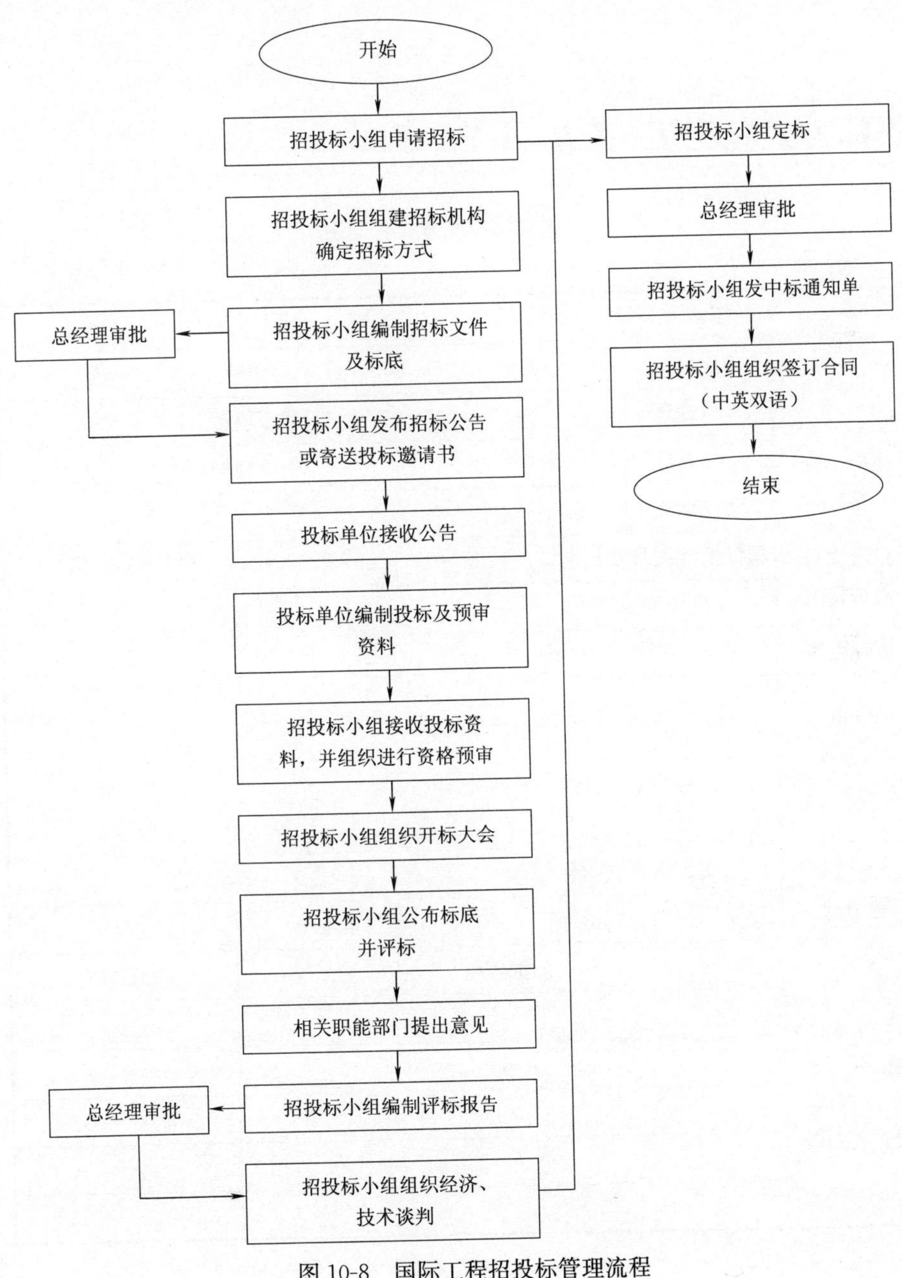

图 10-8　国际工程招投标管理流程

第十一章 房地产招投标管理实用文书

招标方式登记表（见表11-1）

表 11-1 招标方式登记表

编号：

<table>
<tr><td rowspan="3">招标人情况</td><td>招标人</td><td></td><td>法人代表</td><td></td></tr>
<tr><td>单位性质</td><td></td><td>经办人</td><td></td></tr>
<tr><td>单位地址</td><td></td><td>联系电话</td><td></td></tr>
<tr><td rowspan="2">招标工程情况</td><td>工程名称</td><td></td><td>建设规模</td><td>______平方米</td></tr>
<tr><td>建设地址</td><td colspan="3"></td></tr>
<tr><td rowspan="2">批准文号投资情况</td><td>项目批准文号及日期</td><td colspan="3"></td></tr>
<tr><td>投资来源</td><td></td><td>计划投资总额</td><td>______万元</td></tr>
<tr><td>招标范围</td><td colspan="4"></td></tr>
<tr><td>设计单位名称及资质等级</td><td colspan="4"></td></tr>
<tr><td rowspan="2">备案的招标方式</td><td colspan="4">采用公开方式招标□</td></tr>
<tr><td colspan="2">采用邀请方式招标□</td><td>项目审准部门</td><td></td></tr>
<tr><td rowspan="6">投标的企业名称及资质等级（邀请方式）</td><td colspan="3">企业名称</td><td>资质等级</td></tr>
<tr><td colspan="3"></td><td></td></tr>
<tr><td colspan="3"></td><td></td></tr>
<tr><td colspan="3"></td><td></td></tr>
<tr><td colspan="3"></td><td></td></tr>
<tr><td colspan="3"></td><td></td></tr>
</table>

续上表

<table>
<tr><td rowspan="2">招标单位或
委托代理机构经办人</td><td>签名</td><td></td></tr>
<tr><td>附法人委托函件</td><td></td></tr>
<tr><td>招标办
经办人签字及盖章</td><td colspan="2"></td></tr>
</table>

说明：

1. 本表由招标单位(人)填写，一式两份，招标办一份，招标人一份。
2. 采用邀请方式招标的工程附项目审批部门文件或关于招标方式审批材料。
3. 委托招标代理机构招标的附招标代理机构资质证书复印件、签订招标代理合同副本以及联系电话。

常用招标文件的编制标准

1. 提供完整的图纸及图纸目录

招标方在招标时，要向投标方提供完整的图纸及相配的图纸目录，而且要确保其确切，不能有一点模糊的概念。因为投标方要以图纸为依据进行投标工作，所以图纸一定要清楚地表明发包范围。

2. 提出明确的技术规范

技术规范主要有以下三种情况。

(1)所在国有规范的，执行所在国规范。

(2)所在国无规范的，约定执行国际规范(指定某个国家的规范)。

(3)所在国和国际均无规范，可由设计商、施工方、监理商制定规范标准。

中国的技术规范大致有两类，一类是强制性的规范，另一类是地方性的规范。技术规范并不需要涵盖全部的内容，特别是其中一些共性的内容完全可以不写，但是，对于一些特殊性的内容，必须要加以强调。

编制招标文件，规范是很重要的一点，它既是作为验收的标准，也是追索责任的依据。为避免出现这种概念模糊的现象，招标方在编制招标文件时，一定要提出明确的规范，投标方才可据此做出明确的响应。

3. 合同不能与招标文件相背离

招标文件是响应，招标文件是要约。在招标工作结束以后，不允许再出现与投标文件相背离的、有实质性内容改变的合同。在有单位中标后，原招标文件中的合同就变成实际合同中的组成部分。而合同里也有两个内容，一个是通用条款，可应用于任何合同；另一个是专用条款，有极强的针对性和实施性。在合同中，对专用条款的内容必须特别注意。

4.明确工程量清单

工程量清单是由标底编制单位根据施工图纸，按照现行预算定额子目分项特点及计算规则，将拟建招标工程的全部项目和内容，按工程部位性质等列在清单上作为招标文件的组成部分，供投标单位逐项填价。投标人去参加招标人的招标，取得工程量清单的时候主要有两大难点。

(1)投标人的价格，这个价格一定要准确地掌握市场行情，具有竞争力。

(2)投标人必须懂得技术和组织管理，如果没有技术和组织管理，投标人就无法准确报价。

招投标工作管理制度

1.目的

确保廉洁高效地选择到质优价廉的队伍及厂家的产品。

2.适用范围

本制度适用于工程总造价超过10万元的工程及材料设备，但不包括公司指定项目及可列入的特急项目。

3.人员职责

(1)总造价在10万元以上的任何工程及设备材料的选择，均需在正式合同申报前半个月，将操作具体计划上报给主管副总经理，经主管副总经理认可后实施。对不需要做招投标的，应向主管副总经理提前半个月申请特殊处理，并详细说明理由。

(2)主办工程师应先到政府行业主管部门了解本行业的全面情况，并根据政府主管部门所做的行业评比结果，进行统计分析，然后整理出各材料及队伍的入围资格，经工程部或配套部讨论后，上报公司。

4.制度内容

(1)招投标过程管理。

①由主办工程师根据公司批准的入围资格要求，以及设计销售对材料性能品质的要求，推荐三家以上的入选单位参加招投标。

②在招标时，各竞标单位必须同时到场，参加由设计、主办部门及预算各一人以上人员的招标会。公司应严格查验投标单位的营业执照、经营许可证、资质等级证书等。

③投标时，要求各竞标单位于标书规定日期内密封标底，送达预算部，非密

封或过期者为弃权。

④开标时，必须有设计、主办部门及预算各一人以上参加，负责各竞标单位标底进行开封评标的工作。

⑤主办工程师负责对各部位的投标情况做出可比性分析，必要时应组织相关人员进行询标。

(2)签约管理。

①签约按公司合同(协议)审批表的程序执行。

②签约时，主办工程师应附上招投标过程备忘录，包括入围资格描述、行业现状、企业数量及等级划分、考察参加人员、考察情况、招标和开标参加人员名单等。

(3)合同管理。

①合同正本为本公司保留，数量不少于两份，一份在公司办公室存档，另一份在预算部存档。

②预算部除了要保存合同正本外，还要保存乙方的营业执照、经营许可证、资质等级证书复印件，如不是法人签约，还应保存法人委托书正本。

(4)相关表单。

①施工单位初选审批表。

②监理单位初选审批表。

③甲供材料(设备)入围资格。

房地产企业招标书示范

以某房地产公司招标文件范本为例，仅供参考，见表 11-2。

一、封面

表 11-2 ××房地产企业×工程项目招标书

项目名称	
标书编号	
招标人	
招标代理机构	
招标时间	

二、目录

(略)

第1章 投标须知(见表11-3)

1. 定义

(1)“招标人”是指采购人及其委托的采购代理机构,采购代理机构包括集中采购机构和依法经财政部门认定资格的其他采购代理机构。

(2)“投标人”指向招标人递交投标文件的当事人。

(3)“招标文件”指由招标代理发出的本文件(包括全部章节、附件)及招标答疑会会议纪要和招标文件的澄清与修改文件。

(4)“投标文件”指投标人根据本项目招标文件向招标人递交的全部文件。

(5)“电子文件”指数字、文字、图形等以数码形式存储于磁带、磁盘、光盘等载体,依赖计算机等数字设备阅读、处理,并可在通信网络上传送的文件。

表11-3 投标人须知前附表

序号	条款号	内容
1	(1)	项目名称: 招标编号: 资金来源: 招标人名称: 地址招标代理机构名称: 招标代理机构电话: 电话:
2	6.(1)	投标人如有需要澄清的问题,请在年月日前以传真形式发给招标代理机构,并将需澄清问题电子文档发送至 (邮箱地址)
3	10.(1)	投标保证金形式: 开户人名称: 开户银行: 银行账号:
4	10.(1)	投资保证金:
5	11.(1)	投标有效期:
6	12.(1)	投标文件的份数:正本份,副本份,电子文档光盘份
7	14.(1)	投标截止时间:

续上表

序号	条款号	内容
8	16.(1)	开标时间： 开标地点：
9	19.(3)	评价方法：
10	19.(4)	招标控制价：投标价超过招标控制价的投标间价将做废标处理

2. 招标文件

(1)招标文件的组成。

本招标文件第1章至第4章、答疑纪要、招标人对招标文件的修改及其他有效函件。

(2)招标文件的购买。

投标人应向招标人购买招标文件和图纸或电子文件(自带U盘复制)，图纸押金人民币元(如果图纸缺损，根据情况酌情扣除部分或全部费用)，招标文件售后不退。

(3)招标文件的澄清。

①投标人收到招标文件后如有疑问需澄清，应于______年______月______日______下午______点前以书面形式向招标人提出，招标人以书面形式予以解答，分发给所有投标人。

②投标人对招标文件作出的推论、解释和结论，招标人概不负责。投标人由于对投标文件的任何推论误解以及招标人对有关问题的口头解释所造成的后果，均由投标人负责。

③招标人不单独提供工地的自然环境、气候条件等情况，投标人被视为熟悉上述与履行合同有关的一切情况，投标人自行踏勘施工现场。

(4)招标文件的修改。

①投标截止时间5天前，招标人可能会以补充通知的方式修改招标文件，并以书面形式分发给所有投标人。

②为使投标人在编制投标文件时，将补充通知的内容考虑进去，招标人可以推迟投标截止时间和开标时间，并在补充通知中写明。

(5)招标文件的解释。

本招标文件的解释权归属招标人。

3. 投标书

(1)招标文件内容注意事项。

投标人应认真检查招标文件的内容是否齐全，如有遗漏，应于招标文件发出后2日内向招标人索取，否则责任自负。同时应仔细阅读招标文件所有的内容，未按招标文件要求编制的投标书将被拒绝，或者视为废标。

(2)投标书的内容。

①投标函。

②详细报价清单。

③主要材料清单一览表及组成的详细说明(列表说明材料组成及价格、制作安装费等)。

④投标人必须按照招标文件第4章提供的格式和顺序，但表格可以同样格式扩展。

(3)投标书的密封和递交。

①所有投标文件密封在一个包装袋中。投标书必须在封口处加贴封条，注明“开标前不得启封”字样并加盖投标人公章和法定代表人印鉴。

②投标文件必须在招标文件规定的投标时间内由专人送交到指定地点。

(4)投标保证金。

①投标人在提交投标文件的同时，应向招标人递交投标保证金的交纳证明(投标保证金视标的金额确定，投标人应保证在开标截止______时间前将保证金汇入指定的账户)。

②投标保证金采用银行汇票、银行转账或现金的形式。

③未中标投标人的投标保证金，在确定中标人并且投标人退还招标人提供的所有图纸后七个工作日内予以退还(不计利息)。

④中标人的投标保证金转为履约保证金，履约保证金在工程按中标人与招标人或总包单位签订的施工合同中约定的进场后七个工作日内予以退还(不计利息)。

⑤投标保证金收款单位：______________________

开户银行：____________ 账号：_____________

⑥发生下列任何一种情况时，投标人的投标保证金将被没收：

A. 投标后投标人撤回其投标书的

B. 中标人无正当理由拒绝签订合同的

C. 在投标过程中进行串通哄抬标价等不正当活动被查处后的

D. 在投标活动中有弄虚作假行为的

(5)投标有效期。

①投标书在投标截止日后30天内有效。

②在原定的投标有效期满之前，如果出现特殊情况，招标人可向投标人提出延长有效期的要求，这种要求和答复应以书面的形式进行。投标人可以拒绝

这种要求而不被没收投标保证金。同意延期的投标人，不需要也不允许修改他的投标书，但需要相应地延长投标保证金的有效期，在延长期内相关规定仍然适用。

4. 投标报价

(1)报价范围。

招标文件所规定的各个标段招标范围内全部内容的设计及设计确认、材料采购、制作安装，以及完成上述内容所必需的包装运卸、临时设施、现场货场、抢工措施、检验试验、材料二次搬运、施工水电、提供服务、总包配合、竣工验收、资料整理等所需的全部费用，其中包括投标人的利润、税金和应承担的风险的费用。

根据所提供图纸，投标人认为施工现场现有预留预埋需要增加工作内容的，本次报价必须考虑。

(2)投标报价方式。

采用总价报价，招标文件提供的工程量不作为投标工程量依据，投标人应根据施工图纸和现场勘察情况自行计算，并对计算结果负责。因计算造成的错误和误差或未填入总价的项目，招标人将不予支付，并认为此项目费用已包括在工程量报价的其他单价和合价之中。

(3)投标报价的计价方法。

投标人应根据招标人提供的图纸和技术资料、投标人所做的深化设计文件以及与此相关的报价编制依据资料文件进行计价。投标人应充分考虑工程实际情况和风险，编制竞争性报价。

(4)报价编制依据。

①所提供的施工图纸、招标文件以及补充资料、答疑纪要。

②工程现场目前的现状。

(5)结算方式

5. 开标、评标、定标

(1)开标时间。

招标人将于《投标须知总则》中规定的时间、地点举行开标会，投标人应派法定代表人或授权代理人参加开标会，并随身携带其居民身份证和保证金证明供查验。

(2)评标委员会。

招标人负责组建评标委员会，评标委员会负责评标工作。

(3)无效投标书的界定。

投标书出现下列情况之一的，将作为无效投标书处理，无效投标书不予参加评标。

①逾期送达的。

②投标人未按要求提供投标保证金的。

③投标人在规定的开标时间未派法定代表人或其授权代理人参加开标会的。

④投标文件未按招标文件要求编制的。

⑤投标人在一份投标文件中,报有两个或多个报价,且未书面声明以哪个报价为准的。

(4)评标办法。

采取综合评议的办法,评标委员会根据各投标人提供的投标文件中有关材料将评审以下内容。

①设计方案。

②主要材料的质量、品牌、技术先进性。

③投标报价的合理性。

④施工组织设计的可行性。

⑤企业综合实力、项目经理业绩。

⑥其他。

(5)定标。

①本次招标不保证最低价中标,也不保证投标人所报价为最终定标价。

②评标委员会依据招标文件的要求对投标文件分别进行评审和比较。

③通过对中标候选人考察,招标人将从评标委员会推荐的中标候选人中确定中标人。

(6)未中标的投标书处置。

(7)对未中标的投标书,不予退回。

第2章 监督与管理技术规范

1.本工程项目的材料、设备、技术必须达到现行中华人民共和国及省、市、行业的一切有关法规、规范的要求,如各标准及规范与要求有出入则以较严格者为准。

2.执行国家、省、市现行的规范、标准。

第3章 评标标准

本项目评标采用综合评估法,总分100分。其中,包括商务标的部分20分、技术标的部分50分、投标报价部分30分。评分分值计算保留小数点后两位,第三位四舍五入。

1.商务标的评分标准(共20分)

商务标的评分标准见表11-4。

表 11-4　商务标的评分标准表

序号	评价因素	分值	评分标准
1	投标人实力和信誉	4	综合考虑投标人注册资本、营业额、单位信誉、技术状况、履行能力等，相对比较得分 0～4 分
2	财务状况	1	企业财务状况良好得 1 分，否则 0 分
3	投标人业绩	10	近 3 年来完成同类项目的业绩，没有一个得 1 分，最多得 10 分
4	项目负责人资质	2	项目负责人具有国家相关主管部门核发的国家营业资格得 2 分，否则得 0 分
5	投标人质量保证制度及相关认证	3	投标人提供有效期内的质量体系认证证书、环境管理体系认证证书、职业健康安全管理体系认证证书复印件并加盖公章，没有一个得 1 分，最多得 3 分
商务部分分值合计		20	

注：投标人提供的项目业绩证明以合同复印件（必须包括合同首页、合同金额所在页、含有项目名称的页面以及签章页）或中标通知书作为依据。

2. 技术标的评分标准（共 50 分）

技术标的评分标准一览表见表 11-5。

表 11-5　技术标的评分标准一览表

序号	评价因素	分值	评分标准
1	项目管理方案	10	设计方案的审查评审工作、现场监督检查工作、中间验收和竣工验收工作等方案科学合理，符合招标文件要求得 5～10 分，一般得 1～5 分（≠5），较差得 0 分
2	施工管理方案	15	施工管理方案符合项目要求，质量控制、造价控制方法科学，安全管理措施有力，合同和信息管理严密得 10～15分，一般得 1～10 分（≠10），较差得 0 分
3	管理工作计划	10	工作计划合理、进度控制方法科学得 5～10 分，一般得 1～5 分（≠5），较差得 0 分
4	项目组织结构	10	管理人员专业工种配套齐全、人员构成及年龄结构合理、管理人员的业绩资历优秀得 5～10 分，一般 1～5 分（≠5），较差得 0 分
5	主要仪器、检测设备条件	5	检测设备齐全，完全满足工程检测要求 5 分，一般得 1～5 分（≠5），较差得 0 分
技术部分分值合计		50	

3. 价格评分标准(共 30 分)

(1)确定有效投标报价。

评标专家组员会对投标人的投标报价进行分析,以确定投标报价是否实质影响了招标问价规定的发包范围。经评标专家组员会确认其报价实质响应了招标文件的报价为有效报价。

如果投标人投标报价超出采购预算,将作废标处理。

(2)评标基准价的确定。

价格分采用低价优先法计算,在有效投标报价的基础上确定评标基准价,即满足招标文件要求且投标价格最低的投标报价为评标基准价,其价格分为满分 30 分。

评价基准价=满足招标文件要求且投标价格最低的投标报价。

其他投标人的价格分按照下列公式计算:投标报价得分=(评标基准价/投标报价)×30

第4章 附 件

(略)

房地产企业中标通知书

以某房地产公司的企业中标通知书为例,仅供参考。

企业:

根据工程于年月日的评审会议结果,先确定贵单位为上述工程施工招标的中标人,主要中标条件如表 11-6 所示。

表 11-6 中标条件一览表

工程名称		建筑面积	约平方米
建设地点			
中标价格	元(人民币)大写:______元整		
备注	本中标通知书附件,附件是本中标通知书的组成部分,是对本中标通知书的进一步补充,附件共______页		

招标人(盖章):法定代表人或其委托代理人(签字或盖章):

招标代理机构(盖章):法定代表人或其委托代理人(签字或盖章):

日期:______年______月______日

第五部分
项目投资和融资管理

内容提要

- 项目投融资管理流程
- 项目投融资制度规范
- 项目投资和融资管理实用表单

第十二章
项目投融资管理流程

项目投资环境分析流程(如图 12-1 所示)

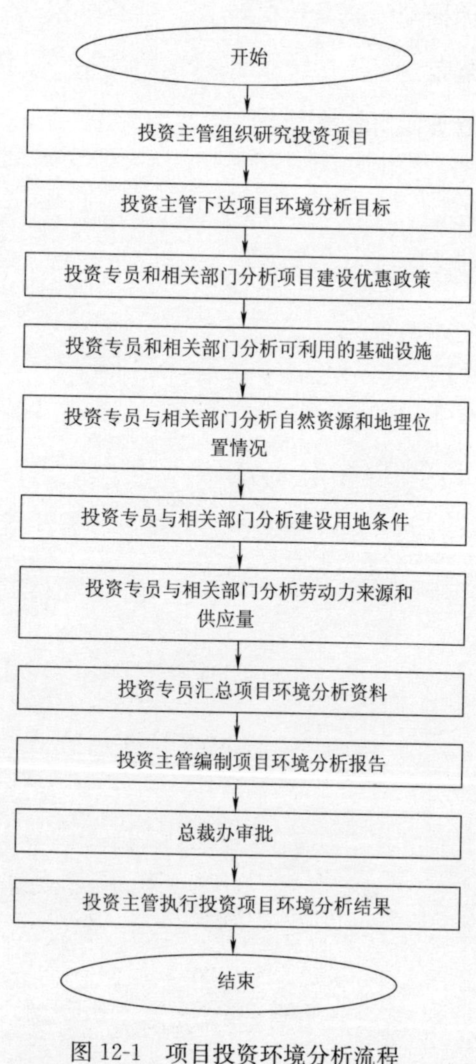

图 12-1　项目投资环境分析流程

项目投资方案选择流程（如图 12-2 所示）

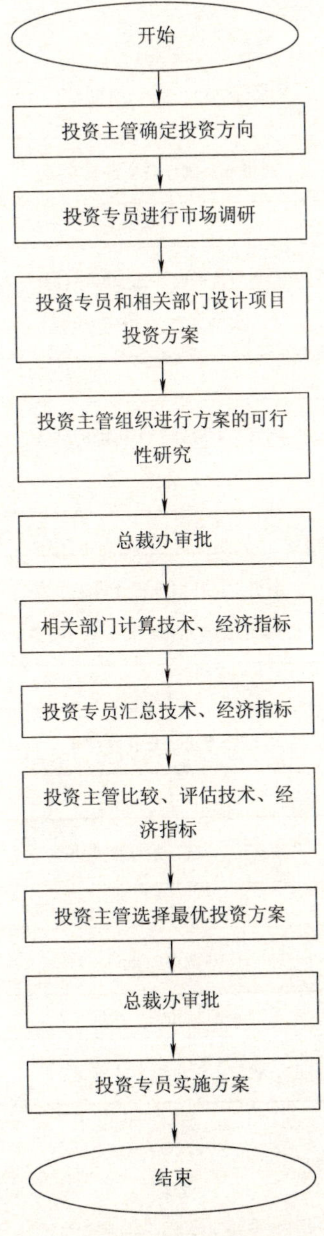

图 12-2 项目投资方案选择流程

项目融资方案选择流程(如图 12-3 所示)

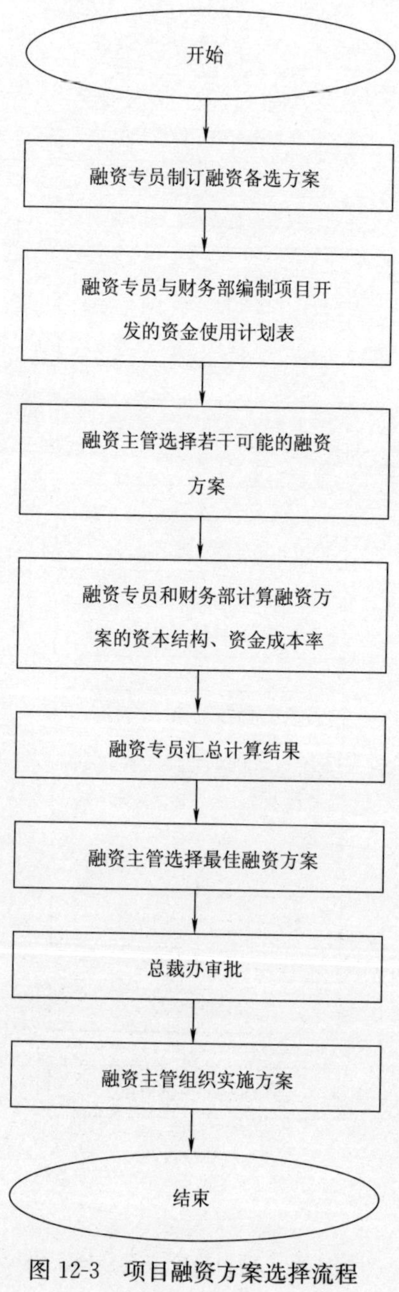

图 12-3 项目融资方案选择流程

项目投资财务分析流程(如图 12-4 所示)

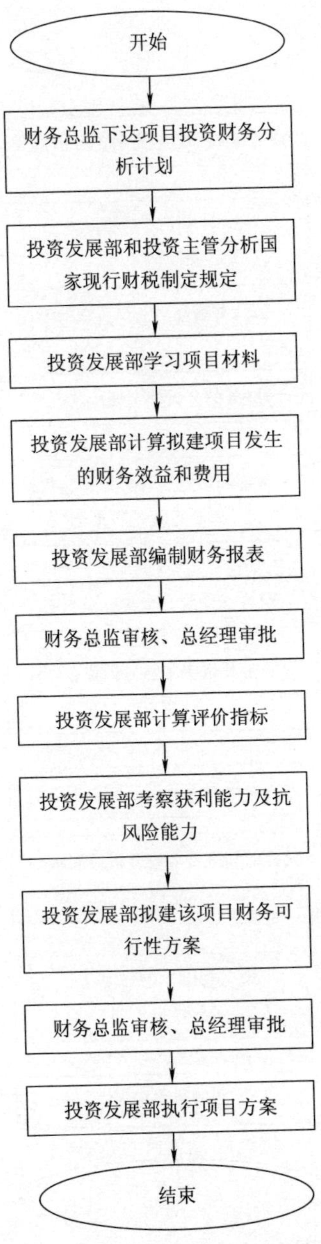

图 12-4　项目投资财务分析流程

项目融资财务分析流程（如图 12-5 所示）

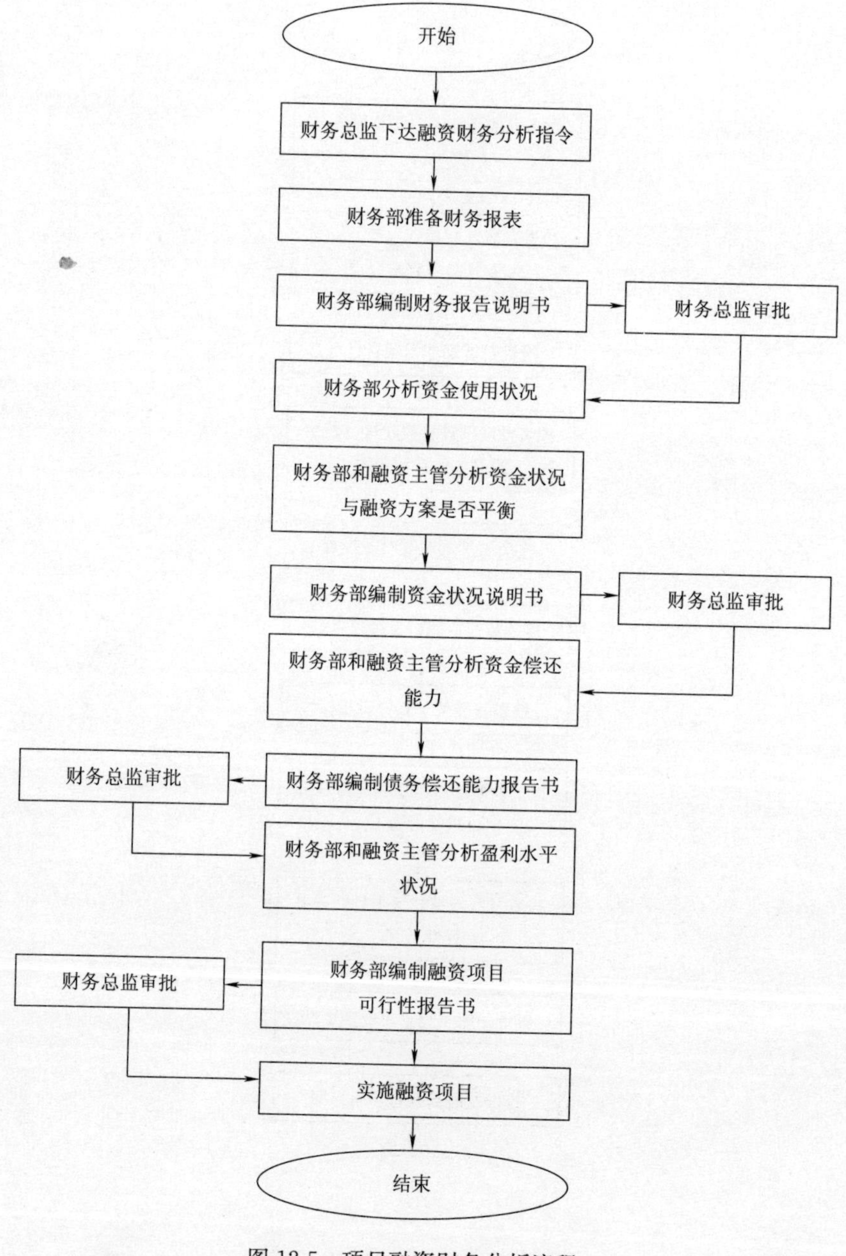

图 12-5 项目融资财务分析流程

项目经济评价流程（如图 12-6 所示）

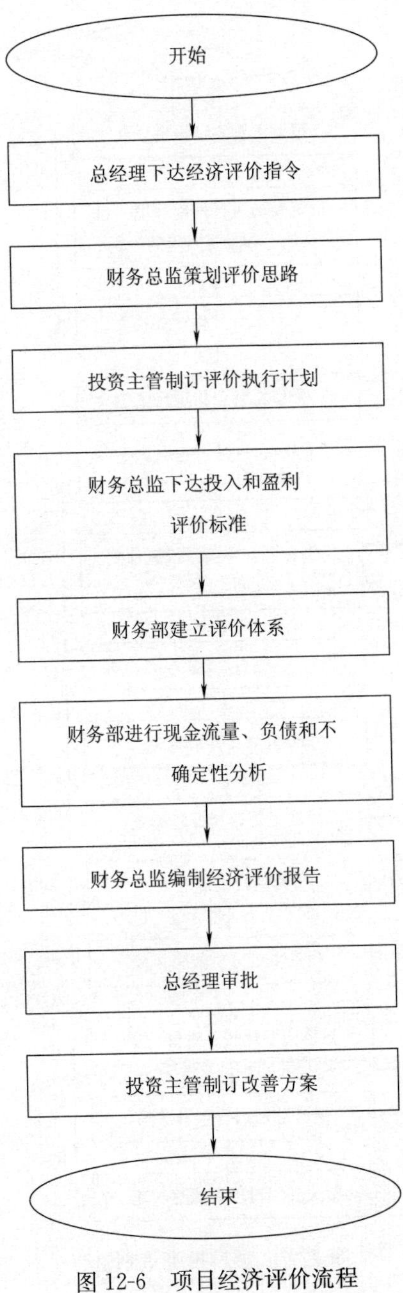

图 12-6　项目经济评价流程

项目投资策划流程（如图 12-7 所示）

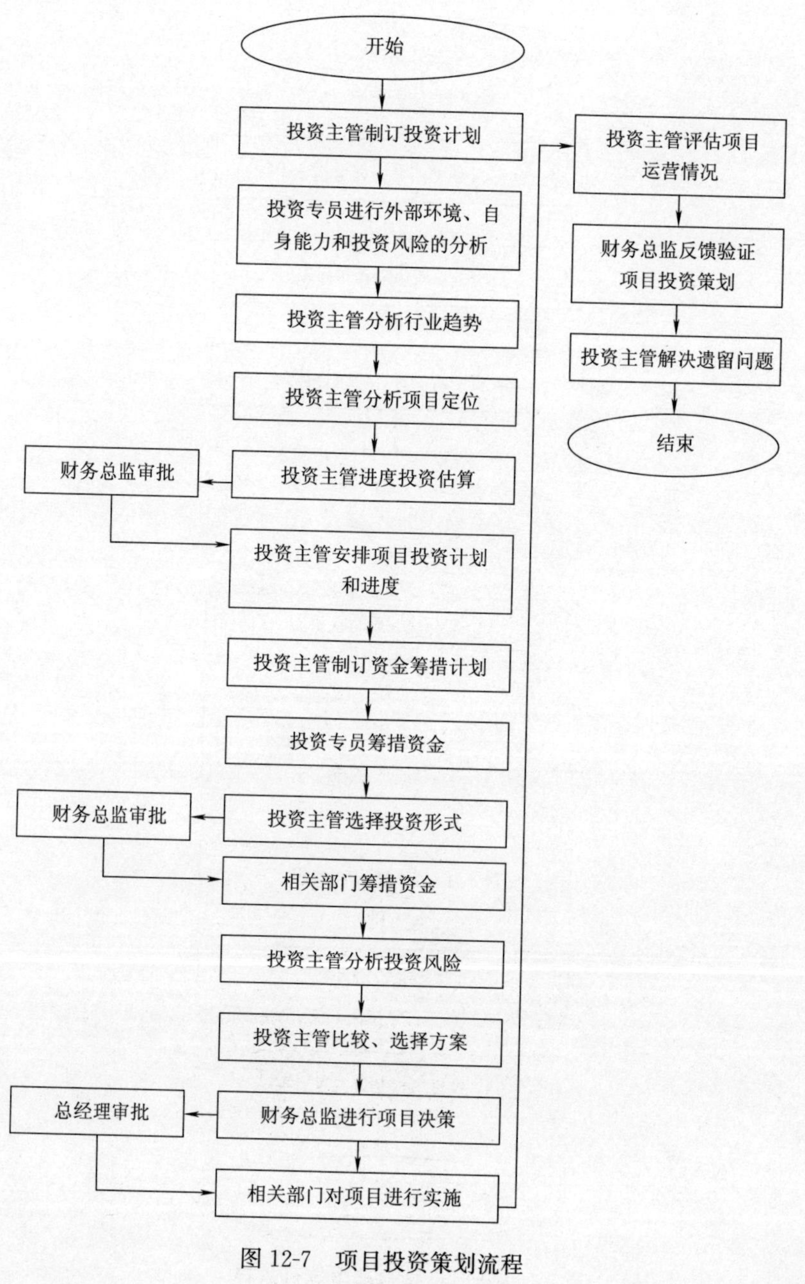

图 12-7 项目投资策划流程

项目融资策划流程（如图 12-8 所示）

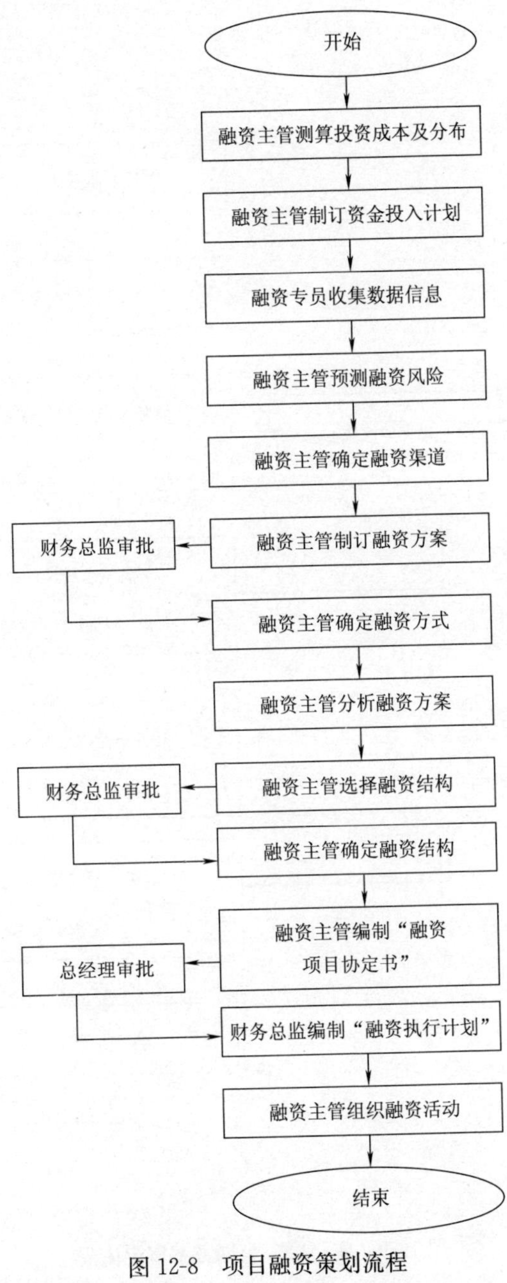

图 12-8　项目融资策划流程

项目融资策划方案审定流程（如图 12-9 所示）

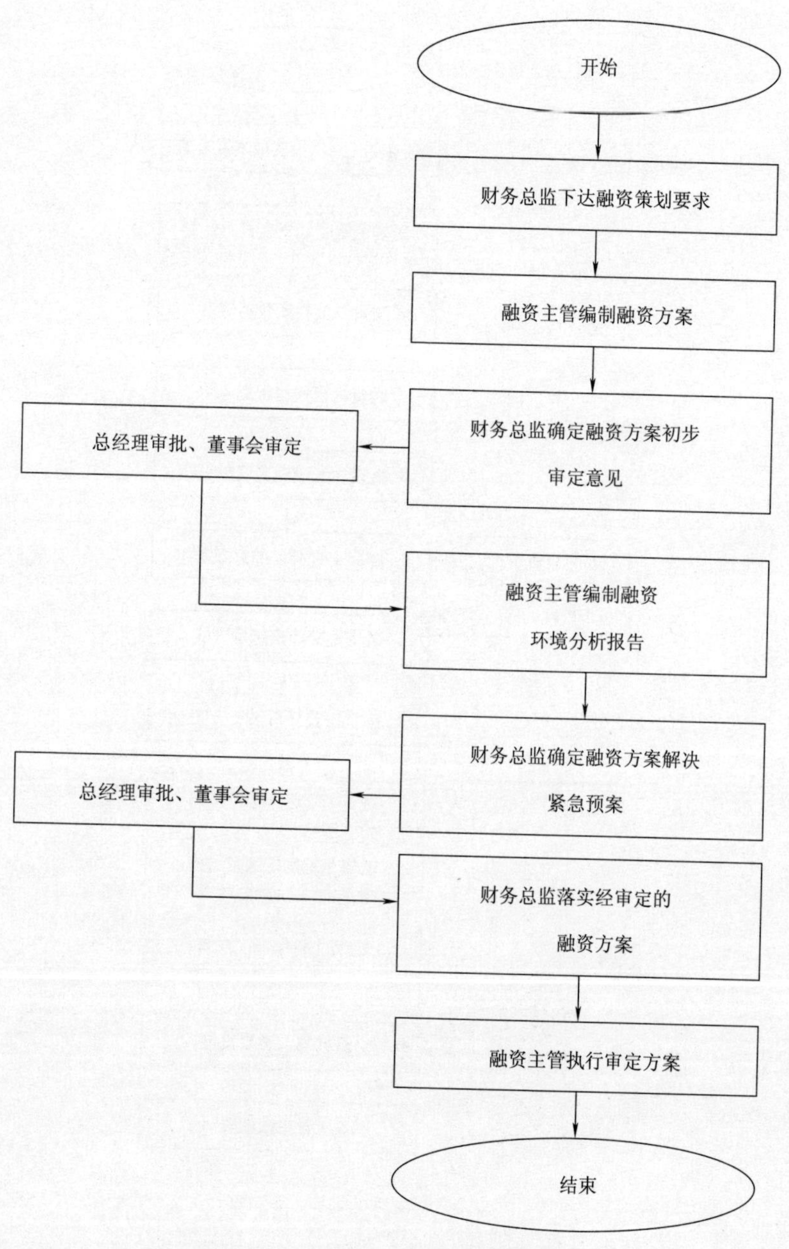

图 12-9 项目融资策划方案审定流程

项目投资决策分析流程（如图 12-10 所示）

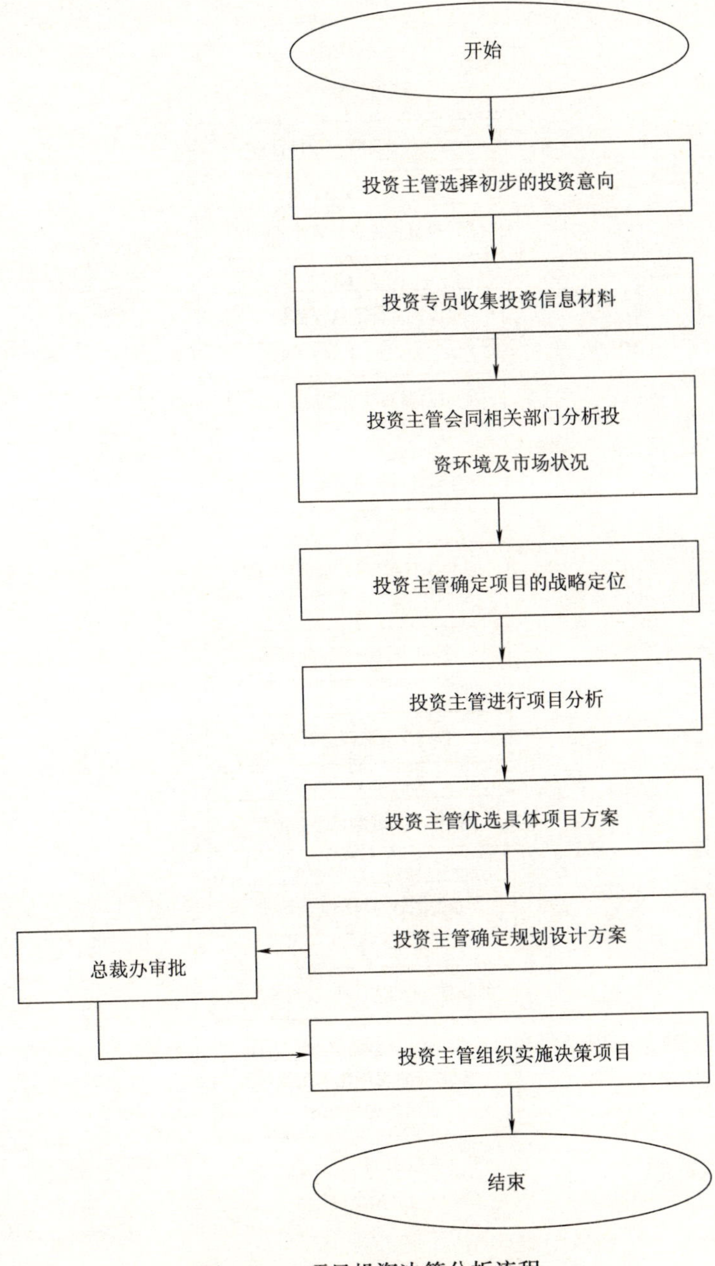

图 12-10　项目投资决策分析流程

项目投资风险分析流程（如图 12-11 所示）

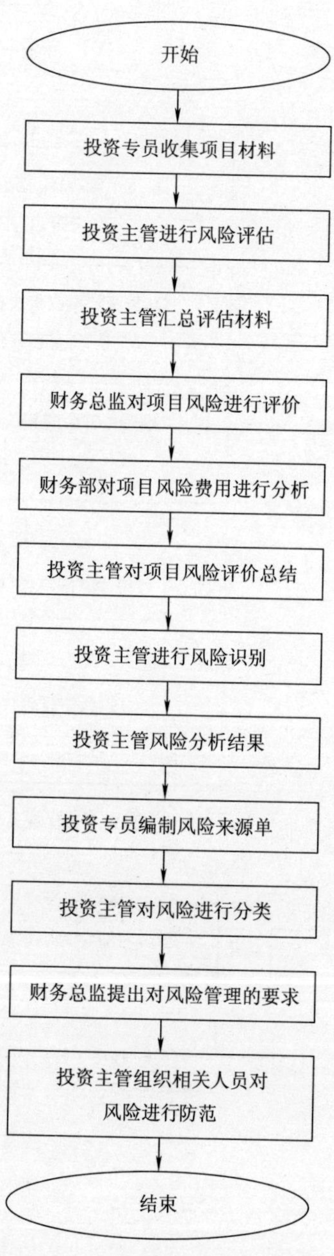

图 12-11 项目投资风险分析流程

项目投资价值分析报告范本

一、项目概述

1. 项目名称。

2. 项目单位。

二、企业简介

1. 目标企业的历史沿革，隶属关系，企业性质及制度；目前职工人数。

2. 地理位置，占地面积；各交通运输条件（铁路、公路、码头和航空、港口等），运输方式。

3. 年设计及实际生产能力，运营状况。

4. 产品种类，主导产品名称及产量。

5. 能源供应条件（水、电、汽、气、冷冻等）配套情况。

6. 主要原料、辅料、燃料的供应量及距离，费用情况。

7. 产品质量状况及产品在国内、外市场的定位与知名度。

8. 产品出口量、主要国家和国外市场份额。

三、项目团队和管理

1. 董事长、法人代表。

2. 原有股东情况。

3. 主要管理人员。

4. 主要技术负责人员。

5. 管理及人力资源评价指标。

(1)内部调控是否合理？

(2)管理组织体系是否健全？

(3)管理层是否稳定团结？

(4)管理层对市场拓展、技术开发的重视程度。

(5)是否有科学的人才培训计划？

(6)各层面的执行情况。

四、技术分析

1. 主要技术内容。

2. 技术指标。

3. 国内外技术发展状况。

4. 技术评价指标。

(1)是否具有独特性、难以替代。

(2)开发周期。

(3)市场潜力。

(4)产业化情况。

(5)结构是否合理。

(6)生产途径。

五、技术先进性

六、产品技术指标

七、市场及竞争分析

1. 市场需求。

2. 目前的市场状况产品市场分布。

3. 产品应用市场前景分析。

4. 产品市场需求预测。

5. 产品市场竞争力分析。

(1)产品质量竞争力分析。

(2)生产成本竞争力分析。

(3)产品技术竞争力分析。

6. 主要竞争对手分析。

(1)国内主要竞争对手分析,列出前20名。做出竞争对手一览表。

(2)国外竞争对手分析。

(3)潜在竞争对手分析。

7. 市场竞争状况分析。

(1)市场垄断情况。

(2)该行业是否存在剩余生产能力,目前是什么情形?

(3)该行业转换成本高低。

(4)该行业进入壁垒与退出壁垒。

8. 企业发展趋势与行业发展趋势比较。

(1)技术发展趋势比较。

(2)产品结构发展趋势比较。

(3)价格发展趋势比较。

(4)替代品的研究与开发;替代品的性能价格比;替代品对产业的威胁。

八、建设内容及项目方案

1. 建设内容。

2. 投资预算。

3. 定位方案。

九、融资需求及股权设计

1. 融资方式。
2. 融资金额。
3. 股权设置方案。
4. 融资条件。
5. 资金使用计划。

十、财务状况

1. 历史财务报表分析与考查

(1)利润表。

考查核实内容包括:营业收入确认政策,收入分部门、分地区情况,利润构成考查,项目销售成本构成,项目管理费用、财务费用,利润分配政策及历年利润分配情况说明,税率和面临的赋税负担。

(2)现金流量表。

考查核实内容包括:折旧与摊销政策及摊销金额,资本支出与营运资金支出,自由现金流量,融资需求与融资额。

(3)资产负债表。

考查核实内容包括:现金及现金等价物余额及本期变动情况,存货明细及存货可变现净值,存货管理办法及管理效果,存货账面值与盘点记录比较,应收账款明细及相关管理措施(包括账目集中、欠款追逃、质量、准备金、疑问账目、注销记录、追索、过期账目、账龄分析、应收账款政策等),固定资产明细、历史成本与可变现价值、折旧政策等,长期投资明细及长期管理办法,银行长短期借款明细,应付账款明细。

(4)合并财务报表考查。

(5)积压未交订货摘要。

(6)主要合同摘要。

2. 未来五年财务预测

其预测内容包括公司业务计划、主要客户摘要及主要业务部门资料,从销售角度出发预测利润表,现金流量表预测,资产负债表预测。

3. 财务主要考查指标

(1)安全性指标,包括资产负债率、有形净资产、有形净值债务率、利息保障倍数。

(2)流动性指标,包括流动比率、速动比率。

(3)盈利性指标,包括主营业务收入、销售毛利率、净资产收益率。

(4)效率性指标,包括存货周转率、应收账款周转率、总资产周转率。

十一、经营预测和经济效益评价

1. 经营预测。

2. 经济效益评价。

十二、投资退出和回报

1. 公开上市。

2. 协议转让。

3. 管理层回购。

4. 其他退出回报。

十三、主要风险因素及对策

1. 经营管理风险。

2. 市场和竞争风险。

3. 技术研发和生产风险。

4. 退出风险。

5. 财务风险。

十四、结论和建议

1. 可行性研究结论。

2. 项目投资建议。

项目投资可行性研究报告范本

项目可行性分析报告又可以称为项目可行性研究报告、可研报告，是一种格式比较固定的、用于向国家项目审核部门（如发展改革委员会）进行项目立项申报的商务文书。主要用来阐述项目在各个层面的可行性与必要性，对于项目审核通过、获取资金支持、理清项目方向、规划抗风险策略都有着相当重要的作用。

以某房地产公司项目投资可行性研究报告（框架），仅供参考。

1. 项目总论

(1)项目概况（见表 12-1）。

表 12-1 项目概况表

项目名称		项目位置	
项目建设单位		项目研究工作依据	
项目性质及主要特点		项目研究工作概况	
项目地块面积及边界			

(2)可行性研究结论的分析。

可行性研究结论主要从以下几点进行分析。

在可行性分析中，对项目的产品销售、原料供应、政策保障、技术方案、资金总额及筹措、项目的财务效益和国民经济、社会效益等重大问题，都应得出明确的结论，主要包括以下几点。

①项目产品市场前景。

②项目原料供应问题。

③项目政策保障问题。

④项目资金保障问题。

⑤项目组织保障问题。

⑥项目技术保障问题。

⑦项目人力保障问题。

⑧项目风险控制问题。

⑨项目财务效益结论。

(3)主要技术经济指标表。

在总论部分中，可将研究报告中各部分的主要技术经济指标汇总，列出主要技术经济指标表，使审批和决策者对项目作全貌了解。

(4)项目存在的问题与建议。

对可行性分析中提出的项目的主要问题进行说明并提出解决的建议。

2. 项目背景

这一部分主要应说明项目发起的背景、投资的必要性、投资理由及项目开展的支撑性条件等。

(1)项目提出背景。

①项目所在地域商业发展情况。

②所在区域政策、经济及产业环境。

③项目发起人及发起缘由。

(2)项目发展概况。

①已进行的调查研究项目及成果。

②项目地块初勘及初测工作情况。

③项目建议书编制、提出及审批过程。

(3)项目投资的必要性。

3. 市场研究

市场分析在可行性分析中的重要地位在于，任何一个项目，其生产规模的确定、技术的选择、投资估算甚至厂址的选择，都必须在对市场需求情况有了充分了解以后才能决定。而且市场分析的结果，还可以决定产品的价格、销售收入，最终影响到项目的盈利性和可行性。在可行性分析报告中，要详细研究当前市场现状，以此作为后期决策的依据。

(1)市场供给。

①所在区域内商业用房现有供给量及结构情况调查。

②所在区域内商业用房未来供给量及结构情况调查。

③其他代替性产品供给量情况调查。

(2)市场需求。

①所在区域内商业用房的租用情况调查。

②其他代替性产品租售情况调查。

③所在区域内在售商业用房销售情况调查。

(3)市场价格。

①所在区域内商业用房租赁价格情况调查。

②所在区域内代替性产品租赁价格情况调查。

(4)市场预测。

市场预测是市场调查在时间上和空间上的延续，是利用市场调查所得到的信息资料，根据市场信息资料分析报告的结论，对于未来市场需求量及相关因素所进行的定量与定性的判断与分析。在可行性分析工作中，市场预测的结论是制订产品方案，确定项目建设规模所需的依据。

(5)市场推销。

在商品经济环境中，企业要根据市场情况，制定合格的销售模式，争取扩大市场份额，稳定销售价格，提高产品竞争能力。因此，在可行性分析中，要对市场营销模式进行研究。

4. 项目研究

(1)地块特征分析。

①项目区位分析。

②项目交通分析。

③项目人流分析。

④项目周边规划。

(2)项目 SWOT 分析。

(3)项目定位方案。

①项目产品方案。

②主要功能建筑规模。

③主要技术经济指标。

5. 投资估算

(1)土地费用。

(2)前期工程费用。

(3)建筑安装工程费用。

(4)基础设施建设费用。

(5)公共配套设施建设费用。

(6)管理费用。

(7)销售费用。

(8)财务费用。

(9)各种税金支出。

(10)其他成本支出估算。

6. 开发进度(如图 12-12 所示)

进度＼月份	1	2	3	4	5	6	7	8	9	10	11	12
(事项)	——	——										
(事项)			——	——	——							
(事项)						——	——	——	——			
(事项)										——	——	——

图 12-12　项目进度安排横道图

7. 资源供给

(1)资金筹集与使用计划。

(2)建筑材料的需要量、供应计划和采购方式。

(3)施工力量组织计划。

(4)项目施工期间的动力、水电等供应。

(5)项目竣工投入使用后水、电、气、通信等的供应。

8. 财务评价分析(见表 12-2)

表 12-2 财务评价分析表

项目	指标	分析内容
获利性评价	成本利润率	
	销售利润率	
效率评价	经营比率	
	资金利用率	
信誉评价	流动比率	
	杠杆比率	
静态获利分析	投资收益率(R)	
	投资回收期(Pt)	
动态获利分析	财务净现值(FNPV)	
	财务净现值率(FNPVR)	

9. 风险评价分析(见表 12-3)

表 12-3 风险评价分析表

盈亏平衡分析		
敏感性分析		
	变动因素一	
	变动因素二	
	……	

10. 综合评价分析(见表 12-4)

表 12-4 综合评价分析表

分析事项	分析结果
经济评价(定向)	
社会评价(定向)	
环境评价	
存在问题与建议	

项目融资策划委托合同书范本

甲方：房地产开发有限公司

乙方：投融资管理顾问有限公司

为充分发挥甲方的现有资源优势，加快甲方资产增值步伐，提升甲方品牌知名度和项目含金量，甲、乙双方经友好协商，就甲方委托乙方开展融资策划委托合作事宜，达成如下协议。

甲乙双方同意按照下列条款签订本融资租赁合同。

1. 合同说明

甲方根据乙方的需要和委托，按照乙方提供的租赁财产的名称、品质、规格、数量和金额等要求，购进第 2 条规定的租赁物件出租给乙方，并由乙方承租。

2. 租赁财产的名称、品质、规格、数量和金额

3. 租赁财产的交货、验收、交货地点和使用地点

(1)租赁财产由供货方直接运交承租人所指定的交货地点向承租人交货。

(2)租赁财产运达安装或使用地点后，乙方应在天内检查租赁物件，并将签收盖章后租赁物件的验收收据交给甲方。

(3)如果在天内乙方未按前项规定向甲方交付验收收据的，视为租赁物件已在完整良好状态下由乙方验收完毕，并视同乙方已经将租赁物件的验收收据交付给甲方。

(4)如果乙方在验收时发现租赁物件的品质、规格、数量等有不符，不良或瑕疵等情况属于卖方的责任时，乙方应在接货后天内从商检部门取得商检证明并立即将上述情况书面通知甲方，甲方将根据与供货方签订的购货合同规定的有关条款协助乙方对外进行交涉，办理索赔等事宜。

4. 租赁期限

5. 租金金额、支付日期和方式

6. 租金的担保

(1)本合同一经签订，乙方即向甲方支付双方商定的保证金元，作为履行本合同的保证。

租赁保证金不计利息，在租赁期满时归还乙方或规定为抵最后一期租金的全部或一部分。

乙方违反本合同任何条款时，甲方将从租赁保证金中抵扣乙方应支付给甲方的款项。

(2)乙方委托为本合同乙方的经济担保人。不论发生何种情况乙方未按照本合同的要求支付租金时,由乙方经济担保人按《经济合同法》第15条规定负连带赔偿责任。

7.合同期满时租赁财产的处理

即确定是退租、续租,还是留购。

8.当事人的权利义务

9.违约责任

10.争议的解决方式

本合同在履行中如发生争议,双方应协商解决;协商不成时,任何一方均可向工商行政管理局经济合同仲裁委员会申请调解或仲裁,也可向人民法院起诉。

11.双方商定的其他条款

12.出租方与供货方订立的购货合同是本合同的附件

本合同未尽事宜,由双方协商解决。

本合同自签订之日起生效。

本合同正本一式两份,自甲乙双方签字盖章后生效,双方各执正本一份为凭,副本______份分送______部门备案。

13.其他相关规定

(1)本合同书未尽事宜,双方协商解决。

(2)本合同书双方签字盖章后即生效,到期无异议自动失效。

(3)本合同书一式两份,双方各执一份,具有同等法律效力。

(4)本合同书内容双方均有义务保守机密,不得擅自对外泄露。

(5)本合同书争议交由仲裁委员会按现行有效的仲裁规则进行仲裁,裁决是终局的,甲乙双方共同遵守。

甲方代表签字:　　　　　　　　　　乙方代表签字:
甲方单位盖章:　　　　　　　　　　乙方单位盖章:
日期:　　　　　　　　　　　　　　日期:

第十三章
项目投融资制度规范

项目投资管理原则

1. 投资项目管理原则

正式确定立项的项目按以下原则和办法进行管理。

(1)对每一个投资项目,投资部指定项目责任人,财务部指定责任人,组成项目管理专责小组,共同负责项目的实施及投资后的项目管理工作,并及时研究反馈跟踪该项目的管理信息。

(2)针对具体项目情况并结合考虑本公司所占股权比例,决定参与项目管理的方式和参与程度,如参加股东大会;参加董事会;参加董事会、监事会;参加董事会、监事会,委派财务总监;参加董事会、监事会,派员出任总经理(或副总经理)、财务部经理等。

(3)项目专责小组于投资后每季度跟踪了解项目进展情况,做好项目的发展跟踪和财务状况分析,每半年进行一次项目进展情况小结,并及时向公司汇报。

(4)投资项目的资金回收及资产增值情况,在年度业绩考核时作为参与管理人员和项目专责小组人员的主要考核指标。

2. 项目管理操作

(1)建立项目管理跟踪档案。

(2)企业定期提供财务报表。

(3)派审计人员进行例行查账和审查原始单据。

(4)定期写出项目管理及其经营状况的书面报告。

(5)对被投资企业的财务管理和会计核算进行业务指导。

(6)对被投资企业的资产活动等经济情况进行动态观测。

(7)对项目执行过程中的重大问题,及时向公司领导和董事会提出反馈意见。

3. 代管省科技部门的专项投资项目概况

(1)代管省科技部门的"高科技成果转化资金"和"高新技术发展资金"。

(2)按省科技部门的指示,签订代管协议,接收推荐高新技术成果转化项目。

(3)进行投资项目的评估、论证、管理,实行有偿资金的监督及回收。

4. 财务管理

负责公司日常财务管理及进行会计核算。

项目融资管理流程

一般来说,项目融资的程序大致可以分为五个阶段:投资决策、融资决策、融资结构分析、融资谈判和执行。

1. 投资决策阶段

对于任何一个投资项目,在决策者下决心之前,都需要经过相当周密的投资决策的分析,这些分析包括宏观经济形势的判断、工业部门的发展以及项目在工业部门中的竞争性分析、项目的可行性研究等内容。一旦作出投资决策,接下来的一个重要工作是确定项目的投资结构,项目的投资结构与将要选择的融资结构和资金来源有着密切的关系。同时,在很多情况下项目投资决策也是与项目能否融资以及如何融资紧密联系在一起的。投资者在决定项目投资结构时需要考虑的因素很多,其中主要包括:项目的产权形式、产品分配形式、决策程序、债务责任、现金流量控制、税务结构和会计处理等方面的内容。

2. 融资决策阶段

在融资决策阶段,项目投资者将决定采用何种融资方式为项目开发筹集资金。是否采用项目融资,取决于投资者对债务责任分担、贷款资金数量,时间、融资费用以及债务会计处理等方面的要求。如果决定选择采用项目融资作为筹资手段,投资者就需要选择和任命融资顾问,开始研究和设计项目的融资结构。

3. 融资结构分析阶段

设计项目融资结构的一个重要步骤是完成对项目风险的分析和评估。项目融资的信用结构的基础是由项目本身的经济强度以及与之有关的各个利益主体与项目的契约关系和信用保证所构成的。能否采用以及如何设计项目融资结构的关键点之一就是要求项目融资顾问和项目投资者一起对于项目有关的风险因素进行全面分析和判断,确定项目的债务承受能力和风险,设计出切实可行的融资方案。项目融资结构以及相应的资金结构的设计和选择必须全面反映投资者的融资战略要求和考虑。

4. 融资谈判阶段

在初步确定项目融资方案以后，融资顾问将有选择地向商业银行或其他投资机构发出参与项目融资的建议书、组织贷款银团、策划债券发行、着手起草有关文件。与银行的谈判中会经过很多次的反复，这些反复可能是对相关法律文件进行修改，也可能涉及融资结构或资金来源的调整，甚至可能是对项目的投资结构及相应的法律文件做出修改，来满足债权人的要求。在谈判过程中，强有力的顾问可以帮助加强投资者谈判地位，保护其利益，并能够灵活地、及时地找出方法解决问题，打破谈判僵局，因此，在谈判阶段，融资顾问的作用非常重要。

5. 执行阶段

在正式签署项目融资的法律文件之后，融资的组织安排工作就结束了，项目融资进入执行阶段。在此期间，贷款人通过融资顾问经常性地对项目的进展情况进行监督，根据融资文件的规定，参与部分项目的决策、管理和控制项目的贷款资金投入和部分现金流量。贷款人的参与可以按项目的进展划分为三个阶段：项目建设期、试生产期和正常运行期。

项目融资工作管理规范

1. 融资方式。

融资方式包括投资资本筹资、发行股票筹资、发行债券筹资、长期借款、租赁融资及混合性资金筹集。

2. 融资种类。

融资包括权益性融资和债务性融资两种。

(1)权益性融资，是指融资结束后增加了企业权益资本的融资，如追加资本金、增资扩股、发行股票。

(2)债务性融资，是指融资结束后增加了企业负债的融资，如向银行或非银行金融机构借款、发行企业债券、融资租赁等。

3. 融资管理原则。

融资管理原则共有三项，它们是风险适度原则、以低成本融资为导向原则、长远利益与当前利益兼顾原则。

4. 职权划分。

(1)董事会负责重要项目融资活动的审批。

(2)总经理负责所有项目融资活动的审批。

(3)项目开发部负责项目融资业务的执行和反馈。

(4)财务管理部是实施项目融资管理的职能部门,其主要职责包括:完善集团企业融资管理制度;企业项目融资活动的策划、论证与监管;审核下属控股企业重要项目融资活动并提出意见;对集团企业及控股企业的项目融资活动进行动态的追踪管理。

(5)财务管理部审计人员负责对融资活动进行定期和不定期的审计。

5.董事会对重大项目融资活动进行审议,做出最终决策。

6.总经理对《项目融资方案》进行审批,并根据融资的重要程度决定是否交董事会审议。

7.工程总监和财务总监对融资计划进行审核,提出修改意见,由项目开发部和财务管理部进行完善。

8.财务管理部对项目开发部拟订的项目融资计划进行财务审核,从风险控制的角度分析融资计划的可行性。

9.项目开发部负责制订年度项目融资计划,融资计划的内容包括融资方式、融资额度、融资原因等。

10.审批按权限划分。

(1)总经理办公会对融资额度在______万元以下的融资项目具有最终审批权。

(2)董事会对融资额度在______万元以上的融资项目具有最终审批权。

11.融资活动审核和审批原则。

(1)与企业融资能力相适应。

(2)上报资料齐全、真实、可靠。

(3)经济效益良好。

(4)法律手续完善。

(5)符合国家产业政策以及集团公司的长期发展规划。

12.对于重大项目融资活动,可以邀请外部专业机构进行风险论证,具体活动由财务管理部负责组织和落实。

13.项目开发部负责编制《融资执行方案》,《融资执行方案》应包括以下各项内容。

(1)用款与还款计划。

(2)用款项目的背景情况。

(3)还款能力分析。

(4)融资数量与债权人。

(5)融资款项的用途。

(6)用款项目经济性。

(7)担保方式与内容。

(8)其他需要说明的事项。

14. 方案的审查论证。

财务管理部对项目开发部制定的《融资执行方案》进行组织论证。论证大致可以分为内部论证和外部论证两种形式。对《融资执行方案》论证的主要内容包括以下几方面。

(1)组织审查基本情况。

(2)方案存在的疑点。

(3)提出风险隐患。

(4)评价方案执行人的资格及能力。

(5)对相关事宜提出合理建议。

15. 论证结束后,财务管理部将《融资执行方案》报财务总监进行审核,财务总监主要从融资风险防范的角度进行审核,分析本次融资活动的潜在风险,并提出风险降低意见。

16. 财务总监将《融资执行方案》报总经理进行审批,由总经理出示意见。

17. 按照审批权限的规定,融资金额在______万元以下的项目,由总经理进行最终审批;融资金额在______万元以上的项目,报董事会论证和决议。

18. 项目融资工作的管理实行融资、资金运用和监管相结合的原则。

19. 融资活动指定融资活动执行人,做到责、权、利相对等,确保《融资执行方案》按计划实施。

20. 融资活动执行人或者负责人,应定期将资金运用状况向财务管理部和财务总监做书面汇报。

21. 控股企业的项目融资情况,以及融资资金运用状况,应按月送达集团企业财务管理部备案。

22. 财务管理部负责对控股企业的融资活动进行追踪检查,帮助其解决各种实际问题,协调各方面的关系。

23. 财务管理部审计人员根据具体情况,定期或不定期对集团企业职能部门和控股企业进行专项检查及审计,对违反本制度进行项目融资的行为,以及融资管理混乱的单位与责任人,应提出合理的处理意见或建议,并报经企业领导批准后执行。

24. 项目融资活动的效果由财务部进行评价。

25. 如果是因决策失误或审查、把关不严,对《融资执行方案》造成经济损失的,应追究相关责任人的责任。

26. 由于融资资金管理不善或用人不当，致使资产流失、严重亏损或造成其他严重后果的，要追究相关责任人的责任。

27. 若融资活动的主管领导、负责人或其他工作人员违反本规定，在融资活动过程中玩忽职守、滥用职权、徇私舞弊等，并由此造成严重损失的，也要追究相关人员的行政及法律责任。

28. 本规范由财务管理部起草和修订，解释权也归财务管理部所有。

29. 本规范如有与相关法律、法规、规定相抵触的，应以相关法律、法规、规定为准。

30. 本规范自董事长审批之日起发布施行。

31. 本规范未尽事宜，由财务管理部另行制定实施细则。

项目投资立项手续管理流程

1. 办理建设用地项目选址意见书

(1)承办部门：市城建局规划科。

(2)申报材料。

①建设用地选址意见书申请表。

②经批准的可行性研究报告。

③用地区位图纸及光盘。

④1∶500 用地地形图图纸及光盘，一式四份。

(3)办理时限。

市城建局规划科在收到申报材料后，10 个工作日内给予批复。

2. 办理土地登记证

(1)承办部门：市国土资源局。

(2)所需材料。

①宗地图和土地评估报告。

②土地登记申请书。

③申请人身份证复印件(企业营业执照复印件)。

④法人证明及身份证复印件、单位机构代码证。

⑤建设用地批准书。

⑥建设用地选址意见书。

⑦《国有土地使用权出让合同》。

⑧有关税费的缴纳凭证。

⑨国有土地使用权出让金全部缴纳完毕的凭证。

⑩委托人及委(受)托人身份证复印件。

(3)办理时限。

相关材料准备齐全之后,进行申报,市国土资源局在收到申报材料后7个工作日给予办理。

(4)收费标准。

①营业税5%。

②城建税为:营业税的7%。

③教育附加费为:营业税的3%。

④地方教育附加费为:营业税的1%。

⑤印花税双方各上0.05%。

⑥文本费:180元。

3.办理房地产开发企业资质证书

(1)承办部门:市建设局房管科。

(2)申报材料。

①从市建设局房管科下载下列房地产开发企业资质申请表,具体包括以下内容:开发经营情况,企业已完成的开发建设项目、企业人员情况,企业法定代表人简况、企业(总)经理简况、企业经营负责人简历、企业工程负责人简历、企业财务负责人简历。

②企业营业执照复印件。

③公司章程。

④验资报告。

⑤股东会决议。

⑥法定代表人身份证复印件。

⑦相关人员资格证(会计证、工程师证)、身份证复印件。

⑧劳动合同复印件。

(3)办理时限。

在把相关材料准备齐全并进行申报,市建设局房管科在收到申报材料后7个工作日给予办理。

(4)收费标准:3 000元/家。

4.办理项目立项投资备案证

(1)办理地点:市发改局投资科。

(2)申报材料。

①备案书面申请及申请表。

②规划设计方案。

③房地产开发资质证复印件。

④法人代表身份证复印件。

⑤营业执照复印件。

(3)办理时限。

相关材料准备齐全之后，进行申报，市发改局投资科在收到申报材料后10个工作日给予办理。

(4)收费标准：600元。

5. 办理建设用地规划许可证

(1)承办地点：市城建局规划科。

(2)申报材料。

①城市规划行政主管部门(市建设局)核定建设项目用地的具体位置、界限，提供规划设计条件通知书及其附图。

②城市规划行政主管部门审查建设单位提交的用地详细规划。

③国土资源局办理《国有土地使用权出让合同》。

④由具备规划设计资质的规划设计单位进行用地修建性详细规划，并到城市规划行政主管部门领取《建设用地规划许可证》申请表。

⑤提交相关项目批准文件(如经批准的环境影响评估报告，项目建议书、可行性研究报告、地质灾害评估报告等)。

(3)办理时限。

相关材料准备齐全之后，进行申报，市城建局规划科在收到申报材料后10个工作日给予办理。

6. 办理建设工程规划许可证

(1)办理地点：市城建局规划科。

(2)所需材料。

①经批准的建筑效果图，一式五份。

②经批准的可行性研究报告。

③经批准的建筑设计图，一式五份。

④经过审批的建设工程规划许可证申请表。

⑤经批准的建设用地规划图图纸及光盘(包括区位图、现状图、规划总平面图、道路交通规划图、竖向规划图、绿地规划图、工程管网规划图，以上如办理《建设用地规划许可证》时已经申报，则免报)。

(3)办理时限。

相关材料准备齐全之后，进行申报，市城建局规划科在收到申报材料后10个工作日给予办理。

项目投资管理制度

第1章　总　　则

1. 为规范公司项目投资运作和管理，保证投资资金的安全和有效增值，实现投资决策的科学化和经营管理的规范化、制度化，根据《公司章程》及其他有关规定，特制定本制度。

2. 本制度所称投资项目，特指公司的直接投资业务项目。

3. 本制度规范直接投资业务的基本原则，包括涉及直接投资各环节之间的业务关系、各个环节的权责等。

4. 公司所进行的项目投资行为，必须遵守本制度。

第2章　投资项目管理的基本目标和原则

1. 公司进行投资项目管理的基本目标是：在遵守国家法律法规的前提下，以规范、诚信、高效的工作，为项目公司提供稳定的资金、技术、信息支持，寻求公司投资资金的安全性和高回报性。

投资目标为中短期内(原则上不超过3年)可以公开上市的公司股权；以自有资金开展直接投资业务，不得以借入资金或者接受他人委托开展直接投资业务；尚未用于投资的资金以现金或者现金等价物的形式存放；不得对外提供担保。

2. 公司在项目投资管理中必须遵循以下原则。

(1)遵守国家有关法律、法规，坚持规范、高效的投资策略。

(2)直接投资的管理原则是分级管理，明确授权、规范操作、严格监管。坚持投资决策中涉及的部门和个人权利与有关责任相对称的原则，做到决策有据、执行有效、责任明确。

(3)投资项目的管理方式采取投资管理部领导下的投资项目小组负责制。

(4)投资项目的管理既要恪守公司投资理念，又要根据不同目标公司的具体情况制订相应的投资方案。

(5)公司项目投资方向：符合国家宏观经济政策和产业政策、管理团队相对稳定、基本具备上市条件、拟于证券市场公开发行上市的公司。

(6)公司项目投资策略是：侧重投资重点发展行业的优质企业，构建最优投资组合。

(7)项目投资必须针对项目的具体投资目标，在深入进行宏观研究、行业分析和公司研究的基础上，进行严格的筛选和评估。

(8)建立完善的风险控制体系，防范各种风险，包括母子公司之间的风险隔离以及利益冲突、关联交易的防范。

第3章 投资项目管理的组织机构

1.董事会为公司项目投资的决策机构，在规定权限内对公司的投资进行决策。

2.公司总经理为投资项目实施的主要负责人，负责对投资项目实施的人、财、物进行计划、组织、监控，并应及时向董事会汇报投资进展情况。

3.风险控制委员会负责直接投资业务中各种风险的控制和管理。

4.立项委员会负责对公司筛选的投资项目进行初步判断，决定是否立项并进入尽职调查阶段。评审委员会负责立项项目的评审工作，为公司直接投资业务提供全方位的专家评审意见。

5.决策委员会为公司投资决策的议事机构，负责投资项目决策的研究讨论和向董事会提出投资建议。

6.管理部是投资项目的具体实施部门，全面负责公司直接投资业务的运作和管理，包括进行项目筛选、提交项目立项申请书、尽职调查和投资方案设计、项目实施、管理、退出和总结。

7.财务部、行政管理部等部门为投资项目提供条件和支持，以保证投资项目的顺利开展。

第4章 投资项目的管理

1.通过下述三个方面构建投资项目管理的制度保障。

(1)包含公司章程、内部机构设置及职能、风险控制制度、公司基本管理制度四个层次的制度体系。

(2)严格的文档管理制度。

(3)有效的投资风险控制机制。

2.项目的授权。

公司的经营管理层及执行部门将严格按照公司董事会的授权开展直接投资业务，并在具体的直接投资业务管理活动中，严格遵守公司的各项管理制度、业务流程和具体规定。

3.项目的筛选。

(1)筛选项目的来源：行业合作机构、政府部门和中介机构推荐，企业自荐，各种行业会议和各种公开信息等多种途径。

(2)根据公司投资策略和标准对项目进行筛选，建立项目资源信息库。

4.项目的立项。

(1)与目标公司初步接触，确认目标公司融资意向。

(2)听取企业融资报告，咨询行业专家，根据掌握信息对项目的管理、产品、技术、市场、财务等方面进行初步调查分析。

(3)根据调查情况得出初步结论,向公司立项委员会报告,提交《投资项目立项申请书》。

5.项目的尽职调查和投资方案设计。

(1)组织项目组,负责项目投资的调研、谈判、投资实施等事宜。

(2)对立项项目进行尽职调查,必要时聘请法律、会计师事务所等中介机构进行法律、财务调查,出具法律意见书、审计报告,提交《投资项目调查报告》。

(3)设计投资实施方案,草拟投资协议、公司章程等文件。

(4)编写《项目投资建议书》,提交《投资可行性研究报告》。

6.项目的内部评审。

(1)由项目组向评审委员会提交相关的资料报告,供其预审,委员会成员提出各自评审意见书。

(2)召开公司评审委员会会议,审议项目投资调查报告和方案设计,出具《项目评估报告》。

(3)根据评审意见对项目进行补充调研,修改、补充相关信息资料。

7.项目的决策。

(1)风险控制委员会对项目的有关材料和评审委员会的评审意见进行风险评估,提出书面《风险评估报告》。

(2)《投资项目调查报告》、《项目评估报告》、《项目投资建议书》、《投资可行性研究报告》、《风险评估报告》及其他投资档案材料提交公司投委会研究讨论。

(3)投委会投资决策意见及会议决议提交董事会审议并作出决策。

8.项目的实施。

(1)根据董事会决议,总经理负责落实投资项目的实施。

(2)按照投资协议进行谈判,完成投资相关法律文件。

(3)进一步核查项目投资是否符合公司的各项规定和条件。

(4)正式签署相关文件。

(5)按照协议规定履行投资付款等义务。

(6)办理相关登记手续。

9.项目的日常管理。

(1)投资前的项目组原则上具体负责投资后的项目管理。

(2)项目组要加强对所投资项目的日常管理,包括定期和不定期到投资项目公司了解情况,提交生产经营管理报告、资金运用情况报告、财务分析报告、重大事件报告等。

(3)根据投资协议确定投资项目的公司董事、监事。

(4)参与投资项目公司的重大经营决策。

(5)定期向公司总经理、风险控制委员会和董事会书面汇报投资项目公司的财务、经营等情况，建立动态风险监控机制。

(6)发现投资项目公司出现重大风险问题要及时报告，并提出应对解决方案。

(7)协助投资项目公司进行上市准备及资本运营工作。

10. 目的退出。

(1)跟踪投资项目公司的经营管理发展状况，寻求最佳退出时机和退出方案。

(2)由项目组提出投资项目的具体退出方案，提交评审委员会通过后报公司投委会或董事会审核批准。

(3)组织实施投资项目的退出方案。

11. 目的总结。

(1)在投资项目退出后，由项目组提出《投资项目总结报告》，由评审委员会和风险控制委员会做出投资项目的损益评估。

(2)形成投资项目总结报告，上报公司有关机构并存档。

第5章 投资项目的组合管理

1. 坚持投资项目多元化的策略，其投资组合管理原则如下。

(1)投资效益原则。在一定的风险控制目标下，追求投资组合的最高收益。

(2)资本增值原则。寻求投资组合的收益性和增长性的统一，力求投资资产的持续稳定增值。

(3)分散投资原则。在构建和优化投资组合的过程中，通过分散投资降低投资风险，寻求投资组合的安全性和收益性的统一。

(4)流动性原则。考虑投资项目公司的数量和投资规模，注意投资组合整体的流动性，降低投资资产的流动性风险，寻求流动性和收益性的统一。

2. 在上述原则指导下，在投资项目的组合管理上，实行区域分散、行业分散和企业分散，保证投资组合的低风险和高收益。对单一行业的投资限额原则上不超过公司净资产的三分之一，对单一项目(企业)的投资限额原则上不超过公司净资产的20%。始终保持不低于净资产10%的现金。

第6章 附 则

1. 本制度自董事会决议通过之日起生效。

2. 本制度由公司董事会解释和修订。

项目投资管理制度范本

制度名称：××房地产企业项目投资管理制度

受控状态：

编号：

执行部门：

监督部门：

考证部门：

第1章　总　　则

1. 目的。

为加强投资计划管理，明确投资决策权限与投资管理责任，强化投资项目的事前、事中、事后控制，提高投资质量，减小投资风险，提升投资效益，实现企业战略目标，特制定本制度。

2. 适用范围。

本制度适用于本企业所有房地产开发项目的投资控制。

3. 投资管理的原则。

本企业对投资的管理坚持以下三个原则。

(1)以事前控制为主，其他控制为辅。

(2)预决算的控制应公正、合理、准确、精细。

(3)投资控制贯穿于项目实施的全过程，各实施阶段的投资控制同等重要，不可偏废。

4. 管理职责。

(1)投资发展部负责编制投资计划，对投资项目进行评估与选择。

(2)造价部负责投资估算、预算、竣工决算的编制等工作。

(3)项目开发部负责编制“项目投资建议书”及投资项目立项审批等工作。

第2章　投资的审批权限

1. 集团控股企业的投资审批权归集团，企业非控股企业由其董事会确定。按照投资项目下管一级的原则，集团企业只受理所属一级独资及控股企业的投资申报，其他企业的投资项目按照隶属关系分级管理。

2. 集团企业所属企业的对外投资总量必须与其资产总量相适应，累计总规模不得超过其净资产的______%，同时为防止企业资产过度分散、管理链条过长，应严格控制集团(总)企业下属二级企业的对外投资。

3. 固定资产投资项目审批权限。

(1)投资在300万元以下的项目由企业自主决定报企业投资发展部备案。

(2)投资在300万元～600万元的项目由投资发展部调研、论证、审查后审批报企业总经理办公室备案。

(3)投资在600万元～1 200万元的项目由投资发展部咨询、论证、审查报总经理审批。

(4)投资在1 200万元～3 000万元的项目由投资发展部论证审查后由总经理审批报董事会备案。

(5)投资在3 000万元以上的项目由投资发展部论证审查报董事会讨论后由董事长审批。

4.集团及控股企业设立新企业或参股其他企业、搞新项目开发等必须事先进行可行性研究,其内容包括以下六个方面。

(1)对企业发展战略的影响。

(2)对企业经营的影响。

(3)主要风险和应对措施。

(4)企业的资源包括人力、物力、财力、管理能力能否满足新的投资需要。

(5)投资收益。

(6)税务论证。

5.按规定,必须上报审批的项目由投资单位在未签订任何具有法律效力的合同、协议及未进行任何实际投资之前备齐以下资料,上报集团企业投资发展部。

(1)项目投资申请报告或建议书。

(2)投资企业对投资项目的投资决定或决议。

(3)项目可行性研究报告。

(4)有关合同、(协议)草案。

(5)资金来源及投资企业的资产负债情况。

(6)有关合作单位的资信情况。

(7)政府的有关许可文件。

(8)项目执行人的资格及能力等。

6.集团企业投资发展部在收到项目报批的全部资料后,应组织有关部门对该项目进行初审并提出初审意见,对初审予以否决的项目在征得企业主管领导的同意后,由投资发展部将初审意见书面返还给申报单位,申报单位对初审意见有异议的可申请复查一次。

7.经初审认为基本可行的项目,在征求主管领导意见后由投资发展部会同有关部门提出召开投资审议会的建议。

8.投资审议会的内容。

(1)查询项目基本情况比较选择不同的投资方案。

(2)对项目的疑点、隐患提出质疑。

(3)评价项目执行人的资格及能力等。

(4)提出项目的最终决策和建议等。

9.总经理根据投资审议会对项目所做出的决议签署审批意见。

10.投资发展部根据总经理的审批意见下达书面批复文件。一般情况下,在收到投资单位的上报申请后应在10个工作日内完成项目的审查与批复。

11.凡属于备案的项目由投资单位在项目实施后10天内向集团企业提交备案,材料包括可行性分析报告、合同及章程等。

第3章 投资控制

1.策划阶段的投资控制。

(1)投资发展部负责市场调查和项目情况调查进行项目定位,拟定最佳开发规模和销售策略。

(2)设计管理部委托多家设计单位设计规划方案,由投资发展部从中挑选最佳方案;根据总体规划方案,项目开发部编制项目实施计划,提交投资发展部评审;再由造价部进行投资估算,财务部进行项目经济评价,最终由项目开发部形成《项目详细可行性研究报告》。

(3)投资发展部组织对《项目详细可行性研究报告》的评审工作,由总经理签署意见后提交董事会审批。

(4)立项后依据投资估算和项目实施计划,财务部编制详细的项目投资计划及筹资计划。

(5)投资发展部审核项目投资计划和筹资计划。总经理同意后提交董事会审批。

2.设计阶段的投资控制。

(1)造价部依据《项目详细可行性研究报告》提出成本控制目标,设计管理部根据该目标编制《设计任务书》。

(2)设计管理部委托设计单位形成初步和扩初设计方案并提交经济技术委员会评审评,审评通过后由总经理签署意见提交董事会审批。

(3)项目开发部考察造价咨询单位,形成《考察报告》,经总经理批准后,项目开发部与造价咨询单位签订委托合同。

(4)造价部审核设计概算,若概算造价突破估算时应分析突破原因,如果是设计原因,应返回设计单位重新设计;如果是增加功能或项目,应重新进行项目评价;如果是其他原因,应做补充说明或解释。

(5)《投资概算报告》提交投资发展部评审通过后，经总经理批准，由设计管理部与设计单位交底委托编制《施工图》。

(6)项目开发部组织设计管理部、工程技术部、材料设备部和造价部共同讨论甲、乙供材的范围并做出甲供材料清单、价格由造价部编制《材料设备限价表》若有特殊材料设备且价位不清时，可暂估价位由总经理批准并加以说明、备案。

(7)在接到施工图纸、图纸会审记录、材料设备价格一览表、甲供材料清单后，造价咨询单位需在一个月内做出《预算书》或标底由造价部审核，要求施工图预算与设计概算的误差控制在±5%以内。

3. 施工阶段的投资控制。

(1)根据施工合同，依据工程当月实际完成工作量，由施工单位提出申请报监理单位认可，签字盖章后转项目管理部核实当月实际完成工程量，项目管理部经理审定工程量再转给造价部。

(2)造价部重新核定施工单位的实际完成工程量，并根据合同及国家有关规定审核计算进度款，然后交给项目开发部审核总经理审批；最后经财务部进行全面稽核，根据工程进度款、支付计划、监督和审查当月实际应付的工程进度款。

4. 竣工阶段的投资控制。

(1)造价部在接到《工程竣工验收报告》后，依据合同中的要求，通知承包方报《工程决算书》给监理单位，《工程决算书》应盖有其单位印章和签有编制人姓名。

(2)《工程决算书》经过监理单位初步核对后，由造价部委托造价咨询单位审计《工程决算书》，最后由工程预算部统一编制《竣工决算书》。

(3)项目开发部最终审定《竣工决算书》，确定工程造价双方签字、盖章，造价部进行施工图预算对比分析，做出《工程造价成本分析报告》，找出控制偏差总结工作经验与教训。

第4章 项目投资成本分析

1. 编制《项目财务决算书》。

(1)财务部与施工单位核对工程款拨付情况。

(2)根据《竣工决算书》和工程款以及其他项目拨付情况，由财务部编制《项目财务决算书》，交总会计师审核。

2. 由财务部牵头与造价部共同完成项目成本分析。

(1)收集《项目投资估算书》、《设计概算书》、《施工图预算书》(或标底)、《竣工决算书》以及有关施工合同、订购合同等资料。

(2)根据项目实际运作情况，将实际成本与投资估算、竣工决算、施工图预算(或标底)进行对比分析找出差异分析原因。

(3)编制《项目成本分析报告》，总结经验。

3. 投资发展部负责审核《成本分析报告》。

4. 总经理批准《项目分析报告》，报送董事会备案。

第5章　项目的验收和考核

1. 企业定期在投资项目运作后开展评价工作，由投资发展部牵头组织相关职能部门成立投资评价小组。

2. 项目按批准的内容，已经完成具备投产和使用条件，达到竣工文件规定的标准后，企业应及时申请项目竣工后验收报告编写，竣工资料报集团总部投资发展委员会。

3. 效益考核。

(1)项目竣工验收投产后，经过试生产期考核(3～6个月)，在达到设计规定的效益要求之前，企业应逐月对项目投资效益进行考察分析。

(2)不能达到设计规定的，应及时向集团总部汇报并提出有效措施，限期达标并每月向集团总部经济发展委员会和有关部门报告项目经济效益情况。

4. 集团企业每年进行一次投资项目评比活动，对获奖的投资项目主管领导和投资项目执行人、监督人实行奖励。

第6章　附　　则

1. 本制度由财务部编制解释权、修改权归财务部。

2. 本制度经企业董事会讨论决定后自公布之日起实施。

第十四章 项目投资和融资管理实用表单

项目投资决策汇总表(见表 14-1～表 14-6)

表 14-1　项目投资决策汇总表

项目名称			
1.项目总成本		单方成本	
土地出让金		总成本＋税费	
自有资金		银行贷款利息	
2.用地面积			
总建筑面积		地上面积	
综合容积率		绿地率	
总户数		收益面积	
销售面积		出租面积	
销售车位		出租车位	
3.销售收入		单方售价	
出租收入折现		其他收入	
营业利润		净利润	
项目总收入		单方收入	
4.静态投资回收期			
财务净现值			
内部收益率			

表 14-2　设计指标表

项目名称		编　号	
用地性质	面积(平方米)	建筑面积(平方米)	容积率
1.总计			

续上表

项目名称		编　号	
用地性质	面积(平方米)	建筑面积(平方米)	容积率
2.收益面积			
3.地上面积			
住　宅			
办　公			
学　校			
商　业			
4.地下面积			
地下车库(人防)			
地下车库(普通)			
5.绿地率			
6.总户数			
7.建筑密度			
8.总车位		可　售	出　租
地上车位			
地下车位(人防车库)			
地下车位(普通车库)			

表 14-3　利润表

部门：　　　　　　　　　　　　　　　　　　　　　　　　　　单位：(万元)

项　目	1月份	2月份	……	12月份	______年合计	______年预测
主营业务收入						
主营业务成本						
主营业务税金及附加						
主营业务利润						
其他业务利润						
销售费用						
管理费用						

续上表

项　目	1月份	2月份	……	12月份	______年合计	______年预测
财务费用						
营业利润						
投资利益						
补贴收入						
营业外收入						
营业外支出						
利润总额						
所得税						
净利润						
年初未分配利润						
其他转入						
可供分配利润						

表 14-4　现金流量表

项　目	本期金额	上期金额
一、经营活动产生的现金流量：		
销售商品、提供劳务收到的现金		
收到的税费返还		
收到其他经营活动现金		
经营活动流入现金小计		
购买商品、接受劳务交付的现金		
支付职工的现金		
支付的各项税费		
支付其他经营活动的有关现金		
经营活动流出现金小计		
经营活动的现金流量净额		

续上表

项　目	本期金额	上期金额
二、投资活动产生的现金流量：		
收回投资收到的现金		
取得投资收益收到的现金		
处理固定资产、无形资产和其他长期资产收到的现金净额		
其他与投资活动有关的现金		
投资活动现金流入小计		
购建固定资产、无形资产和其他长期资产支付的现金		
投资支付的现金		
支付其他与投资有关的现金		
投资活动现金流出小计		
投资活动产生的现金流量净额		
三、筹资活动产生的现金流量：		
吸收投资收到的现金		
取得借款收到的现金		
其他与筹资活动有关的现金		
筹资活动现金流入小计		
偿还债务支付的现金		
分配股利、偿付利息支付的现金		
支付其他与筹资活动有关的现金		
筹资活动现金流出小计		
筹资活动产生的现金流量净额		
四、汇率变动对现金及现金等价物的影响		
五、现金及现金等价物净增加额		
六、期末现金及现金等价物余额		

表 14-5 资金差异报告表

日期：

单位：(千元)

项目	实际		预计		比较增减		差异原因
	金额	%	金额	%	金额	%	

表 14-6 收入预测表

公司名称						
项目	______年	%	______年	%	______年	%
销售额						
成本						
毛利						
运营费						
工资						
津贴						
劳务费						
补给						
维修						
广告费						
差旅费						
审计						
电话						
租金						

续上表

公司名称						
项　目	____年	%	____年	%	____年	%
利息						
折旧						
其他						
合计						
税前利润						
所得税						
税后利润						
股息、红利						
收入总计						

项目投资报告书表单(见表14-7～表14-10)

表14-7　主要经济技术指标一览表

项　目		指　标	单　位
规划用地			公　顷
其　中	居住用地		公　顷
	非配套公建用地		公　顷
小区建筑面积			万平方米
其　中	小区高层住宅面积		万平方米
	高层住宅面积		万平方米
	公建建筑面积		万平方米
居住总户数			户
居住总人数			人
人口毛密度			人/公顷
人口净密度			人/公顷
建筑密度			%
容积率			

续上表

项　目		指　标	单　位
绿地率			%
平均层数			层
非配套共建面积			万平方米
停车位			
其　中	地　上		
	地　下		

表 14-8　项目方案比较

配套情况	方案 A	方案 B
电梯		
门窗		
楼地面		
建筑外墙		
卫生间、厨房装修		
防盗门		
采暖		
物业管理		
园林景观		

表 14-9　投资费用明细表

编号：　　　　　　　　　　　　　　　　　　　　单位：万元

费用类别	费用项目	单　价	工程费	总　额	备　注
前期开发工程费用	征地拆迁费				
	合计				
基础设施公共建筑配套费用	供水管道费				
	合计				

续上表

费用类别	费用项目	单 价	工程费	总 额	备 注
建筑安装工程费用	健身中心装修				
	合计				
其他费用	报建费				
	合计				
应交税费	市政建设费				
	合计				
总计					

表 14-10 项目进度与筹资安排表

编号： 单位:万元

项 目	年月日至年月日		年月日至年月日		年月日至年月日	
	总额	借款	总额	借款	总额	借款
前期开发工程费用						
基础公共设施费用						
建筑安装费用						
其他费用						
应交税费						
合计						

项目融资报告书表单（见表 14-11～表 14-13）

表 14-11 总估算表

单位:万元

编号	工程或项目名称	工程费	独立费用	合 计
1	建筑工程			

续上表

编号	工程或项目名称	工程费	独立费用	合 计
2	临时工程			
3	独立费用			
	1～3 部分合计			
4	基本预备费			
5	静态总投资			
6	工程部分投资合计			

表 14-12 独立费用估算表

编号	项目名称	单位	数量	单价	合价
一	建筑管理费				
1	建设单位开办费				
2	建设单位人员费				
3	工程建设监理费				
4	经济技术服务费				
①	技术咨询费				
②	招标业务费				
③	工程审价费				
5	小计				
二	施工准备费				
1	施工及管理单位提前进场费				
2	作业人员培训费				
3	管理用具购置费				
4	小计				
三	科研勘察设计费				
1	科学研究实验费				
2	前期勘察设计费				
3	工程勘察设计费				
4	小计				
四	其他				

续上表

编号	项目名称	单位	数量	单价	合价
1	工程质量检测费				
2	安全施工费				
3	工程保险费				
4	其他税费				
5	小计				
五	合计				

表 14-13　规划局立案申请表

建设单位名称			
建设单位联系人		联系电话	
产权单位			
产权单位联系人		联系电话	
工程名称			
申请建设地址			
申请建设内容			
申请建设规模			

报送文件和图纸:共(　　)件,其中:

1. 房屋产权证明______件;
2. 建设项目申请书/表______件;
3. 建设工程计划批准文件______件;
4. 建设用地规划许可证复印件______件;
5. 房屋安全鉴定书______件;
6. 1∶500 地形图______件;
7. 设计图纸______件;
8. 彩色效果图______件;
9. 房屋尺寸测绘单______件;
10. 建设方案测绘单______件;
11. 委托书______件;
12. 公证书______件;
13. 产权人身份证复印件______件;
14. 被委托人身份证复印件______件;
15. 其他______件。

项目规划许可证申请表(见表14-14)

表14-14 项目规划许可证申请表

<table>
<tr><td>单位名称</td><td colspan="5">(盖章)</td></tr>
<tr><td>单位地址</td><td colspan="5"></td></tr>
<tr><td>机构代码</td><td colspan="5"></td></tr>
<tr><td>项目名称</td><td colspan="5"></td></tr>
<tr><td>项目地址</td><td colspan="3"></td><td>总投资额</td><td></td></tr>
<tr><td>法人代表</td><td></td><td colspan="2">联系电话</td><td colspan="2"></td></tr>
<tr><td>报建人</td><td></td><td colspan="2">联系电话</td><td colspan="2"></td></tr>
<tr><td>选址意见书编号</td><td></td><td colspan="2">方案审查意见书编号</td><td colspan="2"></td></tr>
<tr><td>设计单位</td><td colspan="5"></td></tr>
<tr><td>施工图纸编号</td><td colspan="5"></td></tr>
<tr><td>施工单位</td><td colspan="5"></td></tr>
<tr><td>预计开工日期</td><td></td><td colspan="2">预计完工日期</td><td colspan="2"></td></tr>
<tr><td>工程名称</td><td>建筑面积
(平方米)</td><td>层数
(层)</td><td>幢数
(幢)</td><td>高度
(米)</td><td>结　构</td></tr>
<tr><td></td><td></td><td></td><td></td><td></td><td></td></tr>
<tr><td></td><td></td><td></td><td></td><td></td><td></td></tr>
<tr><td colspan="6">1. 建设单位应按要求随表报送下列文件和图纸(打√):
□方案审查意见要求的相关部门的审核意见(原件)
□建设工程各项技术指标申报表、用地平衡表、建筑面积汇总表、建筑单体面积统计一览表(经营性项目)
□有关行政处罚凭证(补办建设工程规划许可证项目)
□涉及公众聚集场所、扩初设计或生产、储存、运输、销售、使用危化品的建设项目时提供消防审核意见
□单位组织机构代码证副本、机构代码
□土地权属证明(出示土地证或土地批复原件、提供土地证或土地批复复印件)
□相关单位或个人之间的协议等资料(涉及其他单位或个人合法权益的)
□由持证设计部门设计的建筑施工图(文本三套、电子文件一套),文本内容包括:总平面图1:500一式五份;建筑施工图;桩位及基础图、一层及地下室结构施工图;室外环境设计施工图;室外管线综合设计施工图;竖向规划设计施工图</td></tr>
</table>

续上表

<table>
<tr><td>□有关交费凭证(原件):城市市政公用基础设施配套费;城市规划技术服务费;放线费;(□人防费;□白蚁防治费;□墙改基金;□散装水泥费;□气象费)
□初步设计论证意见(原件)
□涉及土地直接转让时,提供建设项目环境影响评价及环境保护主管部门审批意见
□投资主管部门审批意见和建设部门对项目进行质量检测的意见(补办建设工程规划许可证项目)
□申请报告(注明调整原因及依据)(施工图调整项目和补办建设工程规划许可证项目)
□方案审查意见要求的相关规划公示资料
□规划部门历史审批资料原件及撤销申请(施工图调整项目)
2.业务内容:
□补办施工图审查及工程证副本项目
□申请施工图审查及工程证副本项目
□调整施工图审查及工程证副本项目</td></tr>
</table>

项目用地预审报告表(见表14-15)

表14-15　项目用地预审报告表

<table>
<tr><td colspan="2">建设项目名称</td><td colspan="7"></td></tr>
<tr><td colspan="2">建设项目主管机关</td><td colspan="7"></td></tr>
<tr><td rowspan="4">项目建设书情况</td><td>投资性质</td><td colspan="7"></td></tr>
<tr><td>拟建地点</td><td colspan="7"></td></tr>
<tr><td>批准文号</td><td colspan="7"></td></tr>
<tr><td>立项批准机关</td><td colspan="7"></td></tr>
<tr><td rowspan="7">建设项目可行性研究情况</td><td>项目选址</td><td colspan="7"></td></tr>
<tr><td>规划依据</td><td colspan="7"></td></tr>
<tr><td>供地政策</td><td>允许工地项目</td><td></td><td>限制供地项目</td><td></td><td>禁止供地项目</td><td colspan="2"></td></tr>
<tr><td rowspan="3">项目拟用地</td><td>农用地</td><td></td><td>耕地</td><td></td><td>基本农田</td><td></td><td>拟申请农地转用</td></tr>
<tr><td>建设用地</td><td colspan="6"></td></tr>
<tr><td>未利用地</td><td colspan="6"></td></tr>
<tr><td>补偿耕地资金</td><td colspan="7"></td></tr>
</table>

续上表

拟用地权属情况		农村集体土地		国有土地	
建设项目用地耕地补偿方案概述及评价					
矿产资源利用情况	储量报告批准文号				
	储量报告批准单位				
	矿产资源开发利用评价意见				
建设项目名称					
地质环境影响以及保护规划评价					
县市国土资源行政主管部门初步审查意见		经办人： 负责人：		单位盖章： 年 月 日	
地市州国土资源行政主管部门审核意见		经办人： 负责人：		单位盖章： 年 月 日	
省(自治区、直辖市)国土资源行政主管部门初步审查意见		经办人： 负责人：		单位盖章： 年 月 日	
国土资源行政主管部门最终审核意见		经办人： 负责人：		单位盖章： 年 月 日	

项目年度投资计划表(见表 14-16)

表 14-16　项目年度投资计划表

类别	项目名称	项目说明	项目投资	预订时间	备注
地产项目投资					
	……				
合计					
技术改造					
	……				
合计					
股权债权投资					
	……				
合计					
办公装修投资					
	……				
合计					
车辆办公设施					
	……				
合计					
其他					
	……				
合计					

项目投资环境评估表(见表 14-17)

表 14-17 项目投资环境评估表

环境因素	评估标准	评估级别	实际得分
政治状况	长期稳定	5	
	比较稳定	4	
	有些不稳定	3	
	有强大的反动力量	2	
	可能会发生动乱	1	
	极有可能发生动乱	0	
经济状况	长期稳定	5	
	发展比较稳定	4	
	发展不稳定	3	
	经济停滞	2	
	负增长	1	
	经济危机	0	
资源供应情况	资源充分、廉价	5	
	资源充分、价格一般	4	
	资源充分、价格昂贵	3	
	资源不充足	2	
	资源有限	1	
	资源匮乏	0	
产品销售情况	市场大、很畅销	5	
	销售一般、潜力巨大	4	
	销售一般、无潜力	3	
	销售量下降	2	
	产品滞销	1	
	产品被淘汰	0	

项目投资效益分析表(见表 14-18)

表 14-18　项目投资效益分析表

投资类别	新项目开发	投资方案简介				开始日期	
	股权债权投资					有效期	
	购买新设备					责任部门	
	其他投资					利息的计算	
投资收益分析	年份	投资收益	收益来源	当期投资	累计投资	当期收益	累计收益	净利润
回收期限				总利润			
投资评价	□优秀□良好□一般						
编号				评估时间			

项目开发成本测算表(见表 14-19)

表 14-19　项目开发成本测算表

总占地面积		建筑用地面积		总建筑面积	
建筑密度		建筑物占地面积		绿地面积	
围墙长度		计容积率面积		容积率	
道路用地合计	沥青路面车行道	路面车行道	硬质铺装车行道	平直铺装广场	硬质铺装人行道
绿化用地合计	重要公共绿地	宅间绿化	底层私家花园	体育设施占地	水景占地
产品构成		占地面积	容积率	建筑面积	可售面积
住宅	类型一				
	类型二				
	类型三				

续上表

公共配套设施	市政公用				
	商业				
	幼儿园				
	学校				
	会所				
	物业用房				
	其他				
停车位			车位数	建筑面积	可售面积
	地下车位				
	地面车库				
	架空层				
	地面露天				
	小计				
合计					

项目融资需求分析表（见表14-20）

表14-20 项目融资需求分析表

项目类别		去年年末需求	占销售额比重	本年计划
资产	流动资产			
	非流动资产			
	合计			
负债	负债			
	长期借款			
	短期借款			
	应付款项			
	应付票据			
	应付利息			
	合计			

续上表

项目类别		去年年末需求	占销售额比重	本年计划
所有者权益	实收成本			
	资本公积			
	留存收益			
	股东权益			
	合计			
融资需求总计				

项目融资成本分析表（见表 14-21）

表 14-21　项目融资成本分析表

项目类别	______年	______年	差值
权益融资			
负债融资			
融资总额			
息前利润			
减：利息			
税前利润			
减：税			
税后利润			
减：应提特种金			
盈余公积			
实际可分配利润			
本年资本利润			
本年负债融资成本			

项目融资风险分析表（见表 14-22）

表 14-22 项目融资风险分析表

项目类别	____年				____年				差异比较	
	年初	年末	平均	比重	年初	年末	平均	比重	比重差	升降幅度
长期负债										
流动负债										
负债总计										
所有者权益										
融资总额										

第六部分
项目施工和验收管理

内容提要

- 物资与设备采购管理
- 项目施工过程管理流程
- 项目技术质量管理制度规范
- 竣工验收和交付管理流程
- 物资施工和验收管理实用表单

第十五章 物资与设备采购管理

材料设备采购计划制订流程(如图 15-1 所示)

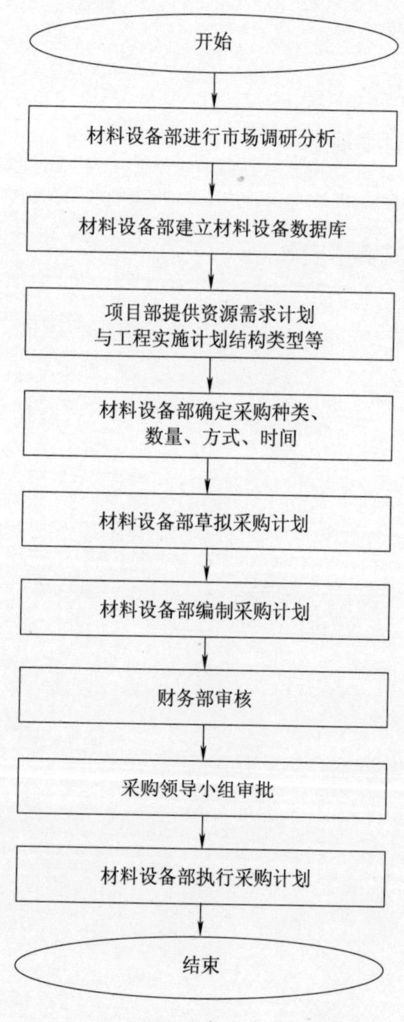

图 15-1　材料设备采购计划制订流程

材料设备采购申请流程

1. 材料申请

工程部门根据工程进度所需用的材料，填写申请单，内容名称、规格数量、产地材质的要求和时间要求等项，申请单分别由项目经理、分管副经理签字，报总经理签收。

2. 材料采购

材料采购负责人员，依据签字齐全的申请单，及时了解行情，要本着货比三家，在保证质量的前提下，尽力降低材料成本，选定供货商，签订购货合同(其内容要与申请单相符，并注明验收人、接货人姓名)。

3. 材料验收

货到后，甲方验收人和施工单位收货人，指定具体卸货地址，按合同内容验收，施工单位收货人签字(要有授权委托书)并开入库单给供应商一联(如发现与合同不符、或质量不合格的，可退回或上报工程部和总经理批示处理)。

4. 材料入库

材料会计依据供货商的出库单和施工单位的入库单，在两单相符的前提下，开入库单，给供货商一联，同时开出库单给施工单位一联，购入拨出相平。

5. 货款结算

购货商在甲方规定的付款期内(每月 10～20 日)到甲方工程部领取付款申请表，按要求填好带上甲方开的入库单找总经理签批(带发票和收据)，然后到总公司财务部取收。

材料设备采购管理规范

采购活动在地产企业中占据重要位置，对采购活动管理的成熟度，直接影响到产品的品质和成本，因此，采购管理是非常重要的环节，是每一个地产企业都必须认真关注和用心研究的课题。

1. 总则

(1)目的。

①确保采购材料(设备)完全符合国家相关规范及标准。

②确保采购材料(设备)严格按合同要求进场以及保证工程按质按期完成。

③确保企业采购管理工作的规范化、制度化，降低采购成本，规范采购行为。

(2)适用范围。

本规范适用于企业总部、各分企业及企业驻各地办事处的采购工作。

(3)管理职责。

首先，企业成立的设备采购领导小组是材料设备采购的最高管理机构，直接对总经理负责。由工程总监兼任设备采购领导小组组长，成员包括材料设备部、项目经理部及财务部等相关部门人员。

其次，要明确采购领导小组的主要职责以及执行、组织和协调等日常工作。

①审定企业总部，以及非法人分支机构的设备采购管理办法及业务流程。

②审定企业总部资料设备采购年度计划。

③负责重大设备采购项目的采购方式的决定。

④决定材料设备采购招标方案和供应商选择。

⑤审定重大材料设备采购项目的验收方案。

⑥组织协调企业大宗材料设备的采购活动，实现信息共享，降低采购成本。

⑦负责采购工作中的重大事项。

2.采购范围和采购方式

(1)本规范所涉及的设备采购种类及内容。

①主材：包括水泥、钢筋、木材、预拌混凝土。

②装饰材料：包括饰面砖、饰面板、不锈钢制品、玻璃制品、铝合金制品、罩面板、涂料。

③水电安装材料：消防及电气设备、电气主材，需求量较大的辅材、电器设备。

④大型施工设备：塔式起重机、施工升降机、混凝土输送泵、物料提升机、挖掘机等。

⑤一般方式设备：混凝土搅拌机、电焊机、钢筋切断机、发电机组等。

(2)采购方式。

采购方式包括招标采购方式、比质议价方式和独家采购方式三种。

①招标采购方式。

招标采购方式主要适用于以下两种情况：一是依据国家相关法律、法规、政策和企业管理规章制度，必须采取招标方式进行采购的；二是根据企业采购委员会的决定，需要采取招标方式进行采购的。

②比质议价方式。

对资质相近的供应商的投标采用比质议价方式，确保选择物资适用、价格经济的供应商。

③独家采购方式。

只能从某一特定供应商处采购，并且无其他合适的替代物资，采取单一的采购方式。

3. 采购计划的编制和审批

(1)大宗建筑材料、装饰材料和大型特种机电设备的采购流程。

①项目经理部经初步核算所需设备后，根据工程编制材料使用计划，报送材料设备部，经其审批后提出初步意见，上交采购领导小组审批，审批后由材料设备部编制“材料计划单”，计划单一式三份，项目经理部、材料设备部、财务部各留一份。

②项目经理部根据工程进度的要求，提前五天填写“材料设备采购计划表”，交材料设备部组织审核，并将初步审核意见在两天内提交工程总监审批。计划表一式三份，项目经理部、材料设备部、财务部各留一份。

③材料设备部要对经审核批准后的“材料设备采购计划表”中需采购的材料设备做好相应的市场调查，与提供方初步拟定购销合同，然后交由工程总监审核及总经理审批。材料设备部派出材料员根据已批准合同，填写“支票使用申请表”，并到财务部办理相关领用手续，整个采购过程应该严格按照合同条约完成。

(2)小宗和一般性建材，价值在千元以下的工具、设备和低值易耗零部件的采购流程。

①项目经理部应该提前5～10天填写“材料设备采购计划书”，并将其交设备部审核，再由工程副总审核、总经理审批许可。

②审批通过后，材料设备部采取专员办理请款手续，在货比三家后即可购进相关材料。

(3)产品和机电设备抢修的材料或零部件的采购流程。

①由项目经理部主管人员提出“购物申请清单”，经项目部经理签字，由材料设备部采购主管审核，经材料设备部经理和工程总监审核后，由材料设备部采购专员采购。

②贵重、关键或涉及重要安全部件材料、零部件的选购，必须通过工程部经理或材料部经理审核。

③所有购进材料设备的报销手续，必须凭“进料单”、发票和采购专员、仓库管理员、验收员签字并报总经理审批确认后才能报销。

此外，根据现行的采购政策，一些在国内确实无法购买的项目，或国内未有可接受的代用品，或在国内购买的价格高于国外时方可办理进口采购。

按公司规定，所有进口物料的采购必须通过正常渠道按有关的正式手续去进行。所有进口采购的办理由采购部经理执行，其程序如下。

①当采购项目无法在国内进行采购时，即转为国外采购，制作“采购申请单变更事项通知单”，正本通知申请部门，报经上级批准以后将采购申请单转采购部办理进口采购。

②采购部在接到申请单后应填具专门送至供货单位的报价单，通知供货单位的负责人对所购物品进行报价和提供货品的有关资料。

③采购部在收到供货单位的报价后应尽快办理采购申请单的审批，并同时办理有关的进口批文。

④在采购申请单获得批准后应立即把采购订货单给供货单位，并跟催进境运输，到货报关、清关事项。

⑤若在办理过程中有任何变更，仍应用“采购申请变更事项通知单”通知有关的申请部门。

⑥在办理过程中要注意供货单位提供的货品是否和申请部门提出的要求相同，如有差异应立即与申请部门确定可否使用。

为方便起见，采购部对所需采购的一切物品应建立档案，设置目录，并随时登录变化的价格，每月底做出一份价目表，供各部门参考。

4. 采购合同管理

(1)签订合同。由材料设备部代表企业与供应商签订采购合同。

(2)采购材料和设备。根据采购方式的不同，在签订合同之前，应预留适当的合同审批时间和招投标时间。

(3)采购材料设备的招投标管理由采购主管负责，采购主管将按《企业招标采购工作管理办法》及投标结果，与供货厂商签订采购合同并报请审批。

5. 惩则和附则

(1)惩则。

采购人员有以下情形之一，给企业造成经济或名誉损失，视情节轻重，企业将分别给予相关责任人记过、免职、辞退等行政处罚及相应的经济处罚。如果给企业造成重大损失的，企业将依法追究刑事责任。

①私自接收或向供应商索取财物。

②接收财务后主动未主动上缴公司的，隐瞒供应商及供应材料(设备)问题。

③因工作疏忽或知情不报甚至与投标人串通在投标过程中作弊的。

④在供应商年度考评中徇私舞弊的，以及任何有损企业形象或不利于企业的行为。

此外，杜绝采购人员任何有意或无意的泄密行为，包括泄露其他供应商对同类产品的报价、泄露其他参与的供应商名称、泄露标底、泄露其他企业的秘密、故意规避本制度或未按本制度规定执行的行为均视为泄密。

(2)附则。

本制度由材料设备部制定，并报主管副总和总经理审批后执行，最终解释权归材料设备部所有。

材料设备采购流程

1.由相关部门提供材料设备的相关信息，由材料采购部对信息进行收集、汇总。

2.由材料采购部制订《采购计划》。

3.材料采购部负责人将制订好的《采购计划》上交材料设备部经理进行审核。

4.材料设备部经理审核通过后，上交总经理进行审批。

5.审批通过后，将《采购计划》返还给材料采购部，材料采购部以此作为依据，进一步制作《招标书》和合同文本。

6.由材料采购部组织进行分供方考察和投标资格审查。

7.进行评标。

8.确定中标方。

9.由材料采购部代表企业与中标方签订合同，并执行落实。

10.材料采购部对材料设备进行验收，由相关部门支付货款。

11.材料采购部将所有资料进行汇总，并以档案形式进行保存。

工程材料报审流程

1.认真查阅合同要求，了解设备及所需材料。

2.现场勘察，了解原设计施工材料在实际施工现场使用的可行性。

3.与甲方及监管部门沟通，确认材料的使用，了解对方是否有特殊的要求。

4.要求供货方提供材料合格证、检测报告、样板(要有明确标记)等。

5.填写材料报审单(根据时间使用最新版本)，后附合格证、检测报告及样板，交甲方及监管部门签字确认。

6. 根据以上情况制定材料使用计划表（包括规格、型号、数量、标准、计划使用时间），交工程内部会议审核通过。

7. 制作材料申请单（注明规格、型号、数量、标准），交领导审批后再交采购部购买。

8. 施工材料进场时，要由甲方及监管部门根据之前报审单内容确认材料。

仓库材料样品管理办法

仓库材料样品管理是为了更好地为设计的选型定样提供素材，同时也为有关材料的选用提供依据，所以采用实样、图片、产品目录等形式展示、积累有关的建材产品。

1. 收集范围

公司开发楼盘所涉及的甲供材料、甲指乙供材料及乙供材料。

2. 收集方式

（1）多了解与本公司开发的楼盘相同档次及更高档次的楼盘的材料信息，有针对性地提供与公司开发的楼盘类似项目的材料的实样、图片和产品目录，提供设计参考。

（2）一直沿袭的产品，如踏步砖、庭院灯、草坪灯、埋地灯、开关插座、住户配电箱等，由厂家提供产品的实样或小样。

（3）设计上已根据项目的不同而调整的产品，请有关厂家提供已在公司项目中使用的产品的实样、小样及相关产品。

（4）长期合作的厂家根据设计的意图临时提供材料样品。

（5）充分利用外部资源，联系拥有丰富展品的材料供应商或专业建材大卖场，请相关设计人员前往其展示厅选材，选好样后再由供应商提供样品。

收集好样品后，应该建立材料样品仓库。各项目部的材料样品仓库里的材料以各项已确定封样的产品为主。建立材料样品仓库，一方面可以为材料进场验收提供方便；另一方面可以完整展示该项目所使用的建筑材料，方便现场设计师的选样。

3. 人员职责

工程管理部材料主办人员主要负责以下工作。

（1）为样品标号贴上材料标签。

（2）收集材料设备供应商信息表。

(3)收集符合要求的材料样本。

(4)项目部的材料工程师负责提供甲指乙供材料及乙供材料的样品及有关材料,以及项目部样品仓库的日常维护工作等。

(5)将相关资料输入专用计算机,为项目部样品仓库提供封样材料和有关技术材料。

(6)项目秘书负责定期检查。

4.电子资料的分类归档

(1)在放置固定展品的材料仓库内配置一台专用计算机,在其桌面设置材料信息文件夹,其下再设置三层目录:第一层为七种材料大类,第二层为各种材料细类,第三层为各项目部明细。

(2)材料主办工程师将有关材料样品放入该材料样品仓库时,应将对应产品的供应商信息表、样品清单放在对应的文件夹下,标明文件名。

(3)将所展示的材料进行分类,每一大类下分出一些小类,具体分法可根据实际情况另行调整。

(4)项目秘书负责不定期检查,并将每种产品相关的信息集中起来,由项目部参照执行。

物资与设备采购应遵循的原则

物资采购应遵循以下三个原则。

1.市场调查的原则,也叫“三比一算”的原则

物资采购应在满足设计功能和质量要求下,做到“三比一算”(比质量、比价格、比服务、比运距、算成本),货比三家(多方询查,合理确定采购对象)。这是对采购环节加强核算和管理的基本要求。

2.遵守法律法规的原则,即采用合同的原则

材料采购必须遵守国家、地方的有关法律和法规,以物资管理政策和经济管理法令指导采购。熟悉合同法、财会制度及工商行政管理部门的有关规定。

工程所需材料必须采取合同的方式(零星材料或急需物资除外)。

3.计划采购的原则

采购计划的依据是施工生产需要,按照生产进度安排物资采购时间、品种、规格,按照施工现场条件状况确定进货批量,按照企业资金状况制订结算计划,以较少资金占用,避免盲目采购而造成积压,获得最大的经济效益。

施工材料采购合同范本

材料采购合同

合同编号：

签订地点：

签订日期：

购货单位(以下简称甲方)：

供货单位(以下简称乙方)：

根据《合同法》及有关规定，按照平等互利的原则，为明确合同双方的权利、义务，经协商一致，签订本合同。

第1条 标的名称、品牌、规格、数量、供货时间单价及金额等

序号	标的名称	厂家商标	规格型号	计量单位	供货时间	数量	单价	单品价格
1								
2								
3								

合计总金额(大写)：________________________________

特别约定：

1. 如签订本合同时数量不确定，则在上述表格数量栏中注明“待定”，数量以甲方实际签收量为准，单品总价及合计总金额也注明“待定”，待确定数量后双方据实结算。供货时间如果有特别要求，应在合同中增设供货时间表，以确定具体供货时间。

2. 本合同单价实行第______项单价方式。

(1)固定单价，即在本合同有效期内单价不变。

(2)浮动价格，即因供货时间较长，双方需根据市场行情确定不同时期的供货单价。

3. 浮动单价应遵守以下约定。

(1)结算价格以上述表格中确定的单价为基准单价，市场价格浮动在______%以内单价不予调整，超出约定幅度时双方须另行书面约定供货单价，未书面约定的，以基准单价为结算价格。

(2)如乙方逾期交货，遇市场价格上涨结算价格不予调整，遇市场价格下降结算价格应予下调。

(3)供货当月价格不予调整，调整后的价格于次月1日执行。

第2条 产品的质量标准

对产品标准名称和编号、技术条件、样品或补充的技术要求具体约定如下：

____

（提示：质量要求有国家、行业标准的，按照国家标准、行业标准执行。没有国家标准、行业标准的，应约定按照通常标准或者符合合同目的的特定标准执行。如因工程需要，对质量有特殊要求的，应在此条中明确约定。）

第3条　产品的包装标准和费用承担：________________________

第4条　交货方法、运输方式、运费承担、到货地点

1. 交货方法，按下列第（　）项执行：

（1）乙方送货（运费包含在约定单价中）。

（2）乙方代运（运费由甲方承担）。

（3）甲方自提（运费由甲方承担）。

2. 运输方式：____

3. 到货地点：____

4. 现场装、卸费用由运费承担方负责。（或特别约定为：________________）

第5条　产品的交付

本合同生效或甲方下达订单（订货计划）后______天内交货。

乙方在交付货物时，应向甲方提交以下第______项资料。

（1）产品合格证、质保卡。

（2）产品检验报告。

（3）产品使用说明书。

（4）产地来源证明。

（5）厂方生产证明。

（6）重要部件清单、产地、品牌（尤其是进口部件）。

（7）维修手册或保养说明书。

（8）安装手册。

（9）其他有关所供货物的文件。

乙方提供了任何上述文件并不当然地减轻或免除乙方在本合同内的其他责任。

第6条　签收与验收

1. 入库签收。

签收标准：型号、规格、数量正确，包装完好，资料齐全。

双方约定唯一计量依据为：甲方指定签收人员__________的签收。（或特别约定为：______________。）签收人员应在收到货物当日签发货物签收单一式两份，由乙方指定送货人和甲方指定签收人共同签字，双方各执一份，作为结算时确定货物数量的唯一法律依据。

甲方对货物的入库签收并不影响乙方对货物本身应承担的质量责任。

（针对供货时间较长的合同，可附加一款：甲乙双方应当每月[或每季]进行一次供货量清算，由乙方指定送货人和甲方指定签收人根据货物签收单制作月[或季]供货核算单并共同签字，双方各执一份，作为阶段性结算时确定货物数量的唯一法律依据。）

2. 质量验收（检测、调试等）：________________________________

(提示:应约定质量验收的具体人员。实行抽样检验质量的产品,应约定采用的抽样标准或抽验方法和比例。需要封存样品的,应当约定由双方当事人共同封存,分别保管,作为检验的依据。)

第7条 产品异议

1. 甲方就产品的品种、型号、规格、花色等外观特征的异议期为签收后______天内。

2. 甲方就产品内在质量问题的异议期为:产品法定质量保证期或实际使用该产品后______天内(根据产品特性确定)。

(提示:如需具体约定质量异议期的,对于使用后才能发现内在质量缺陷的材料,约定提出质量异议的时间,应将质量异议期延长至能发现质量问题时止。)

3. 乙方在接到甲方书面质量异议后,应在______天内负责处理,否则,即视为默认甲方提出的异议和处理意见。

乙方对甲方的书面质量异议提出不同意见的,双方应先行协商解决。协商不成的,应提交产品质量鉴定部门进行鉴定。

4. 甲方提出异议,应当以书面形式提出。书面异议必须说明不符合规定的产品名称、型号、规格、花色、批号、合格证或质量保证书号、数量、包装、检验方法、检验情况和检验证明,提出不符合规定产品的处理意见。对于甲方提出的书面质量异议,乙方必须正式签收。如乙方拒绝签收,甲方将书面质量异议送到监理处(或______处)时,视为乙方已签收,同时视为乙方认可甲方提出的异议成立,并同意甲方提出的处理意见。

第8条 货款的结算、付款时间

1. 结算数量:以甲方指定签收人和乙方指定送货人共同签字的签收单为准。已进行阶段性结算,制作了月(或季)供货核算单的,以该月(或季)供货核算单为准。

其他任何凭证都不能成为确认供货数量的依据。

任何在生产、加工、运输、装卸过程中发生的损耗数量及货物自然损耗数量均不计入结算数量。

2. 结算时间:______________________________

3. 付款时间:______________________________

(提示:付款时,必须留有质量保证金,严禁约定未预留质量保证金的付款方式。)

第9条 乙方违约责任

1. 乙方不能交货(逾期交货超过______天视为不能交货,或者有证据表明乙方不能交货)的,应向甲方偿付不能交货部分货款的______%的违约金。

2. 乙方所交产品品种、型号、规格、花色、质量不符合规定的,如果甲方同意利用,应当按质论价,重新商定价格。如果甲方不能利用的,甲方有权拒收、退货或要求修理、更换。

3. 乙方逾期交货的,乙方应在发货前与甲方协商,甲方仍需要的,乙方除应照数补交外,还应向甲方按逾期交货货款每日______%的比例支付违约金,并承担甲方因此所受损失。

如甲方不再需要的,本合同或本次订单视为解除。

甲方依法解除本次订单或本合同时,应当书面通知乙方。

4. 乙方提前交货的产品，多交的产品，品种、型号、规格、花色、质量不符合合同规定的产品，甲方在代保管期内实际支付的保管、保养等费用以及非因甲方保管不善而发生的损失，应当由乙方承担。

5. 产品错发到货地点，乙方除应负责运交合同规定的到货地点，还应承担甲方因此多支付的一切实际费用和逾期交货的违约金。

第 10 条　甲方的违约责任

1. 甲方逾期付款，应承担逾期付款金额的同期银行贷款利息。

2. 如甲方因工程设计变更、退还施工后多余货物等合理原因需减少供货量或退货的，属正当理由退货，乙方不得要求甲方赔偿。但甲方无理由中途退货的，应向乙方赔偿退货部分货款______%的违约金。

3. 甲方如错填到货地点，或对乙方提出错误异议，应承担乙方因此所受的损失。

第 11 条　不可抗力

甲、乙双方的任何一方由于不可抗力的原因不能履行合同时，应在四十八小时内通知对方，在取得有关证明以后，可部分或全部免予承担违约责任。

第 12 条　解决合同纠纷的方式先行友好协商。协商不成可向有管辖权的法院提起诉讼。

第 13 条　其他约定

____

第 14 条　合同生效

本合同自双方签字并盖章时生效。本合同一式______份，甲乙双方各执______份。

第 15 条　特别约定的效力

本合同中特别约定条款的效力优先于其他条款。

购货单位(甲方)：	供货单位(乙方)：
法定代表人：	法定代表人：
委托代理人：	委托代理人：
地址：	地址：
电话：	电话：
开户行：	开户行：
账号：	账号：
税号：	税号：

第十六章
项目施工过程管理流程

项目施工规划管理流程（如图 16-1 所示）

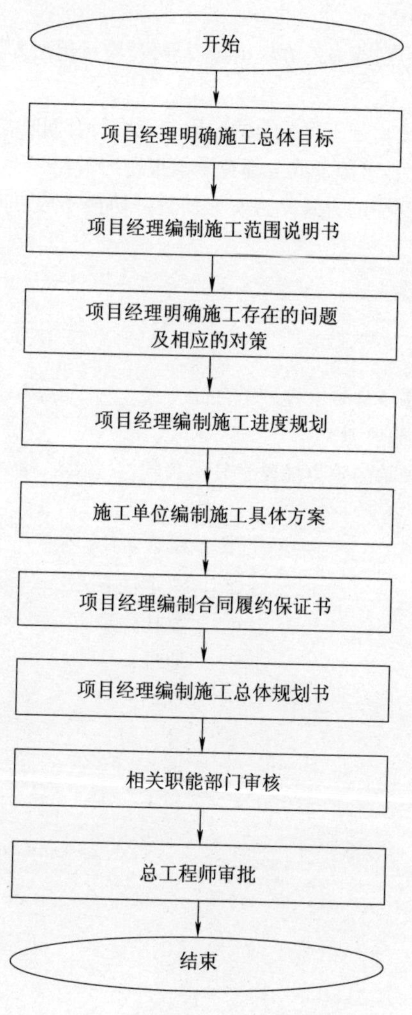

图 16-1　项目施工规划管理流程

项目进度控制管理流程（如图 16-2 所示）

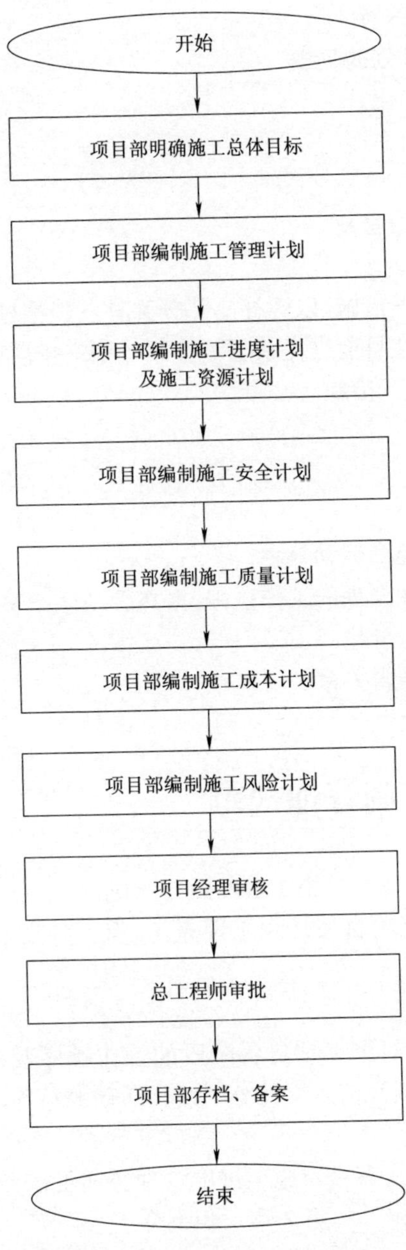

图 16-2　项目进度控制管理流程

项目进度拖延原因分析及解决措施

1. 进度拖延原因分析

(1)工期及相关计划的失误。

(2)边界条件的变化。

(3)管理过程中的失误。

(4)其他原因。

2. 解决进度拖延的措施

(1)基本策略。

①采取积极的赶工措施,以弥补或部分弥补已经拖延的工程。

②不采取措施。在目前进度状态下按原计划安排后期工作。

(2)可以采取的赶工措施。

①增加资源投入。

②重新分配资源。

③减少工作范围。

④改善工器具以提高劳动效率。

⑤通过辅助措施和合理的工作过程,提高劳动生产率。

⑥将部分工程进行分包。

⑦改变工作间的逻辑关系。

⑧修改实施方案等。

项目施工进度控制管理规范

第1章 总 则

1. 为确保在建工程项目按计划工期完工,保证各投资方能如期获得收益,特制定本规范。

2. 定义。

施工进度管理是指对施工项目各阶段的工作顺序及持续时间进行过程规划、实施、检查、督促协调及信息反馈等一系列活动的总称。

3. 适用范围。

本办法适用于公司所有项目施工进度管理各项工作。

第2章 职责分工

1. 项目经理部职责

(1)项目经理部是工程进度控制的归口管理部门,负责编制工程月、季、年度进度计划。

(2)负责分析实际进度与计划进度的差异以及里程碑节点工期与实际完成情况的差异,组织采取补救措施对施工进度计划进行调整。

(3)及时审核施工单位的各种报表,并按程序反馈到下一审核部门。

(4)负责编制工程月度进度报告,并上报公司总经理。

(5)定期组织工程调度会,协调处理施工单位、监理单位的关系。

2.工程技术部职责

(1)负责工程进度管理的监督、落实和考核。

(2)负责催交工程所需的图纸资料,组织施工图审查,确保工程施工图纸及时供给。

(3)参加工程质量验收工作,确保工程质量,尽可能避免因质量问题返工而延误工期。

3.材料设备部职责

(1)负责组织设备的监造、检验,以减少因质量问题而影响工程进度。

(2)负责物资的订购工作,保证物资供应的畅通。

(3)负责随机备品备件、专用工具的收货、清点、验收保管。

(4)负责及时办理设备和重要物资随货同行的技术资料的清理和交付。

(5)参加工程调度会,根据调度会的安排协调处理物资、设备方面问题。

4.财务部职责

(1)及时组织融资贷款,保证工程建设所需资金的正常供给,以免影响工程进度。

(2)负责根据已经主管领导批准审核的施工单位工程进度报表支付进度款。

(3)负责根据项目合同支付合同款,以免影响工程进度。

(4)参加工程调度会,根据调度会会议纪要对施工单位进行进度款的考核和付款。

第3章 编制施工进度计划

1.施工进度计划编制原则

根据工程进度管理的特点,在计划编制实施过程中应充分考虑各种因素发生、组合的可能性,并根据实际情况的变化采取相应的对策,辅以计算机技术调整和控制工程进度计划,以确保总进度目标如期实现。

2.施工进度计划分类

施工进度计划包括施工总进度计划和单位工程施工进度计划。

3.施工总进度计划编制依据

施工总进度计划应依据施工合同、施工进度目标、工期定额、有关技术经济资料、施工部署与主要工程施工方案等编制。

4.施工总进度计划的内容

施工总进度计划的内容应包括编制说明，施工总进度计划表，分期分批施工工程的开工日期，完工日期及工期一览表，资源需要量及供应平衡表等。

5.编制施工总进度计划的步骤

(1)收集编制依据，确定进度控制目标。

(2)计算工程量，确定各单位工程的施工期限和开竣工日期。

(3)编写施工进度计划说明书。

6.施工审查

项目经理部应对各阶段、各级施工进度计划予以审查，应重点审查以下几个方面。

(1)项目划分合理与否，项目衔接是否周密。

(2)进度计划是否满足工期要求。

(3)施工组织、施工工艺、顺序安排是否科学、合理、可行。

(4)人力、物力、财力供应计划是否能够确保总进度计划的实现。

第4章 施工进度计划的实施

1.项目施工进度计划分解

项目施工进度计划应通过编制年、季、月、旬、周施工进度计划来实现，逐级落实，最终通过施工任务书由班组实施。

2.实施施工进度计划

项目经理部须严格执行已制订并审批的施工进度计划。

3.实施分包工程计划

项目经理部应将分包工程进度计划纳入项目进度控制范畴，并协助分包单位解决项目进度控制中的相关问题。

第5章 施工进度计划的检查与调整

1.施工进度计划检查

施工进度计划检查应采取日检查或定期检查的方式进行，公司应检查以下内容。

(1)检查期内实际完成和累计完成工程量。

(2)实际参加施工的人力、机械数量及生产效率。

(3)进度偏差情况和管理情况。

(4)影响进度和特殊原因及分析。

2.施工进度报告

实施检查后，相关人员需提供月度施工进度报告。

3. 施工进度计划调整内容

施工进度计划在实施中的调整必须依据施工进度计划检查结果进行，施工进度计划调整应包括施工内容、工程量、起止时间、持续时间、工作关系、资源供应等。

4. 施工进度控制总结

在施工进度计划完成后，项目经理部应及时进行施工进度控制总结。

5. 施工进度控制总结的内容

(1)合同工期目标及计划工期目标完成情况。

(2)施工进度控制经验和控制中存在的问题及分析。

(3)施工进度控制的改进意见。

6. 问题处理

项目经理部对施工过程中出现的问题进行协调和裁决，严格贯彻公司对工程施工进度的要求。

7. 考核

项目经理部依据合同，对由于其自身因素造成延误工期的施工单位，进行考核和处罚；对如期达到工程重要控制点的施工队伍，给予奖励。

第6章 附 则

1. 本规范由项目经理部制定，解释权、修改权归本公司所有。

2. 本规范由自发布之日起开始执行。

项目成本控制管理流程

1. 制定目标

目标成本是由企业预先确定的、在一定时期内，经过努力争取所要实现的目标，是项目成本的控制线。

目标成本法的基本思想是制定目标成本，将目标成本按规范的成本结构进行层层分解，再进一步将预算计划落实到部门与行动上，把规划的目标变成可执行的行动计划，并在执行过程中把实际结果与目标进行对比分析，分析原因，并从中找出差距，然后制定并改进措施。

2. 影响目标成本制定准确性的因素

(1)项目进度太紧。

由于市场竞争的需要以及资金回收的压力，或者是上市公司为了完成年度利润指标，通常情况下，房地产公司对项目的进度都卡得比较紧。有许多项目为了赶时间(赶进度)，经常是“施工图设计”未能在“招标”、“施工”之前完成，因此就造成了在项目前期无法对目标成本进行准确测算。其实，“欲速则不达”，为了赶进度却牺牲了成本。因此,公司必须严格规范开发流程,重点加强“规划设计”、“招标”环节,积极推行“目标成本管理”,取得了不错的效果。

(2)缺乏规范的目标成本测算体系。

从项目管理的角度上看,房地产是一种具有较高的复杂度,项目周期长、涉及环节多的项目,而每个环节都涉及成本控制。因此,要为这样的项目制定“目标成本”,就需要有一套规范的体系来保证其顺利实施,也就是建立企业内部的“目标成本管理规范”。

3.规范的目的

(1)保证目标成本的准确性。

通过制定统一的流程与标准,使目标成本的准确度不因项目差异而不同。

(2)实现项目间的成本数据共享。

通过对项目间成本数据的对比分析,可以及时发现项目中潜在的问题,大家通过相互交流与合作及时采取措施予以解决。

(3)较好地利用历史数据。

利用历史数据可以为新项目提供指引,避免犯重复错误,并可以站在“历史的高度”去不断完善优化相关流程。

4.规范的方法

(1)建立规范的成本结构树。

综合公司开发项目的特点是提炼出一套能兼容所有项目的成本树,作为目标成本制定的标准。

(2)建立规范的流程。

通过制定规范的流程,可以进一步定义如何在项目发展阶段对“估算成本”进行测算,如何在“规划设计”、“扩充设计”、“施工设计”各个阶段完成对目标成本的层层细化以及修订,并形成最终的目标成本,来指导招标、施工、采购等业务活动中成本费用的使用与管理。

5.明确岗位职责

“责任成本体系”的目标是明确专业职能部门的成本管理职责,并借助技术经济指标反馈、考核评价其职责履行情况。

(1)“责任成本体系”要素。

“责任成本体系”包含责任范围、责任部门/相关部门、评价指标以及评价部门四大要素。完成这四要素,就可以在“组织架构”的层面,保证目标成本可以顺利执行。

(2)责任成本范围。

“责任成本体系”的目的是保证对目标成本的执行落到实处,因此,“责任成本体系”中的“责任范围”的划分，实际上也就与目标成本的结构体系息息相关。简单地说，“责任范围”的集合，应该来自“成本结构树”。

(3)作业过程管理。

明确了“责任成本体系”之后，还必须从“制度流程”的层面保证对目标成本的执行，保证对成本的控制，这就是“作业过程管理”。我们可以把房地产开发的整个过程，划分为若干个相对独立的作业过程，并为每个作业过程定义相应的流程制度规范，同时，还要重点定义每个作业过程中与成本控制相关的要点，这其中也包括量化的经济技术评价指标。

6.追踪动态成本

动态成本实际上反映的是项目在实施过程中的预期成本，通过实时反应目标成本和动态成本的差异，就可以帮助相关部门及时发现问题，并采取相应措施及时解决问题，真正实现对成本的控制。

动态成本的核心是实时性，而要实现动态成本的测算，就离不开“一个中心，三条主线”。

所谓的一个中心就是“以合同为中心”。动态成本＝合同性成本＋非合同性成本＋待发生成本。合同性成本是动态成本中变动性最大的部分，它的“高变动性”决定了它是成本控制的中坚力量。而“非合同性成本”，如“政府报批报建费用”等项目，则相对容易控制。正是因为工程合同的不确定性，才导致了成本控制的复杂性，在实际业务中的反映就表现为“变更黑洞”、“款项超付”等，也导致这些类似的成本失控现象频频出现。所以，在成本管理中必须“以合同为中心”才能避免这些失控现象的发生，准确地完成动态成本的预算。

三条主线就是“动态成本”、“实际发生成本”及“实付成本”。

(1)“动态成本”反映的是任意时段项目的综合成本及结构分布。

(2)“实际发生成本”是指项目当前已审定的工程量，与“动态成本”对比，可反映出项目整体进度。

(3)“实付成本”是指实际已支付的款项，与“实际发生成本”对比反映出款项的支付进度，包括应付、实付的情况。

7.业绩评估

制定目标成本、明确责任体系、对业务过程进行实时追踪与控制，在完成前面三个步骤之后，就可以根据执行的结果对相关的业绩进行评估。

通过对比项目最终的“动态成本”与“目标成本”，可以评价整个项目的成本控制水平；将执行过程“实际完成的经济技术指标”与“责任成本体系”中的“评价指标”做比较，就可以对部门(岗位)在成本控制方面的业绩进行很好的评估，并能够做到真正的“优奖劣罚”。

最后，还必须对整个项目生命周期中成本控制的得失进行及时总结，并将之与项目“目标成本数据”、“动态成本数据”一起进行整理并归档，在此基础上，还能够提炼出关键的成本指标，并最终形成项目的“成本数据库”。通过“成本数据库”的建立，可以将所有项目的关键成本数据都保存下来，对未来业务的开展，能够发挥出重要的指导作用。

“成本数据库”的建立充分体现了“知识管理”的思想，使知识作为企业最宝贵的财富可以沉淀下来，也可以使房地产企业的成本管理再上一个新的台阶。

项目施工安全检查制度

在工程施工中，对安全工作除正常的检查外，公司每月检查一次，项目每周检查一次，对检查出来的事故隐患要落实到人，限期进行整改，确保施工安全。

1. 定期安全检查

根据本公司具体情况设置安全检查制度，每次安全检查由公司领导或总工程师(技术领导)带队，有质安部、材料设备部、保卫部等部门派员参加。

2. 专业性安全检查

专业性安全检查由公司质安部组织有关专业人员对某项专业的安全问题或在施工中存在的普遍性安全问题进行单项检查。参加专业安全检查组的人员，主要应由专业技术员、懂行的安全技术人员和有实际操作、维修能力的工人参加。

3. 经常性安全检查

在施工(生产)过程中进行经常性的预防检查，能及时发现隐患，消除隐患，保证施工(生产)正常进行，通常有以下几方面。

(1)班组进行班前、班后岗位安全检查。

(2)各级安全员及安全值日人员日常巡回安全检查。

(3)各级管理人员在检查生产的同时检查安全。

4. 季节性及节假日前后安全检查

季节性安全检查针对气候特点可能给施工带来危害而组织的安全检查。节假日前、后防止职工纪律松懈、思想麻痹等进行的检查。检查由公司领导组织有关部门人员进行。节日加班，更要重视对加班人员的安全教育，同时要认真检查安全防范措施的落实。

5. 施工现场还要经常进行自检、互检和交接检查

(1)自检：班组作业前、后对自身所处的环境和工作程序要进行安全检查，可随时消灭不安全隐患。

(2)互检:班组之间开展的安全检查。可以做到互相监督、共同遵章守纪。

(3)交接检查:上道工序完毕,交给下道工序使用前,应由工地负责人组织工长、安全员、班组长及其他有关人员参加,进行安全检查或验收,确保无误或合格后,方能交给下道工序使用。

项目施工安全事故预防措施

1. 预防与应急准备

(1)各单位根据公司突发事故应急处理预案,结合本单位实际情况,制定本单位的突发事故应急处理预案,报公司备案。为保证其应急预案的实效性及有效性,所制定的应急预案应定期审查和根据实施过程中发现的问题及时修订。

(2)公司的突发事故监测与预警系统为安全生产委员会。监测与预警系统要采取科学手段加强日常监测,对数据要建立综合评价系统,对早期发现的潜在隐患及可能发生的突发事故,要及时上报主管部门,并采取措施加以消除。

(3)公司及各单位应建立突发事故应急处理专家库和后备人员储备库,并且应当定期对处理突发事故的人员进行应急处理有关知识、技能的培训,组织进行突发事故的应急处理演练,提高应对能力。

(4)公司及所属各单位应当落实经费投入,完善事故监测与预警系统。

(5)公司本部各职能部门要加强突发事故及应对处理知识的宣传教育,增强全体员工的防范意识和应对能力。

(6)公司及各单位应定期开展安全性评价及开展危险点分析评估工作,并根据专家组的意见,及时采取预防措施。

2. 防范事故发生的措施

根据事故发生的原因,主要可从以下各个方面采取措施加以防范。

(1)搭建施工现场安全生产的管理平台,建立建设单位、监理单位、施工单位三位一体的安全生产保证体系。

(2)实行建设工程安全监理制度,对监理单位及监理人员的安全监理业绩实行考评,作为年检或注册的依据,规定监理单位必须按规定配备专职安全监管人员。

(3)夯实企业基础工作,强化企业主体责任。按照《安全生产法》等法律、法规的规定,建筑企业必须建立安全生产责任制,签订安全生产责任书,明确各自的责任。

(4)建筑企业在工程开工前应制定总的安全管理目标,包括伤亡事故指标,安全达标和文明施工目标以及采取的安全措施。项目部与施工管理人员和班组必须签订安全目标责任书，并将安全管理目标按照各自职责逐级分解。项目部制定安全目标责任考核规定，责任到人、定期考核。

(5)施工组织设计中应包含施工安全技术措施，针对每项工程在施工过程中可能发生的事故隐患和可能发生安全问题的环节进行预测，在技术上和管理上采取措施，消除或控制施工过程中的不安全因素，防范发生事故。

(6)施工企业建立安全技术交底制度，内容应包括工作场所的安全防护设施、安全操作规程、安全注意事项等，既要做到有针对性，又要简单明了。

(7)建筑企业和项目部必须建立定期安全检查制度，明确检查方式、时间、内容和整改、处罚措施等内容，特别要明确工程安全防范的重点部位和危险岗位的检查方式和方法。

(8)建议各级主管部门进一步高度重视建设安全生产工作，协调有关部门，解决安全生产管理机构"机构、人员、职能、经费"问题。

(9)加大建设工程施工机械管理力度，把好入场关。特别是对塔机等起重机械作为特种设备采取备案、准入制度，强化市场管理和现场管理，淘汰不符合要求的起重机械，对起重机械的产权单位、租赁单位实行登记、验收、检测制度，使起重机械的管理逐步规范化。

(10)企业要建立施工现场工伤事故定期报告制度和记录，并建立事故档案。每月要填写伤亡事故报表，发生伤亡事故必须按规定进行报告，并认真按"四不放过"(事故原因调查不清不放过，事故责任不明不放过，事故责任者和群众未受到教育不放过，防范措施不落实不放过)的原则进行调查处理，将安全工作的违章情况、评估评价与招投标挂钩；发生重大伤亡事故的企业，酌情给予暂停投标或降低资质等级处分。

(11)施工企业应建立施工现场安全培训教育制度和档案，明确教育岗位、教育人员、教育内容，安全教育内容必须具体而有针对性。

(12)建立长效机制，严格依法管理，将各类开发区、工业园、旧村改造工程安全管理依法纳入管理的轨道；强化基本建设程序及手续的严肃性，各级各部门要严格把关，不允许无手续的工程开工；强化村镇建设单位的管理，进一步规范业主行为，取缔私自招投标、非法招用无资质施工队伍的状况，不允许施工队伍从事手续不齐全的建筑工程施工。

项目施工安全事故处理方法

1. 接到事故报告后，立即组成事故现场处理小组(两人以上)，及时赶到事故现场，并要求事故单位通知建规委、安监局、总工会等部门。

2.事故现场处理基本工作和处理事项。

(1)开展事故现场勘察工作。

①现场物证、证人材料或其他事实材料等的收集。

②对现场进行拍照、摄影取证。

③进行事故临时问话笔录。

(2)事故现场处理事项。

①向事故单位发出停工整改通知单,责令施工现场停工整改或局部停工整改。

②责成事故单位必须在24小时内向市建规委、市安监局、市总工会、市建管处等单位提交事故快报表。

③责成事故单位立即组成事故调查小组,开展事故现场勘察工作;同时成立事故善后处理小组,做好家属接待、安抚和稳定工作;及时完成理赔工作,并办理相应的签字手续。

④由我站对所有相关资料,特别是安全资料进行封存检查。

⑤责成事故单位组织相关当事人(如业主、监理、项目经理、安全管理员、施工员、事故现场见证人等)配合有关部门进行调查问话。

⑥责成事故单位对项目所有劳务人员重新进行全面的安全教育。

(3)由市建规委、安全监督站及时完成对相关当事人的调查问话,做好问话笔录。

3.责成事故单位于15日内提交事故初步调查报告。

4.配合市建规委、市安监局、市总工会等部门在一个月内,完成事故的调查处理工作。

项目工程安全管理制度

1.安全生产责任

(1)认真贯彻执行国家有关安全生产的方针政策和法规、规范,掌握本企业安全生产动态,定期研究安全工作。

(2)领导并支持安全管理人员或部门的监督检查工作。

(3)组织编制和审批施工组织设计、特殊复杂工程项目或专业性工程项目施工方案时,应严格审查是否具备的安全技术措施及其可行性,并提出决定意见。

(4)认真贯彻执行安全生产方针、政策、法规,落实本企业各项安全生产管理制度。

(5)对承包项目工程生产经营过程中的安全生产负全面责任。

(6)健全和完善用工管理手续,录用外包队必须及时向有关部门申报,严格用工制度与管理,适时组织上岗安全教育,要对外包工队的健康与安全负责,加强劳动保护工作。

(7)组织上岗人员的安全技术培训、教育。认真执行相应的安全技术措施与安全操作工艺、要求,预防施工中因化学物品引起的火灾、中毒或其新工艺实施中可能造成的事故。

(8)进行安全生产检查,对施工中存在的不安全因素,从技术方面提出整改意见和办法予以消除。

(9)采购的劳动保护用品,必须符合国家标准及相关规定,并向主管部门提供情况,接受对劳动保护用品的质量监督检查。

(10)认真落实国家和地方政府有关劳动保护的法规,严格执行有关人员的劳动保护待遇,并监督实施情况。

(11)根据上级的交底向本队各工种进行详细的书面安全交底,针对当天任务、作业环境等情况,做好班前安全讲话,监督其执行情况,发现问题,及时纠正、解决。

(12)木工间内备有的消防器材应定期检查,确保完好状态。严禁在工作场所吸烟和明火作业,不得存放易燃物品。

(13)高空作业对材料堆放应稳妥可靠,严禁向下抛掷工具或物件。

(14)对所使用的机具、设备、防护用品及作业环境进行安全检查,发现问题立即采取整改措施,及时消除事故隐患。

(15)机械作业时,操作人员不得擅自离开工作岗位或将机械交给非本机操作人员操作。严禁无关人员进入作业区和操作室内。

(16)严格执行安全技术施工方案和安全技术交底,不得任意变更、拆除安全防护设施。

(17)进入施工现场严禁赤脚、穿拖鞋、高跟鞋及酒后作业。

(18)要正确使用安全防护用品。

(19)严格执行安全生产规章制度,拒绝违章指挥,杜绝违章作业。

(20)定期检查仓库消防器材的完好情况,在规定的禁火区域内严格执行动火审批手续。

2. 考核办法

(1)考核对象:项目经理、项目技术负责人、项目安全员、项目施工员、项目材料员、各班组长。

(2)考核评价:考核分值满分为100分,考核得分值在85分及其以上为优良；考核得分值在 70 分及其以上为合格；考核得分值在 70 分及其以下为不合格。其奖惩将在年终奖中体现。

3. 奖罚细则

惩罚细则如下。

(1)劳动安全纪律部分。

①进入施工现场必须戴好安全帽。任何工种人员进入施工现场不戴安全帽每一人次罚款 50 元，班组成员中有三人不戴安全帽，罚班组长 200 元，五人以上不戴安全帽，罚班组长 1 000 元；帽壳已坏，不起安全防护作用，每发现一人次，罚款 20 元；一人连续被罚三次以上，将停工学习，因不戴安全帽而发生了轻伤事故，所造成的一切经济损失自负。

②进入施工现场严禁穿拖鞋、高跟鞋。进入施工现场穿拖鞋、高跟鞋每发现一人次，罚款 20 元，班组成员一次有三人被处罚，罚班组长 100 元。

③酒后人员严禁作业，如发现酒后作业人员每一人次罚款 50 元，酒后作业发生任何事故后果自负，造成他人事故者除承担经济责任外，将视其情节追究其法律责任。

④严禁带小孩进入施工现场。发现带小孩进入施工现场，每一人次罚款 20 元，因小孩年幼无知而造成个人人身安全事故，责任由监护人自负，因乱动机械设备而造成经济损失者，由监护人全部负责。

⑤严禁机械工在工作岗位看书、干私活。发现在工作岗位看书、干私活，每一人次罚款 20 元，处罚后仍不改正者，加倍处罚。

⑥木工、易燃作业处严禁吸烟发现吸烟者，每一人次罚款 20 元。

(2)临时用电部分。

①施工现场线路架设必须符合规范要求，有一处不设横杆，不用绝缘子、线路一把抓，罚款 20 元。

②闸刀保险丝必须匹配，有一处保险丝用铝丝、铜丝代用，罚款 50 元。

③总配电箱、闸刀箱不加锁，下班后不拉闸，无防雨措施，一处每次罚款 20 元。

④手持电动工具，照明线路不使用、安装漏电保护器，一处罚款 20 元。

⑤电气设备有按规程做接零保护，接地接零不符合规范要求，罚款 20 元。

⑥临时照明线路高度不符合要求，动力、照明线路通过金属脚手架无绝缘隔离保护，线路拖地，老化破皮，漏电等发现一处罚款 10 元。

(3)机械设备部分。

①手持电动设备在使用时不用防触电的个人防护用品，发现一处罚款 20 元。

②操作木工电锯、平刨未戴手套者,每一人次罚款10元。

③操作木工电锯不用防护挡板,操作木工平刨不用护指键推板、推棍每一人次罚款10元。

(4)其他部分。

①2米以下基槽不设防护支护,不设围挡,每10沿长米,扣罚架子工班组长10元。

②木工支模板,将支撑顶在脚手架上,引起外架变形、倾斜,每10沿长米,扣罚班组长20元。

③未经施工管理人员同意,私自将支护、围挡拆除,每一处扣罚拆除者所在班组长20元。

④因工作责任心不强,损坏安全防护设施、防护装置、安全宣传标牌者,按损坏实物原值加倍罚款,从工资中扣除。

⑤未采取有效保护措施,向基槽内抛物件,发现一次,罚款20元,造成事故者,究其刑事责任。

奖励细则如下。

由项目部设立“安全生产先进个人奖”和“安全生产特别奖”,其条件如下。

(1)生产管理人员。

①认真履行本岗位安全生产责任制,尽职尽责搞好安全工作,不违章指挥。

②所管工种班组全年无工伤事故、重大未遂事故、设备事故。

③所管工种班组坚持正确使用安全三宝,做到无伤害,无违章操作现象。

④坚持对所管工种定期进行安全教育、安全技术交底针对性强,现场安全管理资料齐全。

⑤所管工程项目安全达标达到全优良标准。

(2)生产工人。

①能够认真学习,遵守安全生产规章制度,做到三不伤害,无违章操作现象。

②积极参加各种形式的安全活动,为全企业安全生产工作献计献策。

③坚持正确使用安全三宝,全年无事故。

④在紧急关头排除重大事故隐患,避免了人生伤亡事故。

安全罚款用于安全奖励基金,不得挪作他用;安全生产先进个人每年评比一次,年终给予;安全生产特别奖可随时奖励。

项目安全文明施工管理办法

1.安全施工管理

(1)成立安全管理领导小组,负责审查有关安全措施并组织重大的安全活动,进行安全宣传教育工作,监督安全措施的执行,组织安全技术培训。凡是新进场的操作工人,必须进行登记备案和三级安全教育,考核合格后方可上岗操作。

(2)项目部由项目经理主持制定本项目管理人员的安全责任制和项目安全管理奖罚措施,并张贴于工地办公室,同时发放到每一个管理人员和操作工人。

(3)由项目经理负责组织专职安全员、工长和班组长定期进行一次安全大检查,每天由专职安全员不停地对工地进行巡回检查,对不合格的安全设施、违章操作的工人,由专职安全员及时发出书面整改通知,并落实到责任人,由安全员监督整改。

(4)严格依照《中华人民共和国消防条例》的规定,在施工现场建立和执行防火管理制度,设置符合消防要求的消防设施,并保持完好的备用状态。建立防火责任制,将消防工作纳入施工管理计划。

(5)进入施工现场必须正确佩戴好安全帽。在施工期间,严禁非施工人员进入施工现场,外单位参观人员要有专人陪同。

(6)严格执行各项安全管理制度和安全操作规程,正确使用安全“三宝”、“一机一闸”和做“四口五临边”的防护工作。

(7)施工前,应逐级做好安全技术交底,检查安全防护措施。并对所使用的现场脚手材料、机械设备和电气设施等进行检查,确认其符合要求后方能使用。

(8)施工现场的场区应干净整齐,施工现场的楼梯口、电梯井口、预留洞口、通道口和建筑物临边部位应当设置整齐、标准的防护装置,各类警示标志设置明显。严禁操作人员任意拆除或变更安全防护设施,若施工中必须拆除时,须经工地技术负责人批准后,方可拆除或变更。施工完毕,应立即恢复,不得留有后患。施工作业面应当保持良好的安全作业环境,余料及时清理、清扫,禁止随意丢弃。

(9)在施工现场设置食堂及就餐场所的,应当符合卫生管理规定,制定健全的生活卫生和预防食物中毒管理制度。

(10)在特殊季节,做好施工方案或相关措施;同时对施工人员的劳动休息制进行合理的调整。根据具体情况,在气温较高的条件下适当调整作息时间,上午提前上班,下午推迟下班延长中午的休息时间(抓两头,放中间)。

(11)脚手架搭设技术要求应符合有关规范规定。搭设脚手架所采用的各种材料均需符合质量要求。脚手架基础必须牢固,搭设前经计算满足载荷要求,按施工规范搭设,做好排水措施。

(12)施工现场的用电线路、用电设施的安装和使用必须符合安装规范和安全操作规程,严禁任意拉线接电。施工现场必须设有保证施工安全要求的夜间照明;危险潮湿场所的照明以及手持照明灯具,必须采用符合安全要求的电压。

2. 文明施工管理

(1)在施工现场设置职工生活区的,应当建立健全宿舍管理制度和宿舍应安排每天值班打扫名单。每间宿舍住宿人数不得超过 15 人,人均使用面积不得少于 2 平方米,保障职工冬季取暖和居住安全。

(2)施工现场应当设置良好的排水系统和废水回收利用设施。防止污水、污泥污染周边道路,堵塞排水管道或河道。采用明沟排水的,沟顶应当设置盖板。禁止向饮用水源及各类河道、水域排水。

(3)做好施工现场安全保卫工作,采取必要的防盗措施,在现场周边设立围护设施。在建筑物临人行通道等处,均用钢管和竹笆及铁片搭设双层安全防护棚,两层间隔以 1 米为宜,并悬挂明显标志,必要时应派专人监护。

(4)施工产生的渣土、泥浆及废弃物应当随产随清。暂存的渣土应当集中堆放并全部苫盖。禁止渣土外溢至围挡以外或者露天存放。

(5)施工现场的各种设施、建筑材料、设备器材、现场制品、成品半成品、构配件等物料应当按照施工总平面图划定的区域存放,并设置标签。禁止混放或在施工现场外擅自占道堆放建筑材料、工程渣土和建筑垃圾。

(6)在城市噪声敏感的建筑物集中区域内,禁止夜间(22 时至凌晨 6 时)和午间(12 时至 14 时)进行产生噪声的施工。因特殊需要必须连续作业的,应当报经文明施工行政管理部门和环境保护行政管理部门批准,并公告附近居民。

项目安全文明施工检查制度

1. 安全生产监督检查分为定期检查、经常性检查、季节性及节假日检查、专业(项)安全检查等类型。

(1)定期检查(含综合性、季节性检查)。公司检查每月进行一次,项目部每月两次、队每周一次、班组每日对施工生产进行定期检查。

(2)不定期检查(含经常性、专业(项)性和节假日安全检查)。检查应根据不同情况、不同时间进行。对重点工程、专项方案、关键工序和易发生安全隐患的部位,实行重点检查和跟踪。

2. 公司每月进行一次安全检查，其检查由相关部门与分管安全生产的专业安全管理人员共同组成安全生产检查组，对施工单位进行安全生产检查，检查主要是查制度、查思想、查管理、查隐患、查整改、查事故处理等。

检查的方法：可采用访谈、查阅文件和记录、现场观察、仪器测量等。检查后要对检查工作做出评价，并进行通报。

3. 项目部每月首次组织进行二次安全检查，应由经理或主管安全生产的副经理带队，相关科室组成检查组，对所属工地进行安全生产检查。对查出的问题立即采取措施，进行整改，并作为本周安全教育的主要内容进行教育。

4. 生产班组的班组长、班组兼职安全员，班前对施工现场、作业场所、工具设备、安全防护用品、危险源标识进行检查，施工过程中巡回检查，发现问题及时进行纠正。

5. 项目部的专职安全管理人员，要根据本单位的施工生产实际情况，制订安全检查计划，进行检查。对查出的问题，通知施工队立即整改，并上报项目部主管领导。

6. 季节性安全检查。主要由相关专业人员组成检查组，实施雨季防洪防汛、防雨、防雷电、防坍塌、施工用电、电气设备、环保等方面检查；冬季重点对机械设备、施工用电、消防、预防煤气中毒以及防滑防冻措施等检查。

7. 各项目部在组织安全检查时，必须对本项目部工程劳务分包队伍安全生产情况同时进行检查。

8. 各级对检查出的问题，必须严格按照"定人员、定时间、定措施"进行整改，实行登记跟踪，直至事故隐患消除。在事故隐患未消除前要采取可靠的防护措施防护。

9. 开复工前安全检查。新项目开工前和在建项目停工后复工前，由监理部组织相关部门进行安全准备工作检查验收，符合安全条件的方可开工。

项目施工合同管理制度

1. 指导思想

(1)项目部合理安排每份合同的执行人，为了确保合同的安全管理，最好每份合同从招投标开始到工程结束都由一人负责管理。

(2)合同责任人应该掌握合同的全部内容，充分监督、检查监理单位的监控情况。

(3)合同完成后，必须总结经验和教训，交工程管理部整理并归档。

2. 具体内容

(1)在工程开工至竣工期间，施工合同责任人应每半月填写合同半月报，及时反映每阶段工程进展情况。

(2)半月报主要包括以下内容。

①工程质量的评估意见。

②本周工程主要部位的进度情况。

③工程款支付数额及合同累计付款及付款比例。

④本周成本情况反馈(设计变更、技术核定、工程签证汇总)。

⑤监理公司的工作情况描述。

⑥施工现场劳动力和施工机械配备情况。

(3)半月报的审核以主办工程师的直接上司为主,项目总经理了解,项目秘书归档。

(4)在合同负责期间,合同责任人要按合同规定的条款严格要求施工单位,并督促监理单位。

(5)每份合同应收集相关的管理资料,由合同责任人负责,文件原件交项目秘书归档。当合同责任人改变时,应办理好交接手续,并且经其直接上司确认。交接记录单包括:移交的资料清单,已完成部分的情况描述,遗留的问题和注意的事项。

(6)项目经理部必须对每份合同进行评审,竣工验收以后先由合同责任人提交一份竣工报告,包括进度和成本分析。将实际情况与合同计划进行比较,分析产生偏差的原因,提出今后解决的办法,并对工程质量进行评估,由项目部对工程质量进行评审。

项目合同起草签订流程

1. 成交信号

常见的顾客买卖信号有以下几种。

(1)批评产品的品质或周边环境、交通设施等。

(2)与同行人员低语商量。

(3)神情严肃,频频喝茶或抽烟;

(4)讨价还价,索要折扣。

(5)向销售人员索取赠品。

(6)提出“我回去考虑考虑”。

(7)激烈提问后沉默不语。

(8)小心翼翼地反复提问。

2. 促进客户购买

以下三种方法可以促进客户购买,仅供大家参考运用。

(1)推定承诺法。

推定承诺法就是把顾客当作已接受我们的建议来行动，比如，在发现客户有意向购买产品时，可以这样说“订金一万元，您是付现金吗？”

(2)二选一法。

二选一法是推定承诺的引申，将客户认为是已接受房子，从而提出两个条件，由客户任选其一。例如，“先生，是以您的名义登记业主还是以您夫人的名义呢？”

(3)反复陈述优点法。

无论客户提出多少反论时，销售人员都要坚持不懈地一而再、再而三地提出商品的优点，并感染客户、带动客户，让其亲自操作或触摸，使其身临其境，帮助客户接受我们的产品。

3. 收定金

(1)客户决定购买并下定金时，销售人员要恭喜客户，并利用销控对答来告诉现场经理。销售人员视具体情况，收取客户小定金或大定金，并告诉客户对买卖双方的行为约束。

(2)销售人员应详尽解释定金单填写的各项条款和内容。收取定金后，请客户、经办销售人员、现场经理三方签名确认。

(3)填写完定金单，将定金单连同定金送交现场经理点收备案。将定金单第一联交客户，并告诉客户在补足或签约时要将定金单带来。

(4)确定定金补足日或签约日，并详细告诉客户各种注意事项和所需带齐的各类证件，再次恭喜客户。

(5)礼貌地送客户出门。

注意事项如下。

(1)销售人员要善于与现场经理和其他销售人员密切配合，营造并维持和谐的现场气氛。

(2)当客户对某套单元稍有兴趣或决定购买但未带足资金时，销售人员可以鼓励客户支付小额定金，使客户牵挂我们的楼盘。

(3)定金(大定金)为合约的一部分，若双方任一方无故毁约，都将按定金的1倍予以赔偿。定金收取金额的下限为1万元，上限为房屋总价款的20%，目的是确保客户最终签约成交。

(4)定金保留日期一般不超过七天，超过时限，定金没收，原保留的单元可以介绍给其他客户。

(5)小定金或大定金的签约日之间的时间间隔应尽可能短，以防各种节外生枝的情况发生。

(6)对于折扣或其他附加条件,应报现场经理同意备案。

(7)定金单填写完后,销售人员要仔细检查户别、面积、总价、定金等是否正确,并点收好收取的定金。

4. 定金补足

(1)不足定金时,定金栏内填写实收补足金额。销售人员要将约定补足日及应补金额栏划掉。

(2)再次与客户确定签约日期,将签约日期和签约金额填写于定金单上。

(3)若重新开定金单,大定金的定金单依据小定金的定金单的内容来填写。

(4)详细告诉客户签约日的各种注意事项和所需带齐的各类证件,记得恭喜客户,并将其送出。

注意事项如下。

(1)在约定补足订金日前,销售人员需再次与客户联系,确定日期,并做好相关准备。

(2)填写完订单之后,再次检查户别、面积、总价、定金等是否正确,并将详尽情况向现场经理汇报备案。

5. 换户

(1)在定购房屋栏内填写好换户后的户别、面积、总价。

(2)若是应补金额及签约金有变化,以换户后的户别为主。

(3)需要在空白处注明哪一户换至哪一户,其他内容与原订单一致即可。

注意事项如下。

(1)确保户别、面积、总价、定金、签约日等是否正确。

(2)收回原定金单。

6. 签订合约

(1)恭喜客户。

(2)对客户的身份证原件进行核对,审核其购房资格。

(3)向客户出示商品房预售示范合同文本,并逐条解释合同的主要条款。

①土地所有权性质。

②房地产的位置、面积、四周范围。

③当事人的姓名或名称、住所。

④土地使用权获得方式及其使用期限。

⑤房地产规划使用性质。

⑥房屋的整体布局、结构、建筑质量、装饰标准以及附属设施、配套设施等状况。

⑦房地产转让的价格、支付方式和期限。

⑧房地产的支付日期。

⑨争议的解决方式。

⑩违约责任。

(4)在职权范围内作适当让步。

(5)签约成交,并按合同规定收取第一期房款,同时相应抵扣已付定金。

(6)将定金单收回,交现场经理备案。

(7)帮助客户办理登记备案和银行贷款事宜。

(8)登记备案且办好银行贷款后,合同的一份应交给客户。

(9)恭喜客户,礼貌地将其送出门。

注意事项如下。

(1)销售人员应该事先准备好示范合同文本。

(2)销售人员应事先分析签约时可能发生的问题,向现场经理报告,研究解决的办法。

(3)如果客户在签约时有问题无法说服,销售人员应汇报现场经理或更高一级主管,及时采取解决措施。

(4)若客户的问题无法解决而不能完成签约时,销售人员应请客户先回,另约时间,以时间换取双方的折让。

(5)如果客户有事不能前来签约,委托由他人代理签约,户主给予代理人的委托书要经过公证。

(6)签订合同时,最好由购房户主自己填写具体条款,并要其本人签名盖章。

(7)对签约后的合同,销售人员应将其迅速交房地产交易管理机构审核,并报房地产登记机构登记备案。

(8)销售人员应及时检查签约情况,若有问题,应采取相应的应对措施。

(9)销售人员在解释合同条款时,应在情感上侧重于客户的立场,让其有认同感。

(10)对于签约后的客户,销售人员应始终与其保持沟通和联系,帮助其解决各种问题并让其介绍其他客户。

项目工程施工合同范本

发包人(全称):

承包人(全称):

依照《中华人民共和国合同法》、《中华人民共和国建筑法》及其他有关法律、行政法规、遵循平等、自愿、公平和诚实信用的原则,双方就本建设工程施工事项协商一致,订立本合同。

一、工程概况

工程名称:

工程地点:

工程内容:

工程规模及结构特征:

工程承包范围:

工程立项批准文号:

资金来源:

二、合同工期

开工时期:

竣工时期:

合同工期总日历天数______天

三、质量标准

工程质量标准:

四、合同价款

币种:

合同总价(大写):______________________元

(小写):¥______________________元

综合单价或费率:□详见承包人的投标报价书(招标工程)

□详见经确认的工程报价单或预算书(非招标工程)

五、组成合同的文件

组成本合同的文件包括:

(1)本合同协议书。

(2)中标通知书。

(3)投标书及其附件。

(4)经确认的工程报价单。

(5)本合同专用条款和补充条款。

(6)本合同通用条款。

(7)标准、规范及有关技术文件。

(8)图纸。

(9)工程量清单。

(10)双方有关工程的洽商、变更等书面记录和文件。

(11)发包人或工程师有关通知及工程会议纪要。

(12)工程进行过程中的有关信件、数据电文(电报、电传、传真、电子数据交换和电子邮件)。

六、词语定义

本协议书中有关词语含义与本合同第二部分《通用条款》中分别赋予它们的定义相同。

七、承包人承诺

承包人向发包人承诺按照合同约定及工程师的指令进行施工、竣工并在质量保修期内承担工程质量保修责任并履行本合同书所约定的全部义务。

八、发包人的承诺

发包人向承包人承诺按照合同约定的期限和方式支付合同价款及其他应当支付的款项,并履行本合同所约定的全部义务。

九、合同生效

合同订立时间:

合同订立地点:

发包人和承包人约定双方法定代表人签字或盖章后生效,并送工程所在地县级以上地方人民政府建设行政主管部门备案。

发包人:(公章)	承包人:(公章)
法定代表人:	法定代表人:
委托代理人:	委托代理人:
地址:	地址:
电话:	电话:
开户行:	开户行:
账号:	账号:
邮政编码:	邮政编码:

签证意见:

签证机关(章)

经办人:

时间:

第十七章
项目技术质量管理制度规范

项目管理部工作职责

1.部门职责

(1)项目管理部主要负责制定工程管理制度,施工质量、进度、签证等监控工作。

(2)技术管理部负责建筑技术信息收集,专业培训,优化设计、施工信息交流等工作。

(3)材料设备采购负责选择合格供应商,样板示范,招投标工作。

2.部门经理岗位职责

(1)对本部门的工作承担责任。

(2)选择下属,进行技能培训,以保证人才和物力的使用效率达到最高。

(3)确定部门的组织构架,规定下属的工作范围及管理、监理职能。

(4)组织部门工作周例会,检查指定业务工作完成情况,贯彻实施公司及本部门的规章制度,起草工作月报告。

(5)协助下属处理重要的和困难的工程管理或技术性问题。

(6)在建筑新材料、新技术、新工艺方面与外界进行交流,建立专业顾问人才信息库。

(7)审查施工组织设计,参加组织施工图纸技术交底会,提出建设性意见。

(8)检查各项目管理部工程进度,采取有效的管理措施,以确保公司的最佳盈利程度,并使工程符合合同规定的质量标准。

(9)通过与其他部门的协调,安排本部门工作或本部门与其他部门及单位的活动。

3.项目管理工程师岗位职责

(1)收集和整理土建工程管理的新思路、新方法、新技术和新工艺,为项目部提供技术服务支持。

(2)根据《工地检查规范及考核标准》,定期或不定期考核各项目部土建工程质量、进度、成本控制和现场安全文明施工管理业绩,并提供书面报告。

(3)审查施工组织设计,参与组织施工图纸技术交底会,提出建设性意见。

(4)跟踪熟悉有关设计、施工规范,确保各项目部执行最有效的工程规范。

(5)组织公司相关部门进行施工总承包、施工监理招投标工作并对所有过程中的资料进行汇总归档。

4.材料管理工程师岗位职责

(1)建立"合格供应商名册"一览表,保证工程质量,规避风险。每次招投标只针对一览表内的分承包商,对合格供应商跟踪、评估并做好考评记录。对一览表外的分承包商进行综合评审,如属符合要求的合格分承包商,将其纳入一览表内,作为合格供应商的补充。

(2)建立和完善建材供应商和产品质量标准、建材行情信息库。力求材料性能优异,应用技术精湛。保证材料采购有可操作性、实用性、可追溯性。

(3)制定甲供材料招标文件标准文本、评标标准、相关表单。

(4)负责编制和完善"甲供材料管理程序"文件。

(5)积极推行"住宅联盟"建材采购网上交易新举措,扩大信息渠道,公平、公正选择供应商,降低工程和管理成本,提高工作效率和管理技能。

(6)编制甲供材料"入围资格","供应商考察、考评、评定标准",以此作为合格供应商考察和评定工作的依据。

(7)组织并负责实施甲供材料采购招投标和合同签约工作。

(8)积极推广应用新材料、新技术,定期组织各项目部开展交流、研讨、培训等活动,力求直接体现在设计方案或设计施工图中。

(9)工程竣工,公正、公平考核甲供材料供应商合同履行情况,收集各方面信息,填写"合格供应商评审表",作为今后项目材料采购供货商选择的依据。

(10)编制甲供材料现场检验和验收指导书,并分发各项目部备案,作为材料检验和验收的依据之一,确保工程应用材料质量。

(11)编制"甲供材料供货进度,质量执行情况统计表"和"供应商合同履行综合考评表",并分发各项目部备案,作为考察各项目部甲供材料管理和各供应商材料供应执行情况的依据。

(12)定期收集供应商甲供材料购销信息和各项目部甲供材料管理工作信息,进行评估分析,提交书面报告。

5.技术管理工程师岗位职责

(1)联系集团设计工程部,获取相关的建筑工程技术信息。

(2)收集有关新材料、新技术、新工艺、新设备等方面的资料,组织新型节能材料、新工艺、新技术研讨活动,并将其推广应用,确保达到科学、节能、经济、环保要求。

(3)制订学习先进技术的培训计划,积极推广使用先进技术和科学管理方法。

(4)在设计开始前,应向设计院提出结构、给排水、电气、通风与空调、燃气等各专业的设计要求。

(5)与设计院、成本管理部密切配合,解决施工过程中的图纸设计变更问题。

(6)对于结构体系复杂的建筑、组织专家对施工图设计进行优化。

(7)组织与同行业的信息交流。

(8)建立可为项目服务的外围专家组。

项目技术质量管理规范

制定项目技术质量管理规范是为了实现各个工程项目的技术质量目标,不断提高工程项目的技术质量管理水平,使工程项目的技术质量管理得到进一步的加强,其具体内容如下。

1. 工程项目开始之前,质量工程师应会同其他人员确定工程项目的质量目标,并制订相应的质量保证措施及计划。

2. 质量工程师应将质量保证措施进行层层分解,并明确责任,落实到个人。

3. 在施工单位进场之前,质量工程师要对质量管理的相关人员进行必要培训,使所有人员了解并掌握工程项目质量的目标及控制措施。

4. 在施工开始之前,质量工程师应同其他相关人员对施工材料和设备进行检查,确保质量合格,并填写检查记录表。

5. 施工前,质量工程师要配合工程技术部相关人员进行图纸会审及技术交底工作。技术交底时,质量工程师应提出明确的质量目标、质量保证措施及要求、项目中采用的新技术、新材料、新工艺等的操作规程。

6. 在项目施工过程中,需要对下列各项进行质量检查。

(1)施工现场标准化作业和管理是否符合施工规范以及检验标准的规定。

(2)施工单位是否按照施工图纸和施工规范的各项要求进行施工。

(3)建立单位是否按规定进行监理、监督。

(4)工程技术部是否按照规定对施工材料进行试验和检查，结果是否符合实际要求。

(5)原始记录是否完善并翔实。

(6)公司质量体系是否有效进行。

(7)配料计量是否准确。

(8)对于违反规定的施工操作方法，采取措施后，检查是否落实。

(9)检查并核实隐蔽工程、重点部位以及关键工序施工和值班情况，确保施工过程的有效控制及运行。

7.质量工程师在项目施工过程中，应组织质量管理人员定期对工程项目进行质量检查，对质量管理人员共有以下几项要求。

(1)每月组织一次质量检查评比活动，由质量工程师监理单位负责主持，有关施工单位及专业工程师也要参加。

(2)对施工单位的质量检查，采取分组检查或共同检查。

(3)对检查中发现的问题，要认真分析，找准原因，及时提出整改措施和处理意见，并落实。

(4)质量检查主要是检查实物工程量，同时还包括对施工方法、现场文明施工以及质量管理的检查。

(5)施工单位和监理单位的过程款项与检查结果密切相关，这样可以有效提高施工单位和监理单位的质量管理意识及关系积极性。

8.为了实行过程项目质量控制、考核施工单位在施工质量管理方面的成绩，促进过程项目质量的管理和提高，就需要进行工程项目质量检查评定工作。工程质量检查评定工作是实现上述目的的主要手段，对工程项目的质量管理人员有以下几项具体要求。

(1)工程项目管理人员必须掌握工程项目质量验收标准，对施工质量实行严格的检查和监督。

(2)施工单位质检员把关检查施工单位原始记录，经监理单位负责人签字确认后，将有关资料上交，项目质量管理人员要不定期进行抽检复查。

(3)经检验合格的工程，都要按固定及时填写分项、分部和单位工程检验评定表，以此作为考核完成工作量、质量成绩的评定。

9.在施工项目过程中，因为责任过失造成的项目质量不符合设计文件的要求，或者进行返工处理的，一律按照项目事故来处理。

10.项目质量事故，严格按照过失规定的质量事故处理程序进行处理，重大事故需报上级有关领导。质量事故的处理要求如下。

(1)严肃处理隐瞒质量事故的有关责任人，追究造成事故责任人的直接责任，第一领导也要负一定的责任。

(2)严格执行“四不放过”原则。

(3)质量事故处理中，质量管理人员要进行监督和检查。

11. 在项目进行过程中，质量管理人员需要建立工程项目的质量台账，并填写工程项目质量表，向项目总经理定期汇报。

12. 质量管理人员需要定期分析。总结工程项目的质量记录，编制质量报告。

13. 工程竣工之后，质量管理人员组织进行竣工检查，检查内容主要包括以下几个方面。

(1)竣工测量。

(2)整理各种施工材料。

(3)复查工程质量评定表，核定工程项目质量等级。

(4)及时补齐可能出现的漏项、缺项，并及时处理一切质量问题。

项目质量管理工作程序

1. 质量工程师确定工程质量标准，编制工程质量计划。

2. 把工程质量计划上报至项目经理进行审批。

3. 审批通过后，质量工程师向其他单位传达工程质量要求。

4. 施工单位、监理单位接受工程质量要求。

5. 由监理单位协助质量工程师进行施工之前的质量管理工作，包括对材料和设备的检查。

6. 质量工程师参与图纸会审与技术交底。

7. 图纸会审通过后，施工单位开始进行施工，监理单位全程监督施工质量。

8. 施工期间，质量工程师负责监督、检查施工质量与监理质量，对施工质量与监理质量进行定期评定。发现问题，立即制定相应的整改措施，由施工单位进行整改。

9. 同时，质量工程师和监理单位进行整改质量的监督。

10. 工程结束后，由质量工程师编写项目质量报告，并上报至项目经理进行审批。

11. 审批通过后，质量工程师将项目质量报告进行资料存档。

项目技术质量监督工作流程（如图 17-1 所示）

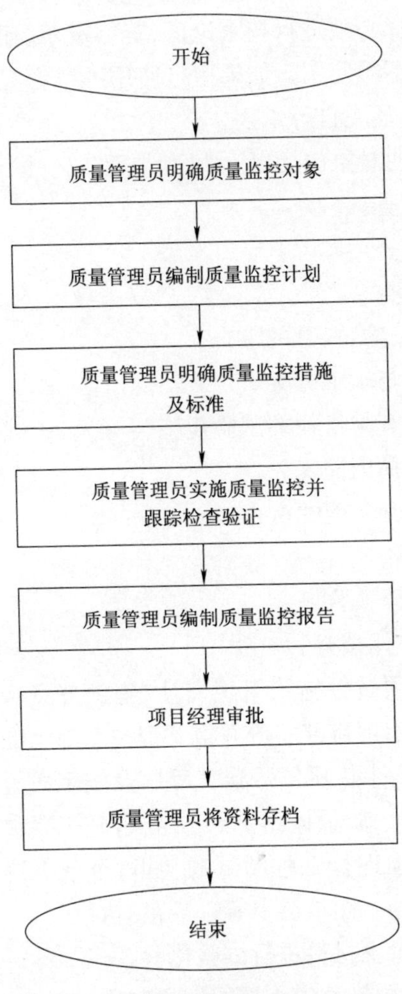

图 17-1　项目技术质量监督工作流程

项目技术质量监督工作规范

项目技术质量监督工作规范是为了贯彻公司在工程质量管理中的宗旨，实现公司的工程质量管理目标，使本公司的工程质量管理行为更加规范、合理，其具体内容如下。

1. 执行管理规定、监督检查、发现问题、提出解决措施、总结提高、改进标准、再次检查七个步骤共同组成工程质量控制的程序，通过它的循环进行可以不断提高工程的质量。

2. 施工队伍的选择必须进行技术论证、资格审核、证件审核等工作，不进行资格评定的施工队伍不得使用。如果擅自使用不符合规定的施工队伍，由此所造成的后果，由相关责任人自行承担。

3. 工程质量控制的对象包括以下 11 个方面。

(1)施工工序的审查。

(2)施工资料的审查。

(3)施工成品的审查。

(4)施工人员和机、物、料具的审查。

(5)施工组织设计与施工方案。

(6)施工材料的审查与材料的试验化验。

(7)施工队伍的选择论证。

(8)安装工程及配套功能的审查。

(9)工程的竣工验收。

(10)工程的分部、分项验评。

(11)工程质量的整体核查。

4. 工程开工前，必须做好施工组织设计(施工方案)，重大工程由工程技术部组织完成，一般工程由项目部完成并报工程技术部批准备案。

5. 施工组织设计文件必须包括施工程序及施工布置、主要技术方法、安全技术措施、临建平面布置、质量控制要求，并符合施工要求和图纸要求。

6. 工程开工前，必须进行工程图纸的会审，否则不得开工。图纸会审工作可遵照本公司制定的《施工图纸会审管理规范》执行。

7. 工程开工前，要对主材料进行试验化验。

(1)开工前，由工程质量负责人按图纸提前出具材料试化验明细，交材料员按单从确定的采购厂家取样，报相关专业工程师进行技术资料核审后，进行委托试验化验，合格后按审定的材料样品组织进料。

(2)需要做理化实验的材料，其出厂合格证、质量证书必须齐全，并且是国家认可的生产厂家，样品审核合格后方可使用，否则不得使用。

(3)需要做理化实验的材料主要包括水、暖、电、灯具，承运工具，成品门窗，强度构件，防水材料，装饰材料等。

8. 在施工过程中，应坚持技术复核。技术复核工作，由单位的技术负责人和工程质量负责人共同进行，复核的内容包括对轴线、标高、尺寸、配比、材料等的检验。

9. 在施工过程中，应坚持程序跟踪检查。检查内容包括上道工序的质量评定，施工模板、钢筋、埋件、孔洞，电、暖、水埋管料，脚手架养护，成品保护，安全网，所用材料，回填夯实，试化验数据等。

10. 在施工过程中，应坚持技术参数和质量保证资料同时复核。复核内容主要工作有熟读图纸和所用标准图、放线大样、轴线、标高、尺寸，材料试化验，焊接试验，回填密实度，接零、接地、打压、灌水、防水、渗漏试验等。

11. 在施工过程中，应坚持按规范标准进行质量评定，并按工程的分部、分项及流水段进行。

12. 在施工过程中，必须进行自检、互检、交接检，检验由工程质量负责人主持、质量员和施工班组组织开展，作为制订施工计划的基本依据。

13. 由工程质量负责人提出试验资料明细，并由试验员进行，由试验员索要资料，交工程质量负责人一份备用，其他由试验员存档。

14. 由工程质量负责人收集整理砼施工记录、打压、灌水、隐蔽验收，基础、主体结构、接地、回填记录、技术变更、联系通知单等。

15. 材料合格证、出厂证、技术说明书，由材料员按所供规格、种类向厂家索要(一式三份)，盖供方红章，然后交工程质量负责人备用存档。

16. 施工现场的安全员应填制、保存验评资料与安检资料，保存的资料都应符合国家标准。

17. 所有资料应通过逐级盖章签字，并且真实可靠，竣工前七日内，由项目部组织资料员进行收集整理，装订成册。

18. 工程竣工后的质量控制主要内容为工程竣工后的检验，其具体要求可参考《工程技术验收业务规范》中的有关规定。

19. 本规范经公司董事会审议批准后，自颁布之日起执行。

20. 本规范最终的修改权、解释权归质量管理部所有。

项目施工图样设计会审流程

1. 设计单位向设计管理部提交完整、全套的施工图纸。

2. 设计管理部门组织人员进行图纸会审，并移交图纸到监理单位、施工单位。

3. 施工单位组织人员进行图纸会审后，与设计管理部进行自审汇总。

4.确定会审结果，由设计管理部组织召开、并主持会审会议，设计单位要参与会审会议。

5.在会审会议中，设计单位要对设计意图、设计的结构特点、工艺布置与要求、施工注意事项等进行详尽介绍。

6.设计单位要针对其他单位所提出的各项问题进行答疑。

7.监理单位、施工单位、工程技术部、设计管理部经研究、协调，制定解决办法并编写会审记录。

8.会审会议记录汇总。

9.监理单位起草、签字确认会审纪要，并发放到工程技术部、设计管理部和设计单位。

项目施工质量控制方法及措施

1.施工质量控制方法

(1)质量控制应以事前控制(预防)为主。

(2)应按监理规划、监理实施细则的要求对施工过程进行检查，及时纠正违规操作，消除质量隐患，跟踪质量问题，验证纠正效果。

(3)应采用必要的检查、测量和试验手段，以验证施工质量。

(4)应对工程的关键工序和重点部位施工过程进行旁站监理。

(5)严格执行现场见证取样和送检制度。

(6)应建议撤换承包单位不称职的人员及不合格分包单位。

2.施工质量控制措施

(1)事前控制。

施工准备阶段是施工单位为正式施工进行各项准备、创造开工条件的阶段。在施工准备阶段，项目监理部采取预控方法进行监理，具体控制要点及手段主要包括以下内容。

①检查和督促施工单位健全质量及安全保证措施。

②施工准备的检验和监理。

③施工组织设计和技术措施的审批。

④苗木植物材料、建筑原材料、半成品供应商的审批。

⑤种植土壤、植物检疫、建筑原材料、半成品的试验与审批。

⑥进场施工机械、设备的检查与审批。

⑦测量、施工放样审核。

⑧特殊施工技术方案和特殊工艺的审批。

⑨质量保证体系的建立。

⑩开工批准。

(2)事中控制。

①监理工程师对施工现场有目的地进行巡视检查、检测和旁站。

②核查工程预检,对不合格的分项工程,通知承包单位整改,并跟踪复查,合格后准予进行下一道工序。

③验收隐蔽工程,对隐检不合格的工程,应由监理工程师签发《不合格工程项目通知》,由承包单位整改,合格后由监理工程师复查。

④分项工程验收,对符合要求的分项工程由监理工程师签认,并确定质量等级。

⑤分部工程验收,承包单位在分部工程完成后,应根据监理工程师签认的分项工程质量评定结果进行分部工程的质量等级汇总评定,填写《分项/分部工程质量报验认可单》,并附《分部工程质量检验评定表》,报项目监理部签认。

(3)事后控制。

①分项、分部、单位工程的质量检查评定验收。

对符合设计、验收规范所提出的质量要求的各分项工程,项目监理部对所有已完成工序的隐蔽工程进行验收,评定已完成分项工程的质量等级,并签署验收意见。验收频率为100%。

②质量问题和质量事故处理。

监理工程师对施工中的质量问题除在日常巡视、重点旁站、分项、分部工程检验过程中解决外,可针对质量问题的严重程度分别处理。监理工程师应将完整的质量问题处理记录归档。施工中发现的质量事故,承包单位应按有关规定上报处理;总监理工程师应书面报告业主及监理单位。

项目技术质量管理规划范本

1.做好技术质量的预控工作

(1)抓好施工组织设计及方案的管理这个重点。

施工组织设计是一个工程的纲领性文件,是工程顺利展开的前提条件。针对施工组织设计可能存在的编制滞后、在执行施工组织设计的过程中随意性严重、严肃性不强等问题,需要抓好以下几点工作。

①督促各经理部要认真做好图纸会审和设计交底工作,做到先研讨方案,后编写施工组织设计。

②加强施工组织设计的审批制度，提高施工组织设计的编制质量。

③督促项目经理部组织好施工组织设计的交底工作。

④根据公司的总部署，及时安排好季节性施工，做好冬雨季施工检查工作。

(2)做好对经理部技术质量管理中的计划工作。

由公司技术质量处组织编制“技术质量控制要点”，各项目经理部根据要点结合本工程的实际制订完善“工程资料收集计划，施工试验计划，工程质量控制及创优计划三个计划。

①工程资料收集计划。经理部主任工程师，根据工程的施工项目，按照工序的时间顺序，在工程施工之前，组织编制工程资料收集计划，报技术质量处审核后，资料员负责依照计划按工程进度收集资料，公司技术处进行核查。

②施工试验计划。按照总公司下发的试验员手册，结合本工程的流水段划分，以及各段的工程量进行编制计划，做到项目齐全，工程量准确。

③工程质量控制及创优计划。主要是针对装修工程、结构工程、模板工程、砼工程等技术指标的控制，项目部技术管理人员要依据现场实际要求编制详尽、科学、严谨的技术合同。

2. 以施工生产为龙头，深入施工第一线，严把施工过程质量关

要求项目经理与工地的技术管理人员一同研究方案，共同学习、加强过程控制、当好工地的技术参谋。同时，技术质量处采取定期检查和有针对性的不定期检查与项目经理部定期(每月报质量月报及每周报周质量评审记录)上报技术质量管理报告相结合的方式，对工程质量进行控制，及时发现经理部的技术质量隐患及质量问题。

3. 规范并完善科学合理的技术质量工作流程及管理制度

为简化、规范技术质量管理工作程序，提高技术质量管理工作的效率，应从公司的实际出发，制定可行、严谨、科学的技术质量工作流程及管理制度，为优质高效地开展工作、服务基层完成各项工作目标提供前提保障。

4. 加速技术系统信息化建设

5. 抓好业务学习和技术交流，营建学习型企业文化

6. 抓好贯标工作

7. 调动各经理部技术管理人员的积极性

8. 配合人力资源处等处室，做好技术管理人员的业务培训、人才培养、工作绩效考核、人员竞聘上岗等技术人员管理工作

项目整改通知书

项目部　　质改字(　　)第　　号

致　　　　　　　(施工单位):

经检查,发现贵单位负责的　　　项目存在下列质量隐患,望接到通知后,按照整改措施,立即组织进行整改。

工程质量隐患及整改措施表

受检查单位		质量隐患部位						
描述质量隐患								
检验人		受检单位确认						
整改时间								
整改措施								
项目部确认			检查人确认			受检单位确认		
日期：　年	月	日	日期：　年	月	日	日期：　年	月	日

整改后请用书面形式汇报。接贵单位书面汇报后,我部立即组织验收。

特此通知。

报送:

项目部(签章):

年　　月　　日

项目施工协议书

发包人(房地产开发公司):

承包人(施工单位):

发包人和承包人按照《中华人民共和国合同法》、《中华人民共和国建筑法》及其他相关法律、法规的有关规定,遵循平等自愿、公平诚信的原则,经协商一致后,签订本协议书。

1. 工程状况

2. 合同工期

自______年______月______日起动工至______年______月______日止竣工,总经历天数为______天。

3. 合同价款

总金额(大写):____________元整(人民币)。

4. 相关文件

(1)投标书及其附件

(2)中标书

(3)相关技术图纸文件

(4)工程量清单

(5)报价单(预算书)

5. 质量标准

本项内容可根据各个公司的具体规定和要求自行拟定。

6. 协议生效

本协议自订立之日起,经双方签字盖章开始生效。

签订日期:

签订地点:

发包人(公章):	承包人(公章):
法定代表人:	法定代表人:
委托代表人:	委托代表人:
联系电话:	联系电话:
开户行:	开户行:
账号:	账号:

第十八章
竣工验收和交付管理流程

项目阶段验收管理流程（如图 18-1 所示）

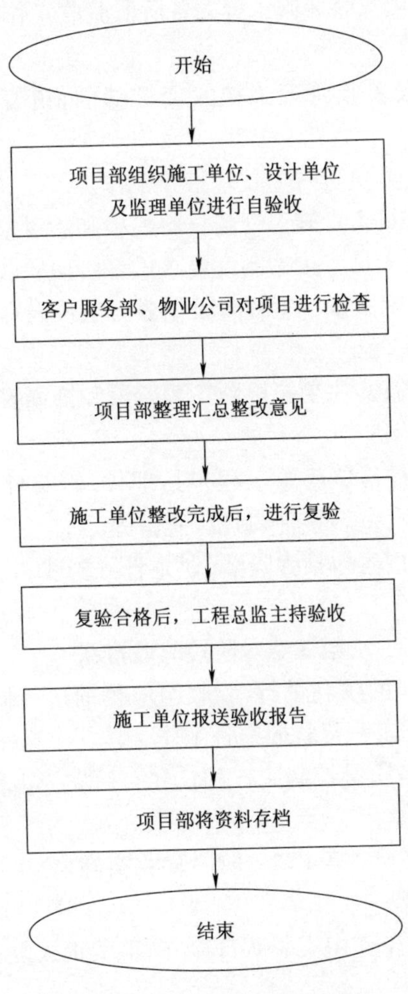

图 18-1　项目阶段验收管理流程

项目阶段验收管理制度

第1章 总 则

1. 目的

工程项目的质量结果取决于工程的过程质量，为加强对工程施工过程的动态控制，确保项目质量水平达到预期标准，特制定本制度。

2. 适用范围

本制度适用于公司安装装修工程的各阶段验收工作。

3. 人员职责

(1)项目部为阶段验收管理工作的负责部门，负责组织验收组进行阶段验收。

(2)项目技术负责人负责现场技术指导工作。

(3)施工质量检查员负责施工现场材料检验和质量检验工作。

(4)工程项目所有人员应按本制度要求做好阶段验收配合工作。

第2章 工程阶段划分方法及内容

1. 工程阶段划分方法

本制度所称工程阶段，主要指隐蔽工程阶段和饰面安装阶段。

2. 阶段工程内容构成

(1)框架幕墙、石材幕墙隐蔽工程包括埋件、转接件、框架、封修、避雷等。单元幕墙隐蔽工程为埋件、转接件、封修、避雷等。

(2)饰面安装工程内容包括弹隔墙、划龙骨分档线、龙骨安装、防腐处理、压条安装等。

第3章 阶段验收准备

1. 为确保验收工作的顺利进行，验收组应提前进行做好人员职责分配，并通知相关人员做好相关工程资料的准备工作。

2. 工程质量资料是质量控制工作的记录，一般应包括安装队自检记录、进厂材料材质单、合格证等。

第4章 阶段验收实施

1. 阶段验收步骤

公司工程阶段验收工作由安装队自检、施工负责人复检以及工程阶段内部报验三部分构成。

2. 安装队自检

工程阶段施工结束，由安装队质检员按本公司内控标准进行100%检验，及时填写公司“质量记录表”，检验合格后，向施工负责人报验。

3. 施工负责人复检

(1)施工负责人接到安装队报验后，按公司内控标准进行复检，抽检比例不低于20%，并填写“项目20%抽检记录”。

(2)复检不合格的，应组织安装队进行整改，复检合格后再进行报验。

4. 工程阶段内部报验

(1)工程阶段完成，通过安装队自检、施工负责人复检合格，具备内部验收条件后，由施工负责人填写“工程阶段验收申请单”，报公司项目部进行验收。项目部负责人根据情况派验收小组参与阶段验收。

(2)接到工程阶段验收申请单后，项目部原则上应在两天内到工程现场进行阶段验收，出具工程阶段验收结论，并将结论反馈到公司质量管理部门。

(3)阶段验收组长原则上由项目部经理担任，验收组组员不少于两人。

第5章 阶段验收标准与验收结果运用

1. 阶段验收评定标准

(1)安装装修质量严格按照公司质量管理标准进行验收。

(2)工程质量控制资料应齐全、完整。

(3)工程阶段验收合格率70%以上为合格，否则为不合格。

2. 验收评定结果运用

(1)工程阶段验收合格情况由工程质量与工程资料合格情况决定，其中，工程质量占阶段验收比重的80%，工程资料占阶段验收比重的20%。

(2)阶段验收总的合格率占总体工程评定结果的30%，而阶段验收总的合格率为单次阶段验收合格率的平均值。

第6章 阶段验收注意事项

1. 本制度所提起的框架幕墙、石材幕墙和单元幕墙共三种幕墙的饰面安装后，阶段不单独进行报验和阶段验收，只在工程竣工验收时进行验收。

2. 工程各部分进度不同时，可进行部分报验，但报验的面积不得小于工程总面积的1/3；阶段完成面积小于工程总面积的1/3时，项目部不报验，由施工质量检查员按巡检程序监察并记录，出具巡检结论。

3. 阶段验收不合格的工程不得进入下一阶段。

第7章 附　　则

1. 本制度由项目部负责起草和修订。

2. 本制度经公司总经理审批后生效和实施。

项目竣工验收管理流程

1. 项目工程竣工内部预验收之初验

(1)竣工资料审查。

监理单位审查竣工验收必备技术资料是否齐备、准确。必备技术资料一般应有以下内容。

①施工单位开工报告及竣工报告。

②全套如实反映工程实际情况的竣工图纸,施工图会审纪要和设计变更通知。

③各分部工程的质量保证资料和竣工技术资料,一般包括以下内容。

A. 主要材料、构件合格证书、检验及试验记录,主要设备的品质合格证书、说明书、操作维修手册。

B. 混凝土及砂浆试验记录。

C. 隐蔽工程验收记录。

D. 分项、分部工程中间交工验收记录,分项、分部工程质量评定表。

E. 各种施工、检查、系统及设备调试记录(包括地基验桩记录、打桩工程记录、试桩报告、防水工程检查记录、施工日志、管线安装检查记录、设备单机调试、联动调试记录等)。

F. 工程质量事故的处理记录及其他需要说明的问题。

G. 其他政府规定的工程档案资料。

(2)工程实物现场检查。

①完工程度检查 。各分项、分部工程逐项检查已全部完工,确认未遗漏任何细项;对需整改的细项逐条列出,限期整改。

②最终试验检查。检查规定进行最终试验的项目是否均已进行最终试验并达到要求,如屋面和卫生间的蓄水试验、排水管道灌水试验、给水系统清洗、电气绝缘、接地电阻测试、设备负荷调试等。

③是否达到窗明、地净、墙洁、电通、水通、场地清,确定整改完成时间。

(3)整改结束后,施工单位形成初验报告,经监理公司签字认可,送交项目所在公司主管甲方代表留存。

2. 项目工程竣工内部预验收之复验

(1)竣工资料的预验收 由监理单位、工程(配套)部技术人员对竣工验收必备资料进行进一步审查,并对发现问题逐项进行核对和验证(必要时应邀请设计单位参加)。

(2)工程实物的预验收。

①由监理单位、施工单位、工程(配套)部专业人员采用直观检查、实测点数、实际操作检查的方法全面检查各分项、分部工程。

②列出整改项目清单,限期完成整改。

(3)经检查整改完成后,施工单位形成复验报告,经监理公司、工程(配套)部甲方代表签字认可,由项目所在公司工程(配套)部留存。

(4)施工单位正式填写上报《竣工验收申请报告》。

项目竣工验收备案流程

1. 竣工备案依据

《建设工程质量管理条例》和《房屋建设工程和市政基础设施工程竣工验收备案管理暂行办法》。

2. 竣工备案条件

(1)工程已完成竣工验收的各项检测,验收达到合格标准。

(2)工程竣工资料内容完整、齐全。

(3)工程技术文件内容完整、齐全。

(4)工程质量文件内容完整、齐全。

(5)具备工程备案报告。

3. 申请企业填写《工程竣工申请表》,并准备相应的附件材料

(1)提交原件,备案部门存档。

①备案申请表一式三份。

②工程竣工验收报告。

③施工单位竣工报告。

④勘察单位工程质量检查报告。

⑤设计单位工程质量检查报告。

⑥监理单位评估报告。

⑦建设工程质量监督报告。

(2)提交原件及复印件,复印件备案部门存档。

①建设工程规划许可证和竣工规划验收合格证。

②施工许可证。

③施工图设计审查批准书。

④消防验收证明。

⑤环保验收证明。

⑥工程质量保修书,其中住宅工程需要提供《住宅质量保证书》、《住宅使用说明书》。

⑦法律、法规、规章规定必须提供的其他文件。

4. 备案部门接件审查

(1)符合验收条件,予以备案,并颁发《验收备案通知书》。

(2)不符合验收条件,退回重新组织验收。

项目竣工验收管理制度

1. 管理范围

凡新建、扩建、改建的基本建设项目(工程)和技术改造项目按批准的设计文件所规定的内容建成,符合验收标准的,必须及时组织验收,办理固定资产移交手续。

2. 职责

(1)工程技术部负责编写工程验收计划;计划、组织、协调、监督验收过程,负责专项及竣工备案证明书办理工作。

(2)工程技术部负责监督及参与工程验收全过程;工程质量的内部评定;制定公司的工程项目质量验收标准,并定期修订。

3. 竣工验收依据

(1)批准的设计任务书、初步设计或扩大初步设计、施工图和设备技术说明书以及现行有关的国家各项规程、验收规范以及公司有关审批、修改、调整文件等。

(2)从国外引进新技术或成套设备的项目以及中外合资建设项目,还应按照签订的合同和国外提供的设计文件等资料,进行验收。

4. 竣工决算的编制

(1)所有竣工验收的项目在办理验收手续之前,必须对所有财产和物资进行清理,编制竣工决算,分析概预算执行情况,考核投资效果,报上级审查。

(2)竣工项目经验收交接后,应及时办理固定资产移交手续,加强固定资产的管理。

5. 工程剩余物资处置

(1)建设工程完工后,工程部应当对工程剩余物资进行清理,对需处置的剩余物资,工程部经理提出处置建议报公司总经理审批,收入报财务部冲减建设成本。

(2)工程项目现场使用的办公设备清点入库或移交其他项目。

6. 整理资料

工程项目(包括单项工程)竣工验收结束后,各相关部门应将所有技术文件材料进行系统整理，分类立卷，按照规定程序归档留存。

7. 竣工验收程序

根据工程项目的规模大小复杂程度，整个项目的验收可分为初步验收和竣工验收两个阶段进行。规模较大、较复杂的项目，应先进行初验，然后进行全部项目的竣工验收；规模较小，较简单的项目，可以一次进行全部项目的竣工验收。

(1)施工单位按照国家规定，整理好文件、技术资料，提出交工报告。施工单位应在竣工验收时提供以下文件。

①设计文件或设计变更证明文件和竣工图。

②主要材料、设备、自动化仪表的出厂合格证书和检验报告。

③单位工程、分项分部工程质量检验评定表。

④开工、竣工报告，各类隐蔽工程系统封闭记录，中间验收单位和竣工验收单。

⑤各单机试运转，系统联合试运转的调试检测记录。

(2)工程部接到报告后组织财务、设计及使用等有关部门进行验收。

(3)经过各单项工程的验收，确认工程项目全部完成，符合设计要求，并具备竣工图表、竣工决算、工程总结等必要文件资料，工程部负责向上逐级汇报，由总经理最终审批。

(4)根据工程规模不同，将工程验收情况报告报送不同级别政府职能部门进行审批。

8. 特殊情况下竣工验收的要求

(1)工程项目基本符合竣工验收标准，只是零星土建工程和少数非主要设备未按设计规定的内容全部建成，但不影响正常使用，亦应办理竣工验收手续。对剩余工程，应按设计留足投资，限期完成。

(2)工程部分单项已经实际使用，近期不能按原设计规模续建的，应从实际情况出发，可缩小规模，报公司批准后，对已完成的工程和设备，尽快组织验收，办理固定资产的移交手续。

(3)国外引进设备项目，按合同规定完成负荷调试，设备考核合格后，进行竣工验收。其他项目在验收前是否要安排试生产阶段，按各个行业的规定执行。

9. 竣工验收文件

(1)竣工验收报告：竣工验收报告应对建设工程项目进行全面、全过程的概括总结。

(2)竣工验收证书：竣工验收证书应对建设工程项目做出评价。

项目竣工验收报告书

建设单位组织的工程验收组，当形成统一验收意见后，在认为工程合格的基础上，综合各参建方的档案和报告内容按工程验收规定文件的提纲写出“工程竣工验收报告”作为工程竣工验收备案的主要文件，其编写内容如下。

1.工程概况

(1)结构型式：同工程竣工报告解释。

(2)竣工期支付工程款额度：同工程竣工报告解释。

(3)建筑物安全登记：按规范(GBJ7—89)2.0.1条划分为一、二、三级。

(4)工程简要内容：对整个工程有一个较完整的概括性说明，如基础、主体结构构造、采暖卫生、燃气、通风空调、电梯、通信、玻璃幕墙等。

2.建设单位执行基建程序情况

(1)建设单位是否按：项目建设书—可行性研究—立项审批—规划审批—水文地质勘察—编制设计文件—开工许可制—工程的阶段、总体验收等基建程序执行。

(2)在每一程序中是否执行了具体的承办程序事项，如开工前办理工程用地批件，计划任务书批件、工程规划许可证、环保批件；设计、监理、施工招标合同；设计文件审查、委托质量监督以及办理施工许可证等。

(3)在执行上述基建程序中，尚存在哪些问题。

3.对参建各方质量行为评价

(1)对设计、勘察方质量评价(按条例第三章相关条文内容)。

(2)对施工方质量行为评价(按条例第四章相关条文内容)。

(3)对工程监理方质量行为评价(按条例第四章相关条文内容和合同分工)。

(4)对工程检测方质量行为评价(按双方合同职责分工)。

(5)对建设单位合法自行分包施工队伍质量行为评价(按条例第四章相关条文内容)。

4.单位工程质量综合评定文件

(1)依据施工单位竣工报告、监理单位质量评估报告和勘察设计单位质量检查报告中的相关部分内容，并按单位工程质量综合评定表中的结论数据，以及通过主体工程检测结果，确认本单位工程的质量等级和质量缺陷。

(2)报告应附有分部工程、单位工程质量检验评定表，地基基础、主体结构验收记录及检测部门出具的工程主体结构检测报告(不是每项工程均有)。

(3)单位工程使用功能相关部分质量认定结果。

5.建设、监理、勘察、设计、施工分别签署的质量合格文件及验收人员签署的竣工验收原始文件

(1)是指监理、勘察设计、施工三个报告和各方档案资料,在本报告中应给予说明和质量评估。

(2)参加竣工验收人员在会议中统一验收意见的签字书。

6.工程验收备案管理部门认为需要提供的有关资料

(1)是指有特殊使用功能的工程和工程特殊重要部位必须提供的相关资料。

(2)如智能化房屋布线与功能检测、隔声防震动、防化学腐蚀、防辐射线、防电干扰、防尘、防毒、防爆、恒温、恒湿等成果测试资料。

(3)用文字说出测试单位、资料名称、测试结论、测试报告作为本报告附件列后。

7.竣工验收时间、内容和组织形式

(1)验收时间、内容、组成人员、验收组织程序是怎样安排的?是否按原计划进行(指给监督部门的报告),有变动时其原因是什么?

(2)验收会议中有哪些不同意见的争议?怎样统一的。

(3)质量监督机构对验收组织全过程是否有不同意见?

8.需要补充说明的问题

(1)是指应提供的备案资料齐备程度和质量情况,如工程保修书、房屋开发的质量保证书、工程使用说明书及参验各单位发给的准用证件情况。

(2)工程竣工期主体结构的变异情况等。

房地产项目交付使用管理流程

房地产交付使用管理流程包括以下三个方面。

1.竣工档案、技术资料移交工作

(1)物业公司进场后,由(项目)工程部组织召开由各工程施工单位、物业公司参加的相关会议,由各施工单位介绍工程情况,物业公司熟悉工程。

(2)(项目)工程部组织施工单位、材料设备供应商对物业管理人员进行培训。

(3)(项目)工程部组织向物业公司进行竣工档案移交,并办理移交手续。

(4)(项目)工程部将各施工单位、材料设备供应商联络方式汇总向物业公司移交,办理移交手续。

(5)集团成本合约部应将我公司与各施工单位、材料设备供应商所签订合

同的维修、服务内容汇总,向物业公司进行移交。

2.物业验收、接管工作

(1)(项目)工程部组织各施工单位就整体工程所涉及内容分系统逐项向物业公司进行移交,并办理《工程竣工物业移交单》。

(2)(项目)工程部组织总包向物业公司进行每户水、电、气初始数据移交,并详细记录每户水、电、气初始数据。

(3)工程竣工物业移交单。

3.工程决算管理工作

(1)(项目)工程部将工程竣工资料经中心移交一套至集团成本合约部。

(2)总包组织各分包单位形成两套完整的工程竣工决算资料提交(项目)工程部,由(项目)工程部经中心转交一套至集团成本合约部。

(3)(项目)工程部、中心预算工程师配合成本合约部进行工程决算。

(4)成本合约部将工程决算结果书面反馈至中心。

第十九章
物资施工和验收管理实用表单

图样交接记录表(见表19-1)

表19-1　图样交接记录表

图纸编号		工程名称	
图纸名称		设计单位	
图纸数量		接受单位	
交接时间		交接地点	
交接人		接受人	
填写人		审核人	
相关说明			

图样会审记录表(见表19-2)

表19-2　图样会审记录表

图纸名称		工程名称	
参加人员			
会审时间		会审地点	
会审图号	图纸问题		
会审人签字			
记录人		记录时间	
审核人		复核人	

特殊项目鉴定表(见表 19-3)

表 19-3 特殊项目鉴定表

<table>
<tr><td>工程名称</td><td colspan="3"></td></tr>
<tr><td>施工单位</td><td colspan="3"></td></tr>
<tr><td>特殊项目名称</td><td></td><td>计划施工时间</td><td></td></tr>
<tr><td>施工人员资格审查</td><td colspan="3">计划参加施工工作人员共有( )人,其资格审查情况:
□合格
□不合格
审核人: 日期:</td></tr>
<tr><td>材料审核</td><td colspan="3">1. 本工程主要材料有________________
2. 验证情况:□合格 □不合格
审核人: 日期:</td></tr>
<tr><td>施工设备审核</td><td colspan="3">1. 本工程设备主要有________________
2. 设备验证情况:□合格 □不合格
审核人: 日期:</td></tr>
<tr><td>计量设备审核</td><td colspan="3">1. 本工程计量设备主要有________________
2. 计量设备的验证情况:□合格 □不合格
审核人: 日期:</td></tr>
<tr><td>作业环境及施工条件审核</td><td colspan="3">审核情况:
□合格 □不合格
审核人: 日期:</td></tr>
<tr><td>施工方案及技术交底审核</td><td colspan="3">编制施工方案 □已编制 □未编制
技术交底工作由( )进行,现在 □有 □无 技术交底记录。
审核人: 日期:</td></tr>
<tr><td>鉴定小组成员</td><td colspan="3"></td></tr>
<tr><td>鉴定结论</td><td colspan="3"></td></tr>
<tr><td>负责人</td><td colspan="3"></td></tr>
<tr><td>鉴定时间</td><td colspan="3"></td></tr>
</table>

设备台账表(见表 19-4)

表 19-4　设备台账表

类别	序号	类别编号	设备名称	购入数量	借出数量	归还数量	现有数量
机电专业	1						
	2						
	3						
	……						
土建专业	1						
	2						
	3						
	……						
质检专业	1						
	2						
	3						
	……						

材料分类表(见表 19-5)

表 19-5　材料分类表

材料名称	是否定板封样	厂家及品牌	规格	编号	使用位置	提供样品部门
常用设备及器材						
装饰材料						
景观材料						
智能设备						
定点采购供应商						

材料报审表(见表 19-6)

表 19-6 材料报审表

编号		工程名称		时间	
现报上关于					
进场检验记录,该批材料经检验符合设计,规范及合约要求,请予以批准使用。					
材料名称	规格	单位	数量	选样报审表编号	使用部位
序号	附件名称	页数	附件编号		
1	出厂合格证				
2	厂家质量检验报告				
3	厂家质量保证书				
4	商检证				
5	进场检验记录				
6	进场复试报告				
7	备案情况				
申报单位名称		申报人(签字)			
施工单位检验意见					
施工单位名称		技术负责人(签字)			
验收意见		审核时间			
审定结论		验收时间			
监理单位名称		监理工程师(签字)			

工程项目开工报审表（见表19-7）

表19-7　工程项目开工报审表

<table>
<tr><td>
________：
您好！根据合同的相关约定，建设单位已取得主管单位的审批开工证，我方已完成了________开工前的各项准备工作，计划于______年______月______日正式开工，请审批。
现在，我方已完成报审的条件有：
1.施工许可证
2.施工组织设计（含主要管理人员和特殊工种资格证明）
3.施工测量放线
4.主要人员、材料、设备进场
5.施工现场道路、水电、通信等已达到开工条件及其他……
工程承包单位：　　　　项目经理（签字）：　　　　日　期：
</td></tr>
<tr><td>
审批意见：
监理单位：　　　　总监理工程师（签字）：　　　　日　期：
</td></tr>
</table>

工程完成情况月报表（见表19-8）

表19-8　工程完成情况月报表

工程项目：　　　　报表日期：

<table>
<tr><td rowspan="2">序号</td><td rowspan="2">单位工程</td><td rowspan="2">投标价格</td><td rowspan="2">开工时间</td><td rowspan="2">竣工日期</td><td colspan="2">完成投资</td><td colspan="5">本月完成投资</td><td rowspan="2">月末形象进度</td></tr>
<tr><td>自上年末累计</td><td>自年初累计</td><td>合计</td><td>建筑</td><td>安装</td><td>设备</td><td>其他</td></tr>
<tr><td>1</td><td></td><td></td><td></td><td></td><td></td><td></td><td></td><td></td><td></td><td></td><td></td><td></td></tr>
<tr><td>2</td><td></td><td></td><td></td><td></td><td></td><td></td><td></td><td></td><td></td><td></td><td></td><td></td></tr>
<tr><td>3</td><td></td><td></td><td></td><td></td><td></td><td></td><td></td><td></td><td></td><td></td><td></td><td></td></tr>
<tr><td>4</td><td></td><td></td><td></td><td></td><td></td><td></td><td></td><td></td><td></td><td></td><td></td><td></td></tr>
</table>

续上表

序号	单位工程	投标价格	开工时间	竣工日期	完成投资		本月完成投资					月末形象进度
					自上年末累计	自年初累计	合计	建筑	安装	设备	其他	
5												
6												
7												
…												

单位负责人： 审核： 制表：

工程施工安全管理日记表(见表 19-9)

表 19-9 工程施工安全管理日记表

天气： 日期：

作业班组		部位	
工作内容			
安全活动内容以及处理意见	填写人签名：		

工程风险分析表(见表 19-10)

表 19-10 工程风险分析表

项目 因素	目前情况	准备情况	可利用资源	技术水平影响	在计划中人员突变	其他因素	预测及相应的解决方案
人力资源因素							

续上表

项目 因素	目前情况	准备情况	实际中的技术难度	承诺中的技术问题	某些指标无法达到	其他因素	预测及相应的解决方案
技术难度因素							
项目 因素	目前情况	准备情况	具体施工中缺料	无法在市场中购买的材料	公司无原料	其他因素	预测及相应的解决方案
材料设备因素							
项目 因素	目前情况	准备情况	实际到货不齐套	某些公司无货	不按时到货	其他因素	预测及相应的解决方案
货物齐套因素							
项目 因素	目前情况	准备情况	恶劣环境	特殊时期	不可抗拒的自然环境	其他因素	预测及相应的解决方案
环境及特殊时期因素							

施工现场安全生产检查表(见表 19-11)

表 19-11　施工现场安全生产检查表

工程名称：
施工单位：　　　　　　　　　　　　　　　　　　检查日期：

项目分类	序号	检查项目	检查情况	扣分类型	条文索引/扣分	评分标准	得分
(一)	1						
管理制度	2						
	3						
	4						
	5						

续上表

项目分类	序号	检查项目	检查情况	扣分类型	条文索引/扣分	评分标准	得分
（二）人员配备	6						
	7						
	8						
	9						
	10						
（三）安全防护及文明施工费用	11						
	12						
	13						
	14						
（四）市场行为	15						
	16						
（五）现场管理	17						
	18						
	19						
	20						
	21						
总体评价	检查人员（签名）：		检查日期：			总分	

注：1. 总体评价，优：85～100 分，良：71～84 分，中：60～70 分，差：60 分以下。
2. 检查时，先检查现场再检查资料。

工程安全生产检查表（见表 19-12）

表 19-12 工程安全生产检查表

序号	检查项目	检查内容	检查情况	备注
1	安全生产责任制	各级安全生产责任状签订及检查情况	全部签订并有动态检查记录； 全部签订单位检查； 未全部签订	

续上表

序号	检查项目	检查内容	检查情况	备注
1	安全生产责任制	安全生产委员会或领导小组建立情况	有书面文件,人员合理; 有书面文件,人员与事实不符; 无书面文件	
2	安全生产管理制度	安全生产管理机构和制度	有机构和人员,职责分明; 有机构和人员,职责未分明; 机构和人员不全	
		安全生产许可证制度	根据省厅文件制定了具体管理办法,管理规范; 转发省厅相关文件,管理规范; 制度不全或管理不规范	
		安全监督工作程序及安全施工措施备案,起重机械使用登记等制度	规范执行; 执行但不规范; 未执行	
		应急救援制度	有预案和演练; 有预案但未演练; 无预案	
3	安全生产工作制度	重点监控制度	是否有制度和名单,是否进行公示	
		形势分析和联络员制度	是否有文件规定,是否定期召开会议	
		预警制度	节假日和事故多发季节 是否提前预警警示	
		层级监督管理	建设行政主管部门对所辖各县、区是否定期进行了监督管理	
		事故单位约谈记录	是否进行约谈并公示约谈记录	
4	安全生产培训	对监督人员培训情况	共培训　　期　　人	
		对管理人员培训情况	共培训　　期　　人	

续上表

序号	检查项目	检查内容	检查情况	备注
5	行政处罚	对安全事故单位处罚情况	全部进行了行政处罚,共　起; 进行了部分处罚,应　起,实际　起; 未进行行政处罚	
		对检查中发现的违法违规行为的处罚	全部进行了整改和处罚; 部分进行了整改和处罚; 整改但未处罚	
6	专项整治	安全防护专项整治情况	是否在辖区内全部开展	
7	安全监督	安全监督台账和档案	是否规范	

说明:1. 所有检查项目均应有相应的文件、资料、记录等佐证材料。

2. 各地应向检查组提供以下资料和文件。

①各地安全生产检查情况汇报。

②关于成立安全生产委员会或领导小组的文件。

③重点监控企业名单。

④明确各部门安全生产监督管理职责的文件。

工程技术资料表(见表19-13)

表19-13 工程技术资料表

工程名称:　　　　　　　　　　　　　　　　填报日期:

序号	文件编号	类别	项目		页号	附录

工程技术经济指标分析表(见表 19-14)

表 19-14　工程技术经济指标分析表

工程名称：　　　　　　　　　　　　　　　　　　　　　　　　填报日期：

名称		指标内容					
工程造价指标	费用名称	工程造价	分部分项工程费	措施项目费	其他项目费	安全文明施工专项费	税金
	金额(元)						
	单方造价						
	占造价比例						
工程经济指标	分部名称						
	合价(元)						
	单方指标						
	占总造价比例						
主要材料价格及工料指标	材料名称						
	综合单价						
	材料数量						
	单方指标(平方米)						
主要工程量指标							

工程技术档案表(见表 19-15)

表 19-15　工程技术档案表

1. 项目名称		7. 期数	
2. 具体地点		8. 占地面积	
3. 开发商		9. 建设面积	
4. 供稿单位		10. 摄影	
5. 建筑设计单位		11. 容积率	
6. 景观设计单位		12. 绿化率	

注：以上表格请各地采编认真全部填写，其中 1～9 为必填项，5、6 两项可选一，如有一项未填则拒收该稿件，10～12 三项如果有则填写。

施工质量监督检查记录表(见表 19-16)

表 19-16 施工质量监督检查记录表

1	施工单位质量行为检查	自检结果(是否齐全)
1.1		
1.2		
1.3		
…		
2	技术文件和资料监督检查	
	审核内容	自检结果
2.1		
2.2		
2.3		
…		
3	施工现场和工程实体质量检查	
	审核内容	自检结果
3.1		
3.2		
3.3		
…		

工程报验申请表(见表 19-17)

表 19-17 工程报验申请表

表格编号		填写时间	
工程名称		施工单位	
项目地点		设计单位	
项目部经理		合同期限	
动工时间		竣工时间	

续上表

<table>
<tr><td rowspan="7">竣工情况</td><td>项目内容</td><td>施工单位情况</td></tr>
<tr><td>完成项目设计与合同约定</td><td></td></tr>
<tr><td>施工材料和设备的进场试验报告</td><td></td></tr>
<tr><td>施工安全评价书</td><td></td></tr>
<tr><td>技术档案与施工管理资料</td><td></td></tr>
<tr><td>整改问题的执行</td><td></td></tr>
<tr><td>项目质量保修书</td><td></td></tr>
<tr><td colspan="3">以上内容均已完成，符合有关法律法规和项目质量的强制性标准，现申请报检手续。

项目部经理：
申请时间：</td></tr>
</table>

工程验收记录表（见表19-18）

表19-18　工程验收记录表

<table>
<tr><td>工程名称</td><td colspan="2"></td><td>项目经理</td><td></td></tr>
<tr><td>施工单位</td><td colspan="2"></td><td>技术负责人</td><td></td></tr>
<tr><td>结构类型</td><td colspan="2"></td><td>动工时间</td><td></td></tr>
<tr><td>建筑面积</td><td colspan="2"></td><td>竣工时间</td><td></td></tr>
<tr><td>序号</td><td>项目</td><td>验收记录</td><td colspan="2">验收结论</td></tr>
<tr><td>1</td><td></td><td></td><td colspan="2"></td></tr>
<tr><td>2</td><td></td><td></td><td colspan="2"></td></tr>
<tr><td>3</td><td></td><td></td><td colspan="2"></td></tr>
<tr><td>4</td><td></td><td></td><td colspan="2"></td></tr>
<tr><td>……</td><td></td><td></td><td colspan="2"></td></tr>
<tr><td rowspan="2">验收单位负责人</td><td>建设单位</td><td>施工单位</td><td>监理单位</td><td>设计单位</td></tr>
<tr><td>日期：</td><td>日期：</td><td>日期：</td><td>日期：</td></tr>
</table>

消防设施验收记录表(见表19-19)

表19-19 消防设施验收记录表

验收单位			
验收地点			
编号			
此次验收,共抽查( )处,占( )%			
验收项目	质量验收标准	验收情况	处理意见
消防资料	1.图纸及资料齐全。 2.有产品合格证,铭牌清晰。		
烟感与温感	1.图纸规定安装烟感____只,温感____只。 2.工作情况。	1.正常工作____只 2.不正常工作____只	
消防栓	1.设计数量____只 2.安装位置合乎设计要求 3.阀门安装及漏水情况 4.消防皮带安放齐全 5.自动按钮安装情况 6.灭火器配备情况 7.立管、油漆,消防栓外观,安装质量情况	实际安装____只	
喷淋系统	1.喷淋头设计数量共____ 2.安装位置,间隔距离合乎要求 3.楼层防火分区总阀,流量开关安装情况 4.末端放水阀门安装情况 5.管道安装、支架安装、漏水情况	实际安装数量____只	
分区卷帘门	1.分区卷帘门安装位置合乎图纸要求设计 2.设计安装卷帘门____只 3.楼层防火分区总阀,流量开关安装情况 4.末端放水阀门安装情况 5.管道安装、支架安装、漏水情况	实际安装数量____只	

续上表

验收项目	质量验收标准	验收情况	处理意见
手动报警钮	1. 设计规定数量____只 2. 安装情况	实际安装____只	
广播喇叭	1. 设计安装数量____只 2. 安装及工作情况	实际安装____只	
防排机械防排烟	1. 设计排风口____只 2. 风管安装情况 3. 设计防火阀____只 4. 防火阀动作情况 5. 正压风口及风压测试情况	实际安装风口____只 实际安装防火阀____只	
防火门	1. 设计安装____只 2. 安装质量情况	实际安装____只	

设计单位		物业公司	
施工单位		地产公司	
工程监理		验收日期	

设备验收交接表（见表 19-20）

表 19-20　设备验收交接表

编号：

设备名称		规格型号	
交接日期		出厂日期	
安装位置		设备数量	
外形尺寸		单机重量	
设备单价		使用年限	
试运转情况			
试运转时间			

续上表

设备验收移交情况			
遗漏整改内容			
移交随机文件及备品备件		数量及说明	
操作使用说明书			
维护保养说明书			
安装竣工图纸			
……			
供应商		联系电话	
联系地址		联系人	
制造商		联系电话	
联系地址		联系人	
验收交接单位			
交接人签字			
日期			

工程事故报告表(见表 19-21)

表 19-21 工程事故报告表

编号：

监理单位： ______年______月______日______时,在______发生____________________事故,现将事故发生情况报告如下,待调查成果出来后,再另行作详情报告。 报告单位： 报告人： 年 月 日 时
事故经过：

续上表

事故类型	□交通事故　□人身伤害事故　□工程质量事故　□机构设备事故
事故等级	□一般事故　□较大事故　□重大事故　□特大事故
人员损失	□重伤＿＿＿人，死亡＿＿＿人　□直接经济损失＿＿＿万元
采取措施	
初步处理意见	
监理机构意见	工程监理部： 签收人： 年　月　日　时

资料审查表（见表 19-22）

表 19-22　资料审查表

部门名称	审查标准				备注
审查内容	完整性		准确性		
	完整（或有）	不完整（或无）	合格	不合格	
工程合同技术文件					
设计更改审核					
工程实施及质量控制检验报告及记录					

续上表

系统检测报告及记录					
系统的技术、操作和维护手册					
竣工图及竣工文件					
重大施工事故报告及处理					
监理文件					
……					
审查结果					

工程竣工结算核定表(见表 19-23)

表 19-23 工程竣工结算核定表

编　号		日　期		
工程名称				
施工单位				
分项工程内容	分项工程总价	监理审核数	监理批准数	备　注
……				
结算总额			监理负责人	
填写人		审核人		批准人

隐蔽工程验收申请表(见表 19-24)

表 19-24　隐蔽工程验收申请表

合同名称：　　　　　　　　　　　　　　　　　　　合同标号：

<table>
<tr><td>致：

请贵方审批。

承包单位：

项目经理：

日期：</td></tr>
<tr><td>监理工程师意见：

监理单位：
监理工程师：
日期：</td></tr>
</table>

说明：本表一式四份，由承包人填写。监理单位审签后，随同审批意见，承包人、监理单位、发包人、设代机构各一份。

隐蔽工程验收记录表(见表 19-25)

表 19-25　隐蔽工程验收记录表

<table>
<tr><td>单位施工名称</td><td></td><td>施工单位</td><td></td></tr>
<tr><td>隐蔽工程名称</td><td></td><td>所在分布</td><td></td></tr>
<tr><td colspan="4">隐蔽内容及质量情况：
一、隐蔽内容及地质描述

地质分层境况

二、隐蔽部位断面示意图
见附图(略)</td></tr>
</table>

续上表

自检意见：	联检意见：
施工单位： 初检： 复检： 终检： 年 月 日	建设单位代表： 监理单位代表： 设计单位代表： 地质单位： 年 月 日

第七部分
项目营销与市场运作管理

内容提要

- 市场调研管理流程
- 市场销售管理流程
- 客户关系管理制度规范
- 项目营销管理实用表单

第二十章
市场调研管理流程

市场调查业务流程(如图 20-1 所示)

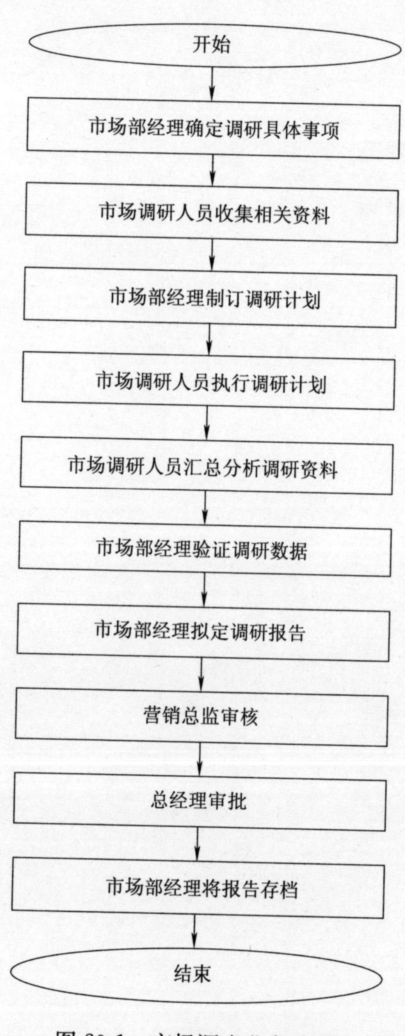

图 20-1　市场调查业务流程

市场分析业务流程（如图 20-2 所示）

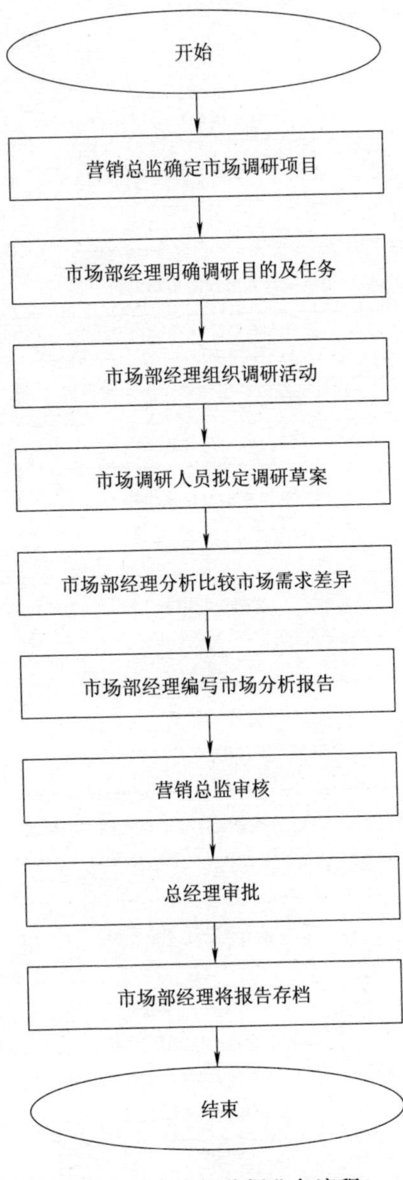

图 20-2　市场分析业务流程

市场定位业务流程(如图 20-3 所示)

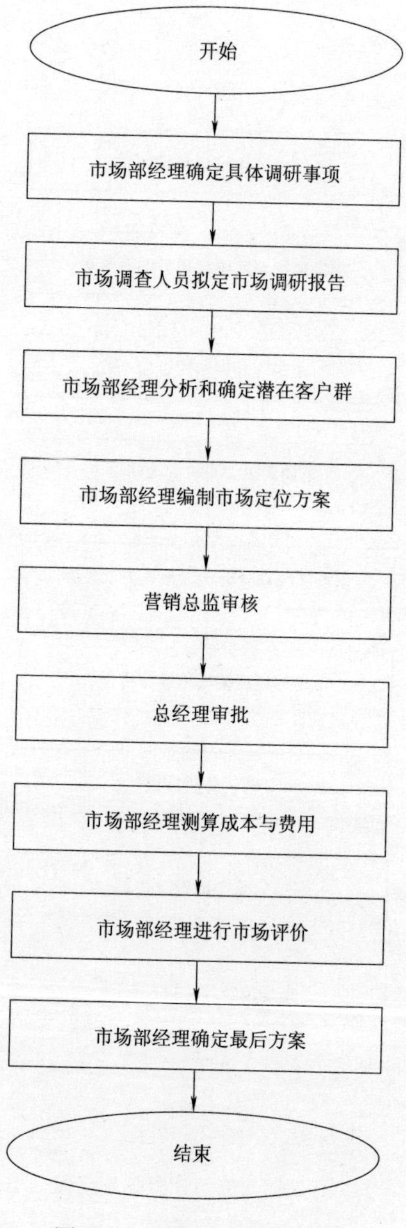

图 20-3 市场定位业务流程

市场定位业务规范

1.市场定位策略。

对公司整体市场进行定位的策略,主要包括以下四种。

(1)市场挑战者策略。

(2)市场领导者策略。

(3)市场寻位者策略。

(4)市场追随者策略。

2.选择公司市场定位类型。

公司根据自身的实力,选择公司市场定位类型,主要包括避强定位、迎头定位、重新定位三类。

3.目标市场的选择。

(1)判断消费者的需求差异。

(2)对消费者的需求进行归类,进行市场细分。

(3)筛选细分市场。

(4)选定目标市场。

4.整理市场分析资料。

在市场分析工作完成后,市场营销部负责对分析报告进行整理,进一步提炼相应的数据资料,为项目定位提供依据。

5.明确项目市场定位的目的。

项目市场定位的目的是要找出楼盘的卖点,这个卖点要与目标消费者的需求一致,楼盘的销售价格也不能超过消费者的心理承受能力,这样才能增加客户的购买欲望。

6.市场定位的基本原则。

(1)与公司发展战略(包括品牌战略、经营战略和管理战略等)相一致的原则。

(2)经济性原则。

①产品定位应具有较高的性价比,在满足必要建筑功能的前提下,租售价格合理。

②从公司角度出发,在成本控制的基础上做到效益最大化。

③在成本和费用测算、效益测算基础上,计算的各项经济评价指标达到社会平均水平,确定项目盈利预期的可能性和风险性,明确项目经济利益实施的可行性。

(3)可行性原则。

①经济评价的可行性。

市场定位须运用微观效益分析与宏观效益分析相结合、定量分析与定性分析相结合、动态分析与静态分析相结合的方法，对项目进行经济评价，分析各经济评价指标是否可行，充分考虑公司经济实力、融资能力和管理能力等因素对项目规模、开发模式和项目进度的影响。

②项目实施的可行性。

由于房地产市场的不断变化和发展，市场定位必须考虑项目实施的可行性，避免出现“无个性、难租售”的现象，要根据项目规模、地块特性和本项目的优势来分析入市的时机，准确设计项目的实施进度。

(4)适应性原则。

①与当地或所在区域的社会经济发展水平和消费者收入水平相适应。

②与所在区域房地产市场的物业档次、标准、品质相适应。

③和经过市场调查分析确定的目标客户群的消费特点和消费能力相匹配。

④与公司的技术和管理水平相适应。

7.项目市场定位的基本流程。

项目市场定位大体包含项目区位的分析与选择、开发内容和规模的分析与选择、开发项目租售的价格分析与选择等几个步骤，其具体流程如下。

(1)市场营销部调研人员负责开展市场调查、区位分析，分析并确定潜在客户群。

(2)调查结束后，进行产品定位，包括户型、面积、档次等内容。

(3)产品定位后，明确租售价格定位。

(4)一切前期工作准备就绪，市场营销部征询各方(主要包括造价管理部、财务部、销售部等部门)意见。

(5)市场营销部将结合各方意见对方案进行统一调整。

(6)市场营销部将调整后的方案交至财务部，由其进行成本与费用测算。

(7)财务部在接到市场营销部的调整方案后，应立即预测租售收入和租售进度。

(8)针对财务部预测的数据，市场营销部组织开展经济评价。

(9)经营销总监、公司总经理审批后，最终确定最后方案。

8.项目市场定位的主要内容。

项目市场定位的主要内容包括以下六个方面。

(1)确立开发理念。

为体现公司的企业文化，发挥企业的竞争优势，基于公司的价值观，确定开发的指导思想和经营模式，使得项目定位有利于公司的长久发展，有利于品牌建设。

(2)进行项目初步设计。

在充分分析市场资料的基础上，根据土地和目标客户的具体情况，编制初步设计任务书，委托规划设计部门进行项目的初步设计，进一步确定建筑风格、结构形式、房型、面积和建筑标准等内容。

(3)筛选目标客户。

在市场调查的基础上，应该以有效需求为导向，初步确定项目的目标客户，分析其消费能力，为产品定位和价格定位做好基础工作。

(4)明确用途功能。

市场定位应根据城市规划限制条件，按照最佳最优利用原则确定开发类型，对土地资源进行综合利用，充分挖掘土地潜能。

(5)根据公司经济实力和项目投资流量，分析和选择适当的入市时机，充分考虑到风险和利益的辩证关系，提出可行的营销策划方案，保证项目的顺利进行。

(6)测算租售价格。

参照类似房地产的市场价格，运用适当的方法，综合考虑房地产价格的影响因素，确定本项目的租售价格。

9.为了保证对项目进行准确的市场定位，营销总监应及时组织会议，与会的市场营销部经理及相关人员应根据掌握的资料，提出相关的建议，并协助营销总监完成市场定位工作。

10.本规范由市场营销部制定，经公司总经理审批签字后生效。

11.本规范自发布之日起开始实施。

12.本规范最终解释权、修改权归市场营销部所有。

市场分析业务规范

1.市场营销部综合项目的实际情况，可以结合公司市场分析的要求，明确市场分析目标。根据实际市场分析工作的需要，市场营销部进行市场分析的目标包括以下三方面的内容。

(1)寻找与记录房地产销售市场的变化趋势与规律。

(2)为项目和目标消费者做出精确的描述。

(3)为市场推广与销售工作提供指导与参考依据。

2.市场营销部在确定分析目标之后，要确定需要搜寻的原始资料，主要通过以下两种途径获得相关资料。

(1)通常情况下,政府为了引导房地产市场、指导开发商,通常要整理并发布关于房地产市场运行、市场供求状况、价格水平及其变动的历史数据,市场营销部可据此了解相关信息。

(2)另外,房地产的行业协会和行业组织,例如一些房地产经济研究会、住宅研究会等,这些部门发布的本行业相关的数据信息,也可以作为市场营销部收集资料的来源。

3.需要收集的资料主要包括以下四方面的内容。

(1)城市市场的相关资料。

城市市场的相关资料主要包括城市概况、近几年城市经济发展趋势、近几年城市房地产市场发展情况,以及未来几年内城市房地产市场的发展趋势等。

(2)项目所在区域和竞争区域的资料。

项目所在区域和竞争区域的资料主要包括项目所处的地理位置、区域特色、环境和地理优势、交通便利性、发展前景、商品房竣工面积、空置面积、销售情况和均价等。

(3)项目和竞争项目资料。

项目和竞争项目资料主要包括项目和竞争项目的规划、社区规模、容积率、建筑形态、园林规划、社区配套、户型及配比、销售价格及销售情况等。

(4)目标消费群体的资料。

目标消费群体的资料主要包括目标消费群体的年龄、文化程度、家庭结构、家庭年收入、职业、价值取向、生活理念等情况。

4.城市、区域、项目和消费者的资料,通常通过对公开发表资料的收集来获取,这种方式获取的资料绝大部分是二手资料,如果需要一手资料,要采用市场调研的方式获得。

5.市场营销部要根据项目的具体需要,开展市场调研活动,当然,调研活动也可以选择外包给专门的调研机构,由其配合市场营销部开展调研工作。

6.补充调研的流程。

(1)确定市场调研的内容。

当市场营销部对当前整体或者区域市场有比较全面的了解时,就会以目前市场上现有的项目为对象进行调研。根据调查内容的不同,可将其分为项目情况调研、客户调研和全面调研三种。

①项目情况调研主要包括位置、规模、类型、价格、工期、发展商销售状况等,尤其是项目的价格和销售情况。

②客户调研要注意不同项目的目标客户群体不同,不同客户群体对房屋的

偏好各异。不同客户群体间方方面面的显著或是细微的差别，都能通过市场调研和研究准确把握，这便于公司抓住目标客群。这类调研的内容包括客户的购买力水平，客户购买力投向，例如物业类别、户型偏好、位置偏好、预期价格等，以及客户的共同特性，如年龄、文化、家庭结构、职业、原居地等。主要的手段是通过问卷调查的形式，就调研者想了解的问题，对目标调查对象进行访问和调查。

③全面调研，是指完整全面的市场调研，包括宏观的背景情况，还包括社会政治环境、自然环境分析以及整个市场的项目开发量、消化量、需求量、总体租金水平、空置率等内容；再逐步细化到畅销项目、滞销项目、各区域街区功能分析及重点项目对比，例如规模、性质、规划、工程设计、硬件配套、营销、物业管理等。这类调查的难点是工作量大，专业性强，需投入大量人力物力且工作周期长，所以可采用外部单位配合的形式进行。而且，这类调研是上述全部内容的结合，至少是大部分内容的结合。

(2)确定市场调研的对象。

这里所说的调研对象主要是目标客户群。在确定目标调查对象时，可参照同类项目的已成交客户，对客户群体进行整体划分，为调研提供方便。

(3)确定市场调研的方式。

调研方式包括很多种，一般情况下主要采用电话访问、问卷调查等。

(4)制订调研计划。

在进行市场调研之前，制订一个比较周密的调研计划也是必不可少的。调研计划的内容主要包括确定调查的问题及地域范围，并对调查目标进行初步分析，在此基础上，制订调研计划，例如方式及进度、收集信息的范围与种类、经费预算、组建队伍及人员培训等。

(5)合理设计调查问卷。

如果市场调研采用的是问卷式调查形式，那么在调研之前须设计调查表及问卷，并确定抽查对象及样本大小。在设计调查问卷的时候，要针对不同的调研对象，准备多份不同种类的调查问卷，确保调研活动的真实可行。

(6)调研计划执行。

调研计划的实施可由市场营销部组织相关人员深入目标市场，开展调研工作。

①直接资料可采取访谈、电话、问卷、观察等方法收集。

②间接资料可采取交换、购买、委托等方法收集。

(7)结果处理。

调研完毕，需要将调查收集到的资料进行分类、统计，得出结论，在此基础上编写调查报告。

7.资料处理。

市场营销部负责汇总通过各种途径收集到的资料，并将其分类、整理。

8.市场营销部负责对房地产市场进行分析，主要包括以下六项内容。

(1)地区经济分析。

主要研究地区的经济环境，包含地区经济的基本趋势分析和地区基础产业的发展趋势分析。

(2)区位分析。

某地点的最佳用途分析是进行投资决策时的主要分析内容。主要包括两方面：一是要对项目地块所在的区位与类似的区位进行比较，发现市场机会；二是在有两个或两个以上的可选用途时，对每一种可能的用途都要进行分析比较。

(3)市场概况分析，主要包含以下三方面的内容。

①把项目及其所在的专业市场放在整个地区经济中，考察其地位和状况，分析人口、公共政策、经济、法律是否支持该项目。

②找出影响计划项目成功的关键问题，明确下一步分析的方向和侧重点。

③对地区房地产各类市场总的未来趋势进行分析。

(4)专业市场供求分析主要包括以下四方面的内容。

①细分市场，进行产品细分及消费者细分，找出某一消费群体所对应的房地产产品子市场。

②根据潜在需求的来源地及竞争物业的所在地，确定市场研究区域。

③对各子市场的供需关系进行分析，找出各子市场的供需缺口。

④将供需缺口最大的子市场，并确定其为目标子市场，最后求出目标子市场供求缺口量(未满足的需求量)。

(5)项目竞争分析主要包括以下三方面的内容。

①根据目标物业的特征，选择、调查竞争物业。

②分析目标物业的法律、经济、地点及地点的可达性等特征。

③确定目标物业的竞争特点，进行竞争评价，预测一定价格和特征下的项目销售率及市场占有率。它还包含要得出三个分析的侧重点，即营销建议、售价和租金预测、预测吸纳量及吸纳量计划。

(6)敏感性分析，主要是测定关键参数的敏感性。确定分析结果适用的范围，反映市场分析面对的不确定性。

9.市场营销部在进行市场分析时，要尽量规避以下四类影响市场分析有效性的因素。

(1)市场分析的数据是否充分、可靠。

(2)分析过程中逻辑关系是否合理。

(3)市场分析所选用的分析方法是否恰当。

(4)市场营销部人员对房地产市场分析要点的把握程度。只有根据分析目的把握住市场分析的关键所在,才能使分析切中要点,达到一定深度,不因分析内容过多而遮掩了对主体的分析。

10.市场营销部要想提高市场分析有效性,主要应通过以下几个途径。

(1)明确各类房地产活动对房地产市场分析的要求,明确市场分析的工作重点,有针对性地进行分析。

(2)在分析过程中,采用合适的市场分析方法,论证有力,结论明确,其具体要求如下。

①预测需求时要测定细分市场的分段需求。

②报告中采用的数据有针对性,有两个以上数据来源的比较。

③系统完整、逻辑清晰合理。

④需求参数确定合理,对关键需求参数的变动趋势有独到的研究分析。

⑤市场分析结论明确,结论适用的范围界定清楚,能充分反映市场分析结论所面对的不确定性。

⑥市场占有率、吸纳量计划的确定过程合理且有逻辑性。

⑦分析中要分析子市场分段中有竞争的供给,而不是笼统地分析已建和在建项目的供给。

11.市场营销部经过具体的市场分析得出结论,确定项目特征和价格范围估计等相关信息,并提出分析意见,编制《项目市场分析报告》。

12.《项目市场分析报告》的核心内容有以下几点。

(1)深入分析项目情况,研究目标客户群,对项目情况进行SWOT(优势、劣势、机会和威胁)分析。

(2)为项目的营销战略、阶段策略、媒体策略、推广主题等提供建议。

(3)挖掘项目卖点,提炼项目营销核心竞争力,并做出具体描述。

(4)有针对性地展示收集的基础数据资料,为分析提供依据。

13.《房地产项目市场分析报告》上报市场营销部经理审核后,呈交营销总监、总裁审批备用。

14.本规范由市场营销部制定,最终解释权和修改权归其所有。

15.本规范由市场营销部负责解释。

16.本规范自报营销总监审批后开始实行。

竞争对手分析管理流程

1. 明确现有的直接竞争对手和新的或潜在的进入者。

2. 竞争对手情报来源。

对竞争对手的信息进行例行的、细致的、公开的收集是非常重要的基础工作。竞争信息的主要来源包括年度报告、文献资料、内部报纸和杂志、竞争对手的历史、广告、行业出版物、公司官员的论文和演讲、销售人员的报告、顾客以及供应商。

3. 竞争对手分析数据库。

应当收集的数据包括以下内容。

(1)作业场所的数量和位置。

(2)竞争对手组织和业务单位结构的详细情况。

(3)产品和服务范围情况,包括相对质量和价格。

(4)按顾客和地区细分的市场详情。

(5)沟通策略、开支水平、时间安排、媒体选择、促销活动和广告支持等详情。

(6)销售和服务组织的详情,包括数量、组织、责任、重要客户需求的特殊程序、小组销售能力和销售人员划分方法。

(7)市场(包括重要客户需求的确认与服务)的详情,顾客忠诚度估计和市场形象。

(8)有关作业和系统设备的详情,包括能力、规模、范围、新旧程度、利用情况、产出效率评价、资本密集度和重置政策。

(9)重要顾客和供应商的详情。

(10)控制、信息和计划系统的详情。

4. 分析竞争对手战略。

要评价主要竞争对手的相对优势和劣势,必须对它们的战略进行分析和评价。大多数企业都是多元化经营的,因此需要在多个层次上对竞争对手的战略进行评价。

第二十一章
市场销售管理流程

房地产市场营销基本流程

1. 先由市场部企划主管对公司产品规划、本年度经营计划和上年度营销计划进行研究分析，制定《年度营销计划》。

2. 企划主管在《年度营销计划》和相关部门的销售人员等提供的市场信息的基础上，制定本年度的《营销方案、政策》，上交市场总监审批。

3. 如果《营销方案、政策》没有通过审批，必要的时候可由市场总监组织相关人员进行会议讨论，企划主管负责进行修改；对于审批通过的《营销方案、政策》，企划主管可以上交总经理审批。

4. 总经理审批通过后，企划主管将《营销方案、政策》本案、存档并颁发。若是没有通过审批的，企划主管负责进行修改并重新上交总经理审批。

5. 市场部企划主管负责定期组织公司的相关人员召开营销分析会议，并根据营销实绩、市场发展状况，提出具体的营销计划、销售政策调整意见，同时做好相关整理，然后报营销总监、总经理批准。

6. 营销计划、销售政策调整方案一经获得批准，即由企划主管进行颁布。

楼盘内部认购工作流程

1. 客户筛选。

对已经登记的客户进行一次筛选，再次进行项目介绍，确保真正有诚意的客户在正式预定当日来售楼处缴付大定金。

2. 执行过程。

主要包括时间安排、工作安排和前期准备工作。

(1)递交内部认购计划书和第一批待推单元的价目表。

(2)执行方案的讨论、确定。

(3)价目表的调整、细化销控方案的出台。

(4)方案的最终定稿。

(5)集团内部及关系客户的先期领号。

(6)通知(电话/信函)客户正式领号。

(7)展示大厅接待客户、咨询相关问题。

(8)价目表公开、小定金收据的制作、财务人员的安排。

(9)正式预定。

控制进场签约人数,保证现场次序和足够的人气度,具体工作如下。

①通知当日来售楼处现场正式预定的客户分时段在售楼处外候场。

②整个接待时间严格控制,未在短时间做出决定的客户则不予等待,安置于休息区继续考虑,后批客户依次进场。

③若出现两个或以上的客户同时选中同一单位的情况,则由定金收据上的筹号先后获得优先挑选权。

④销售员将已有明确意向的客户引领到定金收款处,客户缴款,一份交与客户,一份留存。工作人员发放礼品券。

⑤总销控台的负责人在客户填写认购书的同时,将已预定的单元及时通知其他销售人员,不再向客户推荐。

⑥客户凭认购书和礼券到礼品处领取纪念品(礼品待定)。

⑦如已领取的客户在当场次、当日未正式下定金的客户,作自动放弃。

⑧客户若没有机会选购我们的第一期房源,在推出第二批房源时,该部分客户按顺序有优先挑选权。

集中开盘认购工作流程

1.开盘前各业务员应准备好相关工具和资料(计算器、商业和公积金贷款计算表、房型图、空白认购单、公司账号、商业和公积金贷款办理须知)以及茶水、纸杯、复印纸等。

2.本次开盘的为______号楼,均价为______左右,一次性付款客户可享受______折优惠,此外无其他任何优惠。1号楼价格表只有一份,由销售主管保管并负责销控。

3.本次选房严格依据客户持有的选房卡的卡号顺序进行选房,序号在前的三位客户由三名业务员分别引领到选房区进行选房,由工作人员负责审核上楼的客户的卡号及身份证是否与公司登记表上的信息相符。

4.上楼选房的三位客户中,序号在前的客户由业务员引领到销售主管处首先选房,选房时间为2分钟,如客户在2分钟内未能选中,则销售主管可安排下一位客户过来与之同时选房,先选中者先签认购单。

5.客户选房完毕后,由业务员帮助客户填写认购单及复印身份证等相关证件，工作人员负责帮助复印。

6. 业务员带客户去财务室交纳定金，同时将认购单交由财务主管审核盖章，盖章后一份财务留存，两份交给业务员。财务人员负责点钞、开收据和登记。

7. 业务员将盖好章的认购单一份(连同客户身份证复印件等相关资料)交给工作人员整理和保管；另一份认购单连同定金收据、公司账号、贷款须知、房型图等一起装入资料袋交给客户并送客户下楼，然后带新客户上楼继续认购。

8. 案场的总协调由销售总监负责。

竞争对手分析管理流程(如图 21-1 所示)

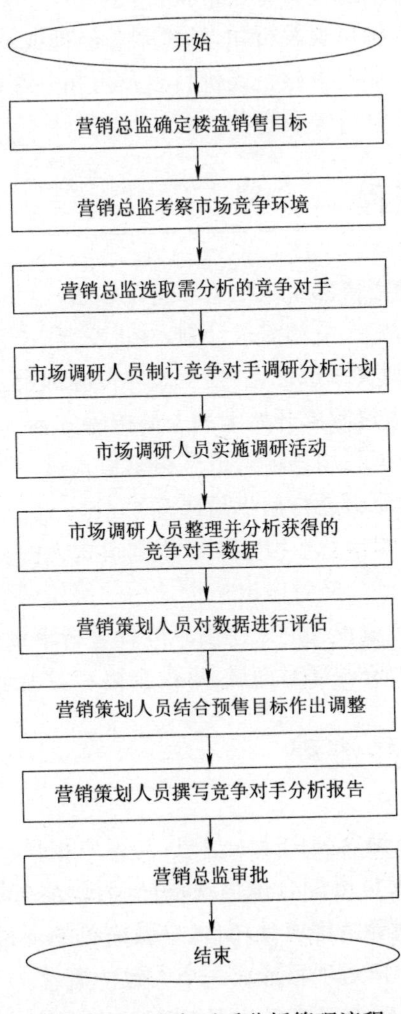

图 21-1　竞争对手分析管理流程

新楼盘定价工作流程

1. 项目公司销售部开盘前 2 个月发函给相关部门。

2. 研发中心(研发部)根据产品和定位提出建议;销售部根据竞争及市场基础建议;运营中心或财务中心根据成本利润提出建议。

3. 销售部组织召开定价会议,确定楼盘整体实收均价及价格体系。

4. 销售部根据定价会议拟定价报告,包括价格分布图、楼宇价目表及折扣。

5. 主管运营或财务副总裁会签定价报告。

6. 销售部出具正式价目表及折扣,销售副总经理或总经理确认。

7. 运营部门或财务部门审核正式价目表及折扣并存档。

8. 销售部下发正式价目表及折扣。

销售团队组建流程

1. 由营销总监明确销售部组织结构和岗位职责。

2. 营销总监提出销售人员的需求计划,并上交至人力资源部进行审批。

3. 若审批未通过,则重新拟定,上报至人力资源部及总经理进行审批。

4. 审批通过后,人力资源部开始编制人员招聘方案。

5. 联系招聘媒体或者利用其他渠道广招销售人员。

6. 对应聘者所投的简历进行初步筛选。

7. 通知面试、复试,营销总监应参加销售部负责人的复试工作。

8. 人力资源部对面试合格者做出初步录用的决策,销售人员的录用上报至营销总监进行审核,销售负责人的录用由总经理进行审批。

9. 审批通过后,人力资源部对面试、审批合格者发出录用通知书。

销售人员介绍产品流程

1. 礼貌寒暄,大致了解客户的个人信息,与客户相互介绍,互换联系方式。

2. 寒暄之后,销售人员可配合销售现场已经规划好的销售动线,配合沙盘模型、灯箱、模型、样板间等销售道具,向客户做简单的项目讲解(如朝向、楼高、配置、周边环境等),使客户对项目形成一个大致的概念。

3. 销售人员要很自然而又有重点地向客户介绍产品,包括地段、环境、交通、配套设施、房屋设计、主要建材等。

介绍产品时应注意事项如下。

(1)介绍产品时，应重点强调楼盘的整体优点，避免谈及不利因素。

(2)在模型讲解过程中，可探询客户需求(如面积、购买意图等)。做完模型讲解后，可邀请客户参观样板间，在参观样板间的过程中，销售人员应对项目的优势做重点介绍，并迎合客户的喜好做一些辅助介绍。

(3)通过交谈，销售人员可以正确把握客户的真实需求，并据此迅速制定自己的应对策略。

(4)销售人员要用自己的热忱与诚恳向客户进行产品推销，努力使其充分地信任自己。

(5)如果客户不止是一人时，销售人员要能区分出其中的决策者，掌握他们相互间的关系。

销售人员接待客户流程

1. 基本动作。

(1)当客户进门，销售人员要主动上前迎接，并彬彬有礼地说“欢迎光临”，同时，提醒其他销售人员注意。

(2)销售人员在得到同事的提醒后，应立即上前，热情接待。

(3)帮助客户收拾雨具、放置衣帽等。

(4)通过随口招呼，区别客户真伪，了解所来的区域和接受的媒体。

2. 第一次引导入座。

销售人员应该很自然地将客户引导进入接待区的接待桌，请客户入座，并且于引导前带上销售夹(资料)、计算器、笔、名片等销售用具，同组人员配合倒水、递杯，从而完成初次引导入座过程。

3. 业务寒暄。

初次引导客户入座，请客户喝水后，随即就要同客户展开必要的寒暄，互递名片，为了解客户的情况，就要摸清客户的背景，包括年龄、职业、喜好、家庭、所在区域、购买动机、购买能力等尽可能详细。以便在后续的接待、销售过程中有的放矢，目标明确。能够真正地引导客户，使客户在购房过程中始终跟着销售员的思路走，这样容易达成销售。

另外，在业务寒暄过程中，销售员要亲切、真诚，拉近同客户之间的陌生距离，得到客户的初步认可。因此，业务寒暄、了解客户是整个业务销售过程中基本的环节，这亦是销售员推销自己，让客户认可的第一步。

4.带客户参观，向其展示产品。

通过与客户的初步沟通和了解，基本上可以得到客户的认可之后，销售员将胸有成竹地开始向客户发动第一轮销售攻势——即参观展示区、介绍产品。销售员将充分运用案场展示区的销售道具（从效果图到模型，从展板到灯箱……）和自己的推销才能清晰地向客户进行发展商说明、环境篇描述、产品篇介绍，要让客户认可你，感觉你是一个十分专业的房产顾问，也使客户在购房中更加信服于你。此外，在产品介绍的过程中，要时刻注意客户的神情、语言、行动，有重点、有条理、充满感染力地描述产品的条件及其符合客户的地方，并机智、专业、随和地回答客户在参观过程中的问题，随时倾听客户的想法，并及时对其疑惑进行解答。

5.第二次引导入座（细说产品）。

当客户通过展示区了解到本产品的基本情况之后，销售员应请客户第二次入座，并适时地再请客户喝水，与其寒暄、聊天。通常情况下，客户对产品有了认知后，必将产生许多的疑问及兴趣，因此第二次入座接洽与第一次入座接洽的销售背景和动机完全不同，此次，销售员将同客户比较深入地细说产品中的问题，如户型、面积、绿化率、价格等，并根据客户的年龄、职业、喜好、家庭情况、购买实力等情况设身处地为客户考虑，作其参谋，为其解说。

同时，销售员可以通过业务寒暄及参观展示过程中对客户的了解，对客户做出判断，从而在业务洽谈中位于上风，此时，销售员还能够运用自己的销售用具——销售夹，对产品的细节进行描述，并拿取海报、说明书、DM 等销售企划道具，给客户作详尽解释和产品说明。

接待客户应注意事项如下。

(1)销售人员在接待客户过程中，应仪表端正，主动热情，态度亲切和蔼。

(2)接待客户的时候，一般一次只接待一人，最多不要超过两个人。

(3)如果来访者不是真正的客户，销售人员也应该注意销售现场的整洁和个人仪表仪容，保持企业形象，随时给客户以良好的个人印象。

(4)无论客户是否决定当场购买，销售人员都要将客户送到营销中心门口。

(5)接待过程中，销售人员应态度诚恳，取得客户的信任，为客户购买产品打下良好的基础。

销售人员带客户看现场流程

1. 主动提议带客户看现场(样板房、工地实情)

客户在比较清楚地掌握了产品的情况之后，将希望到现场实地去看房，如果客户没有看房意向或者没有表现出要去看房，这时，销售员应主动提议，指引客户去工地看房。在看房的过程中，销售员将对已熟知的工地状况有目的、有步骤、有技巧地向客户进行引导、介绍，并对客户看房过程中的情形予以分析，了解其满意度及抗性度，从而做好实质谈判的准备。

2. 设定看房目标

带客户去现场实地看房，销售人员要从以下三项着手，了解客户的看房目的。清楚客户的看房目的，能便于销售人员在引导客户看房的过程中，要充分运用对工地状况的熟知，指导、介绍、解释客户所提出的各种问题。

(1)工地实情、工程进度、预计发展。

(2)实物样板、家庭装潢、功能布置。

(3)实物房型、面积结构、采光景观。

3. 看房时间、路线的设定

销售人员应在带领客户去现场看房前，要先进行看房设定，对看房时间、看房路线、看房重点一定要提前设定好，保证看房过程顺利、自然，以及客户看房的满意度，为客户购房打下良好基础。

(1)时间设定。

①上午看房(针对楼盘东套房源)。

②下午看房(针对楼盘西套房源)。

③晚上看房(浑水摸鱼)。

(2)路线设定。

①“先中、后优、再差”原则。

②展现实地的有利面。

③看房重点——实物样板房展示。

④锁定看房数量。

⑤避免或转化产品的不利因素。

⑥不宜在工地停留时间过长。

4. 准备好看房必备用品

看房必备用品主要包括安全帽、海报、说明书、销售夹(资料)等。

5.谈判环节

(1)销售人员应结合施工现场的大体情况和周边的环境特征,边走边向客户介绍。

(2)销售人员向客户介绍房子的时候,要结合户型图、规划图,这样可以使客户真实地感觉自己所选的户型。

(3)销售人员要尽量多做介绍,吸引客户的注意。

带客户看房应注意事项如下。

(1)在带客户看工地之前,销售人员需要将路线事先规划好,注意沿线的整洁和安全,以保证客户的人身安全。

(2)到达工地现场,销售人员要嘱咐客户带好安全帽及其他随身所带物品。

售楼人员培训管理制度

1.执行公平合理的客户轮接制度

(1)第一接触点的原则。

原则上,哪一个销售员首先接触该客户,该客户就应该被其所有。当该客户第二、第三次上门时,若是第一接触销售员不在的情况下,其他销售员有义务协作第一接触业务员,帮助成交,但不计入其他销售员的业绩。

(2)裙带性原则。

①若第一接触是销售员的客户介绍的(包括电话介绍和亲自带领上门)新客户甲,则新客户资源甲仍应归属该销售员。同样,甲带来的客户资源乙也应归属该销售员,以后依此类推。但此原则仅适应于新上门客户指明找该销售员或老客户介绍在先,不包括其他情况。

②若上门客户是某销售员的亲属或朋友,则其资源权应优先归属该销售员。

(3)时效性原则。

①通常情况下,销售员对老客户资源的拥有不可能无限期。为了使销售员产生优患意识,销售员应该积极主动地与客户保持联系、及时追踪,促成业务成交,其拥有客户资源的时效为三个月。

②对于客户资源中那些犹豫型的客户,成交过程较慢,这类客户在三个后重新登记,登记表须经售楼部主管签字确认后,该销售员才能重新获得对此客户的拥有权。

2. 工作态度

(1)勤勉负责。

工作人员必须发挥高效率和勤勉精神，对自己的工作认真负责、精益求精，做到及时地追踪客户，充分了解客户的心理动态。

(2)诚实守信。

工作人员必须如实向上司汇报工作，反馈工作中遇到的问题，坚决杜绝欺骗或阳奉阴违等不道德行为。

(3)严于职守。

工作人员必须按时上下班，不得迟到、早退、旷工，不得擅离职守，个人调换值班时需经主管同意。

(4)服从领导。

工作人员必须切实服从上司的工作安排和调配，按时完成任务，得拖延、拒绝或终止工作。

3. 服务态度

(1)工作人员应友好地迎接客人，与同事和睦相处，互帮互助。

(2)工作人员无论在任何时刻都应注重自己的形象，使用礼貌用语。

(3)日常工作中，工作人员要保持高昂的工作积极性，在与客人的交谈中应主动为客人着想。

(4)对于客人的要求，工作人员要认真、耐心地聆听，并详尽地向客人介绍项目，解答客人疑问。

4. 行为举止

(1)当客户上门询问时，值班工作人员应主动起立相迎，微笑接待；当客户站立观看售楼展板及相关资料时，值班工作人员应笔直站立在客户的一侧，头部微微侧向客户，面露微笑，双臂自然下垂，适时向客户介绍项目。

(2)坐姿要求如下。

①陪同客户落座时，工作人员应坐在椅子1/3～2/3，背部不得倚靠椅背。

②双手平放在腿上，不可置于两腿间或玩弄其他物品。

③轻轻落座，避免动作幅度较大引起椅子乱动及发声响。

④双腿自然平放并拢，不得跷二郎腿。

(3)交谈时注意事项。

①在售楼部内不得高声喧哗或手舞足蹈。

②上身微微前倾，用柔和目光注视对方，面带微笑，并通过轻轻点头表示理解客户谈话的内容，不可东张西望或显得心不在焉。

③不得以任何理由顶撞、讽刺、挖苦或嘲笑客户；与客户打招呼不得用“喂”，应用“先生”、“小姐”或“女士”称呼客户。

④不可整理衣着、头发或频频看表。

⑤坚持使用“请”、“您”、“谢谢”、“对不起”、“再见”、“请慢走”等礼貌用语。

5.工作制度

(1)员工应按时上下班，不得迟到早退或旷工。

(2)员工必须遵守“廉洁、守法、诚实、敬业”的行为准则。

(3)工作时间不得外出吃早餐，不得吃零食；不得高声喧哗、聊天；不得在售楼部内睡觉、看报、滥打私人电话或做其他与工作无关的事情。

(4)值班工作人员应提前5～10分钟到岗，做好班前卫生工作。

(5)员工在工作时间内应坚守岗位，主动接待来访客户。

(6)员工必须衣着得体、整洁，男员工应经常修剪头发，做到无异味；女员工不可浓妆艳抹；员工工作时间内均佩戴工作牌。

(7)员工未经公司批准不得兼职。

(8)不得玩忽职守，违反劳动规则纪律，影响公司的正常工作秩序。

(9)服从上司安排和调配，按时完成任务，不得顶撞上司。

(10)员工有义务保守公司的经营机密。

(11)员工禁止索取非法利益、越级或越权开展经营活动。

(12)员工违反公司制度给公司造成经济或名誉损失的，公司有权要求其予以赔偿。

(13)对于员工违反本制度的行为，有权向上级领导投诉，接受投诉的部门或个人应为投诉者严格保密。

(14)员工要即时以书面或口头形式向公司提出合理建议。

6.销售人员过失分类细则

销售人员的过失主要可分为轻微过失和重大过失两种。

(1)轻微过失(罚金______～______元每/人)。

①客户进门时，值班业务员没有及时主动起立迎候；未使用礼貌用语接听电话；未用普通话说“您好”。

②工作时间，工作人员带无关人员进入公司。

③工作人员在当班时聊天、高声喧哗、追逐打闹、勾肩搭背、随地吐痰、乱扔纸屑杂物等不文明行为；在营业厅内吸烟；工作时间吃早餐、零食、睡觉等与业务无关的行为。

④工作时间衣着不整，未按规定佩戴工作牌。

⑤当班时间，工作人员故意不与同事协助、配合开展业务。

⑥未经领导同意，工作人员擅自越级与甲方谈论项目相关事宜。

(2)重大过失(罚金______～______元每/人，严重者将予以开除)。

①玩忽职守，在当班时做与工作无关的事情。

②当班时饮酒或不服从上班安排，在工作中有意欺骗上司；遇紧急情况时，未服从领导安排。

③对客户、同事、上司无礼，出言不逊或恐吓、威胁、骚扰客户。

④私藏、挪用公司的物品。

⑤串岗、离岗致使工作时间电话无人接听，客户无人接待，影响工作。

⑥未预先向上级领导请假而缺勤。

⑦与客户私自交易；为客户提供有损公司利益的额外服务；私自向客户收取费用；藏匿客户遗忘的物品等不道德的行为；泄露公司的文件、资料，使公司利益遭受损害。

⑧盗窃、骗取或故意损坏客户、同事或公司的财物；向客户索取小费或礼物；要求客户代办私事。

⑨侮辱、殴打客户、同事；违反国家法律，被当地执法机关拘留审查。

⑩谎报消息或编造、传播公司、同事的谣言；聚众闹事，组织、参与斗殴事件；煽动员工怠工、罢工等行为。

7.行为规范细则

(1)严格按照公司规定统一着装，仪容仪表整洁。

(2)应统一佩戴工作牌。

(3)工作人员应严格遵守现场管理规定，依次有序接待客户，服从销售主管的调控。

(4)正常工作时间内，工作人员不得擅自离岗，做与工作无关的事情。

(5)工作人员不得用饮水机里的水洗手、洗抹布、拖地。

(6)工作人员不得在销售中心占用洽谈桌会见亲朋好友。

(7)工作人员不得在销售中心吃零食、看杂志与小说、打闹、大声喧哗、化妆、打牌、扯闲谈。

(8)值班人员不得在值班时间内睡觉。

(9)工作人员不得占用销售电话打私人电话。

(10)工作人员不得向客户索取小费、恩惠或其他礼物，或要求客户代办私事项。

(11)业务员不得在上班时间内围坐在洽谈桌边。

(12)禁止工作人员下班后在销售中心内打牌。

(13)客户遗留下的任何物品均应上缴。

(14)员工接听电话应使用普通话,并先说“您好,这里是__________家园”。

(15)电话铃响三声必须接听。

(16)礼貌回答客户问题,主动介绍物业情况,邀请其参观现场。

(17)用完洽谈桌后,将桌子收拾好,凳子摆放整齐,并将洽谈桌擦一次。

(18)销售控制台内的椅子不坐时,全部靠墙摆放。

(19)任何时候,严禁工作人员“趴”、“靠”在销售楼接待台内。

(20)不得私自换班、换岗。

(21)详细地做好客户登记工作。

(22)认真完成公司交代的其他工作。

8. 现场客户接待准则

(1)当客户进门时,销售人员应立即起身站立,面带微笑,使用问候语。

(2)请客户先坐,礼貌询问客户需求,再做详细介绍,语言婉转,语速适中。

(3)销售人员要双手递交本人名片,并尽量想办法留下客户的名片或电话。

(4)在通道、房门较窄处,销售人员必须侧身让道,让客户先行。

(5)在工地进行参观时,销售人员与客户都须戴安全帽,并向客户解释相关的安全知识。

(6)销售人员不得贬低其他楼盘,抬高自己。

(7)销售人员不得以貌取人,应该对每一位客户一视同仁。

(8)当销售人员与客户发生分歧时,销售人员应该保持镇定,尽量避免与客户发生争吵,甚至其他有损本公司形象的行为。

(9)销售人员统一口径,不对客户承诺公司未完全确定的销售政策、优惠条件及其他事项。

(10)接待客户时,销售人员不得泄露公司保密资料。

(11)销售人员要严格维护客户资料隐私权。

9. 卫生制度

(1)全体员工每日上班前须将皮鞋擦净。

(2)全体员工上班时须仪表整洁,制服整洁。

(3)必须保持衬衣领、袖口的干净,制服须熨整齐。

(4)男员工须勤剃胡须,不得蓄长发及染发。

(5)女员工不得留长指甲、化浓妆及异妆,使用气味过浓的香水和佩戴显眼的饰品。

(6)勤洗澡、勤换衬衣。

10. 考勤制度

(1)迟到与早退。

①迟到。

按公司规定的作息时间工作,迟到______分钟内,每次罚款______元,当月迟到第______次,作旷工处理,由此导致损失或极坏影响者,处以罚金______元,直至除名。

②早退。

早退______分钟以内者,罚款______元,早退超过______分钟或月累计早退第______次者,以旷工一天处理,由于早退导致损失或极坏影响者,给予罚金______元,直至除名。

(2)事假与病假。

①有事或因病须请假,必须事先按公司制度征得主管签字认可后,方能休假。病假必须出示医院证明。

②员工每月请假或病假不得超过______天。

③未经批准而先行休假者,视为旷工。

④凡请假或旷工超过______小时者,以请假或旷工半天论处;凡请假或旷工超过______小时者,以请假1天或旷工1天论处。

(3)旷工。

①每旷工一天,扣除底薪______元作罚金,旷工两天扣除全部底薪,旷工______天作除名处理。有其他严重违反公司制度者,亦作除名处理。

②销售部全体员工须按正常时间在售楼部报到后,方能外出办事。

11. 销售报表的编制及管理

报表共有销售周报表、月报表、年报表、客户登记表、合同签订一览表以及销售部本月卫生及工作纪律情况表6个。

(1)销售周报表。

①填制内容包括本周销售情况、回款情况。

②填制时间是在每周______下午______点以前。

③申报程序由报表填制人给销售部主管存档。

(2)销售月报表。

①填制内容包括本月销售情况,回款情况。

②填制时间是在每月______日下午______点以前。

③填制程序由销售部主管填制,一份自留存档,一份报公司经理备案。

(3)销售年报表。

①填制内容包括本年销售情况,回款情况。

②填制时间是在每年年末、下一年年初。

③填制程序由公司经理填制,并备案。

(4)客户登记表。

①填制内容包括每天来访、来电的客户情况。

②填制时间是在每天下班前______分钟,下班后接待的客户在第二天的报表中体现。

③申报程序由业务员填制。

(5)合同签订一览表。

①填制内容包括各销售单位的房号、价格、业务员姓名、回款方式等情况。

②填制时间是在每月______日下午______点前。

③申报程序由销售部经理制定,一份自留存档,一份报公司经理备案。

(6)销售部本月卫生及工作纪律情况表。

①填制内容包括销售部员工日常工作态度及卫生、纪律情况。

②填制时间是在每月______日下午______点以前。

③申报程序由销售部主管制定,一份存档,一份送公司经理,作为年终考核之一。

12. 合同管理

(1)售楼中心的销售人员人手各有一份空白的正式合同文本,用以对客户讲解具体合同条款。

(2)销售人员需将作废的合同退还销售部主管处销毁。

(3)合同正式签署前,销售人员须向客户解释清楚每一具体条款,不得有欺诈行为。

(4)正式合同签订前,销售人员须先落实该房产是否可以销售,无误后才能签署正式合同。

(5)合同所指价格均为折后价。

(6)合同填写完毕后,销售人员须先自查一篇,无误后交客户审查。

(7)不得在合同中体现公司未落实的优惠条款。

(8)请客户签字后,将合同送部门主管审核无误,再送公司签字盖章。

(9)客户只有在交定金之后,才能签正式合同。

(10)补充协议须经过销售主管的认可。

13.更改合同

本制度包括客户提出的更名、换房、更改付款方式、退房、改动装修标准、改单位间隔、没收楼盘或其他附加条款等要求。

(1)更名。

客户如需更名,需要向销售部递交手写申请书,经销售部主管签字认可后,方可更名。原认购方需向公司交纳一定的手续费,收回原认购方收据,已交房款不予退还,直接开具新收据给新认购方。

(2)换房。

客户如需换房,需向销售部递交手写申请书,经销售部主管和公司经理签字同意后,方可换房。换房后的价格以销售部当天公布的价格为准。

(3)更改付款方式。

当客户由于一些特殊原因需要更改付款方式的时候,需向销售部递交手写申请书,经销售部主管和公司经理认可后,方可更改。实际成交价不得进行修改,但可根据重新选择的付款方式,给予相应的优惠。

(4)客户退房。

若客户因为极特殊原因提出退房要求时,需向销售部递交手写申请书,经公司经理批准后,财务部根据合同条款,没收定金或违约金,余下的房款由财务部与客户约定时间并退款。

(5)改动装修标准。

当客户提出改动装修标准时,必须递交手写申请书,经公司经理同意后,方能实施,并交纳相应的改动装修金。

(6)改单位间隔。

客户提出更改单位间隔,若未交房,需向销售部提交手写书面申请,经公司经理同意,并交纳相应工程款,然后方能实施;若已交房,应请客户直接与公司物业部联系。

(7)没收楼盘。

根据合同条款的有关规定,如果客户违约,公司必须没收其楼盘,并由公司扣款,销售部以电话及书面形式通知客户,并由公司财务部约定时间退还应退款项。

(8)附加其他条款。

如有其他事项,需由销售部主管汇报公司经理后,酌情予以处理。

14. 销售收款、催款

(1)销售部主管负责督促销售人员的交款、催款工作。

(2)收款和催款的经办原则为“谁签约、谁负责”。

(3)对逾期付款的客户，要热情、耐心地做好催款工作。

(4)交存折的方式：若客户交来存折，由销售人员陪同客户到其存折开户的银行，取现后回销售部将现金交给公司安排在现场的财务人员，再开正式收据给客户。

(5)银行转账方式：客户已通过银行转账，销售人员应让客户将转账的回单送到公司财务部，财务人员确认进账后，开具正式收据给客户。

(6)收取支票或汇票的方式：若客户交来支票和汇票，由销售人员带领客户将支票式汇票交到公司财务人员手中，先由公司财务部开收条给客户，收条要注明支票或汇票号码；待公司财务进账后，再由财务部开具正式收据给客户。届时，客户把收条还给财务部。

(7)交现金的方式：若客户提出交现金，销售人员应带领客户将现金直接交给公司安排在现场的财务人员，再开正式收据给客户，销售人员禁止收受现金。

(8)客户提出的任何推迟付款和其他付款的要求，销售人员须经销售主管批准后才能答应客户。

(9)由销售部主管制定合同执行情况表，并以此作为催款时间依据。

15. 销售制度的检查和修正

(1)应定人定期对销售部制度的执行情况进行总结、反思。

(2)如果工作人员对销售部出现的问题或者对工作进展有好的想法和建议，应写出书面陈述，递交销售部主管。

(3)定期检查、修正各项制度在实际工作中的适应性、规范性，可以使相关制度更加完善、合理，更有利于销售部各项工作的进行，并向规范化的管理方向发展。

营销费用管控实施办法

1. 对应贯彻市场战略的营销实施方案，拟订投入计划后，制订完整的预算方案，以保证其投入的整体效益。

2. 对日常市场营销活动投入，通过流程来核定费用标准，并在此基础上，通过费用投入和市场效果双向目标实施控制。

3. 建立完善营销费用控制管理责任制度，明确营销过程中每一个环节上的投入责任人和责任落实方式，以保证任何一个环节上的投入都有人为之负责。

4. 对营销实施过程进行跟踪，并对照计划和预算进行调控，以保证营销活动的投入控制在计划和预算的范围内。

5. 对照计划和预算，确定奖惩办法并兑现，以构建营销费用控制激励机制。

销售统计管理原则

1. 销售部的工作人员应该严格按照销售中心的规定，按时将当日的销售及变更情况填写完整。

2. 销售部应于每天上午在规定时间内，向营销中心传真前一天的销售及变更情况。

3. 营销中心按照规定格式汇编项目公司日销售情况汇总表，并于规定时间内，将日销售情况汇总表送达项目公司领导及总公司领导办公室。

4. 每半个月营销中心应与财务部进行核对。例如，日销售汇总表与财务当期报表之间有数据出入，查明原因后，应报部门负责人审批，经办人员根据审批意见做出相应调整。

销售会议管理制度

1. 销售例会管理。

(1)每周四下午五点进行销售例会，由销售管理部经理主持，参加人员包括各售楼处经理、客服、内勤。

(2)每周的销售例会应解决的问题

各项目售楼处主要情况；分析、解决上周销售过程中出现的问题；协调各部门、各售楼处工作；部署下周销售计划；企业其他相关事宜。

(3)销售内勤应在销售例会后 24 小时内，完成《会议纪要》的整理上报工作，并以工作档案的形式存档保留。

(4)参加销售例会的相关人员在会前应及时完成《销售任务管理统计表》，会后交送销售管理部办公室。

(5)参加例会人员必须准时出席例会，杜绝迟到早退现象，如遇特殊情况，需提前向销售管理部经理或其助理请假。

(6)无法参加销售例会的人员，应及时将《销售任务管理统计表》送至销售管理部经理办公室或内勤处，便于例会工作的正常进行。

2. 销售人员工作会议管理。

(1)销售人员工作会议每周召开一次，由各售楼处经理主持，全体销售人员都要参加，具体时间安排以各售楼处经理的要求为准。

(2)会议内容安排。

售楼经理检查本周的销售情况和销售人员的工作日记，并布置下一周的工作；分析并解决在销售过程中遇到的问题，如遇特殊情况，必须及时上报并及时反馈；传达企业有关工作安排。

(3)售楼处经理应在会后 24 小时内，完成情况反馈的整理工作，将所做工作上报至销售管理部经理，或在销售例会上汇报，并作为工作档案及时存档。

3. 临时会议管理。

销售管理部经理或各售楼处经理，均有权就工作中出现的紧急情况临时召开会议。

4. 销售月度例会管理。

(1)销售月度例会在每月最后一个周五______点召开，由营销总监主持，参加人员包括销售管理部经理及相关人员、各售楼处经理、内勤等。

(2)销售月度例会的主要内容。

企业本月的销售工作总结；分析、解决本月销售过程中出现的问题；协调各部门、各售楼处工作；下月销售工作安排以及企业有关工作安排。

(3)内勤应在销售月度例会后 24 小时内，完成《会议纪要》的整理上报工作，并以工作档案形式存档保留。

(4)参加例会人员应准时出席，杜绝迟到早退现象，如遇特殊情况，需提前向营销总监或总监助理说明，如需在会上发言，须提前将发言内容交给内勤。

(5)如果有人无法参加会议，应及时补阅《会议纪要》，避免因缺席而耽误工作。

5. 本规定由营销管理部制定，经营销总监审批后执行。

第二十二章
客户关系管理制度规范

客户下订单制度

1. 客户一经签下订单，则该客户在接到其他人员的宣传或者是上门咨询、电话咨询时都可以直接拒绝，其他部门均无权再对该客户进行跟踪或服务，此时，该客户只归下订单人员一人继续跟踪。

2. 通常情况下，客户下订单时需交定金______元。如果当天客户的定金不够，那么所交定金最低不得少于______元，此外，该客户必须在三天内(不含下定当天)补足首付，否则，到第五天早______点，此房即可对外销售。

3. 若在交过定金之后，因其他不可抗因素导致该客户没有购房成功，该客户可以重新选购其他房源或办理退款手续(此项或者需在 3 个工作日内完成)。

4. 在下订单之前，销售人员应对客户讲清定(订)房的规定和要求。如果没有讲清楚具体事宜，那么一切因定(订)房问题与客户发生的矛盾或者纠纷，均由销售人员自行承担。

5. 关于退订。

如因一些原因客户想退订房屋，则客户需提出书面申请，经公司经理签字确认后，客户本人才可以持身份证原件到公司办理退订手续。

销售人员接听电话技巧

1. 基本礼仪

(1)销售人员在接听电话时，必须态度和蔼，语音亲切。一般情况下，应主动问候来电人员，“您好，这里是某小区、某商业街，欢迎您的来电。”然后进行详细的交谈。

(2)通常在电话中，客户会问及价格、地点、面积、户型、银行按揭等方面的问题，在回答这些问题的时候，销售人员要懂得扬长避短，要将产品介绍巧妙地融入回答中。

(3)在与客户交谈的过程中，除了回答客户对产品的各种提问之外，还要设法取得客户姓名、地址、联系电话、能接受的价格、面积、户型及对产品的要求等一系列公司所需要的资料。

(4)最好可以直接约请客户来营销中心观看模型。

(5)接听电话完毕后,马上将电话内容记录在客户来电表上。

2.接听电话的基本要诀

(1)回答诚恳:回答客户的提问,要表现出应该有的礼貌,体现我们最大的诚意。

(2)小心应对:在客户交谈时,说话发音要正确,吐字要清晰,声音要保持平稳。

(3)回答简练:与客户打招呼要简短,开门见山,直奔主题,并简洁地回答。

(4)在回答客户的问题时,如果需较长时间翻查资料才能回复,便请对方留下电话,待查明后迅速回复,尽量不令顾客久等。

3.注意事项

(1)接听电话时,要按公司规定的要求进行。

(2)广告发布前,应事先了解广告内容,仔细研究应如何对客户可能会涉及的问题。

(3)广告发布当天,来电、来访人员会特别多,交流时间显得更加珍贵,因此,接听电话应以2～3分钟为限,不宜过长,确保接到更多客户的来电。

(4)接听电话时,尽量由被动回答转为主动介绍、主动询问。

(5)约请客户时,应明确具体时间和地点,并且告诉客户,你将专程等候。

(6)应及时整理归纳客户来电信息,与现场经理、广告制作人员做好充分的沟通、交流。

(7)接听电话的目的就是调动客户对产品的兴趣,促使其来售楼现场,便于对其做更深一步的面谈和介绍。

(8)清楚地指引对方来公司的路线,不一定是最短的,但一定要容易明白,便于找到为好。

(9)对于打错电话的人,不要无礼、蛮横,因为无论来电的是谁,都可能成为公司的顾客,要认真对待每一个来电人员。

4.留住宅电话的方法

(1)开门见山法。

与客户打过招呼后,就直接问其电话号码。一般情况可以这样说:“某先生或某小姐,您看留个电话好吗?”或者“某先生或某小姐请您留个联系电话,我们要对来访客人做一下登记。”

(2)中途打断法。

对于想要了解产品的客户，销售人员在向其介绍产品的过程中，可以突然发问，使客户没有时间过多地考虑，就会将电话号码脱口而出。

(3)最后追问，便于联系。

最后追问的时机就是在销售人员向客户介绍其最想了解的产品之前，这时，客户为了了解产品的情况而将电话号码说出来。

其他一些特殊方法如下。

(1)假装电话听不清，让对方留下电话再打过去。

(2)故意说某个问题不清楚，要查询，或要询问经理，请留下电话再联系。

(3)说自己不是业务员，说业务员很忙，留下电话再联系(让业务员打过去)。

销售人员追踪客户流程

1. 追踪客户的目的

为了引起客户的注意、激发客户对产品的兴趣，为顺利转入下一步推销创造必要的条件。

2. 追踪客户的一般技巧

(1)自我介绍。

(2)适当恭维。

(3)点明利益。

(4)诱发好奇心。

(5)引起恐慌。

(6)迂回进攻。

(7)单刀直入。

(8)再次恭维。

(9)确认客户能回来。

3. 登门拜访的技巧

(1)争取获得接见。

(2)预约与守约。

(3)选择合适的时机。

(4)使用名片。

(5)扭转客户分散的注意力。

(6)迅速消除客户的紧张情绪。

(7)找到合适的话题,尽量避免重复的话题。

(8)了解对方、所提建议一定要切中要害。

4. 基本要求

(1)在工作较为繁忙的间隙,依客户等级与之联系,并随时向现场经理进行口头性的报告。

(2)销售人员应将A、B等级的客户列为重点对象,与之保持密切联系,尽一切可能说服他们最终签下购房协议。

(3)销售人员应将每一次追踪情况详细记录在案,便于日后分析判断。

(4)无论最后是否成交,销售人员都要婉转要求客户帮忙介绍其他客户。

5. 注意事项

(1)追踪客户要注意选择切入的话题,所选话题应迎合客户心理,最好是可以满足客户需求,又没有让客户觉得虚假的话题,切勿给客户造成销售不畅、死硬推销的印象。

(2)追踪客户要注意时间的间隔,切不可过于频繁,这样客户很容易因为不耐烦而拒绝销售人员,追踪间隔时间一般以两三天为宜。

(3)注意追踪方式不要过于单一化,单一的追踪方式很容易引起客户的反感,追踪方式应适度变化,例如,可以给客户打电话、寄资料、上门拜访或者邀请他(她)参加促销活动等。

(4)同时有两人或两人以上与同一个客户保持联系时,大家应该相互协商,统一立场,切不可为了个人利益而独自做出违反公司规定的事情。

接待来访客户规范

1. 销售代表在接待来访客户时,应站姿挺立,坐姿端正,走姿轻盈,举手投足要用挑剔的标准来要求自己,随时想到客户正用放大镜观察自己。

2. 销售代表在服务台的站、坐、接听电话都要面向大厅,不可斜靠或趴在服务台上。

3. 销售代表不得在工作时间内聚在大厅里闲聊,尤其是客户在场时。

4. 销售代表之间的称谓要符合公司的礼仪制度,在客户面前称呼销售代表姓名,不得直呼小名或绰号。

5. 销售代表在售房成功时,不得在客户面前喜形于色,而应真诚地恭喜客户购到称心如意的房屋,并将客户送出大厅。

6. 销售代表在工作场合看到非工作人员时,应礼貌询问“您有什么需要?”

或“我可以帮助您吗?”如此一来,可使来公司办事者感受到公司员工良好的服务态度,体现公司员工良好的素质。

7.销售代表在工作场合必须着统一的职业装、鞋子、袜子、口红,并佩戴工作牌。

8.销售代表的个人卫生及衣物必须保持统一和清洁。

9.严禁销售代表在工作场合用餐、吃零食、化妆、嬉笑打闹、翻阅与工作无关的报刊杂志。

10.销售代表在工作场合的交谈声音(包括接听电话)不宜过大,应保持在双方能听见的音量为宜。

11.工作人员在请正在与客户沟通的销售代表接听电话时,应通过广播告之该销售代表,“请______先生/小姐接听电话”,或者走到该销售代表和客户跟前,对客户说“对不起,那边有______先生/小姐的电话”。

12.销售代表正在与客户交谈,但因临时有事需短暂离开,应先向客户致歉,“对不起,请您稍候,我马上就来”,征得客户同意后再离去。返回时要对客户说:“对不起,让您久等了”,如果离开的时间较长,应告诉客户“真对不起,我可能耽误的时间会较长,如果您不介意的话,我请______先生/小姐来为您继续介绍,他/她同样会为您服务”,然后将客户的需求告之其他的销售代表,之后再离开,严禁对客户不管不问。

13.销售代表不能对来访客人的来意妄加判断,即使发现对方是同行也不得态度生硬,应采取礼貌态度,既坦率又机敏,也不得对同行公司进行诽谤、诋毁,应采取客观、大度的态度。

14.销售代表在接待客户时应尽量使用普通话,接听咨询电话必须使用普通话。

15.工作时间,销售代表接打私人电话时应长话短说,看到客户、公司领导来时,应立刻停止。

16.销售代表应妥善接待找公司领导的客人,为其安排休息地点,送上水,在了解来客姓名、来意之后与领导联系,不得轻易将领导的电话、手机号码告诉来客。另外,遇到上级部门来访时,要立刻请示主管或公司领导,同时妥善接待,不要轻易回答任何提问。

17.公司尊重和保护客户的隐私权,严禁销售代表将客户购房的情况私自告诉他人,更不允许怀着个人目的将客户档案告诉他人。

18.销售代表无权对合同内容做出更改、增加或减少的决定,无权对付款时间做违背公司规定的介绍或暗示。

19.销售部的报刊资料主要供客户阅读,销售代表在阅读后应及时整齐地放回原位。

20. 销售代表要有保密意识，凡是涉及公司的经营机密、管理机密均不得对外透露。

21. 办公场所是每一位销售代表工作的场所，其一草一木都应受到大家的爱护。任何人在看到以下情况，能解决的都有责任和义务马上解决，不能解决的要报告主管，如东西掉了，售楼资料没有了或没有摆放整齐，水桶里有杂物，地面、天花板、墙壁脏了，模型斜了，坏了，沙盘脏了，桌椅未归位，纸杯不够用了，灯不亮了，电话出问题了，窗帘脏了等。

客户投诉处理流程

1. 接到投诉后，友善详细询问，诚心道歉。
2. 记录投诉人姓名、具体位置、投诉时间和投诉内容。
3. 紧急事件，报告管理处经理；一般投诉，现场立即解决。
4. 解决问题后请客户签署工作单。
5. 书面报告总经理。

客户交叉单分配制度

1. 售楼人员甲曾接待并已下定金的客户再次来售楼部，这时甲不在或正在接待其他的客户，可由经理安排售楼人员乙进行接待。成交之后，乙不参与任何业绩分配，后期服务由甲负责。

2. 售楼人员甲曾接待的客户未下定金，当该客户第二次来售楼部时，若甲不在或正在谈其他的客户，这时由经理安排售楼人员乙接见此客户，成交后，业绩按照甲 1/3、乙 2/3 进行分配，后期服务由乙负责。

3. 售楼人员甲约的客户或甲的老客户带新客户来，由甲接待，成交之后，业绩全部归甲；如果甲不在或在忙别的事情，可以安排售楼人员乙接待，成交之后，业绩按照甲 1/3、乙 2/3 进行分配，由乙负责后期服务。

4. 致电客户先轮到售楼人员甲，再次致电，则轮到售楼人员乙。如该客户来过售楼部，并且售楼人员甲接待过，则乙应该通知甲；此时，秘书应给乙补致电排轮，如果乙未通知甲，则不予其补致电排轮。

5. 如果在分配时发生纠纷，由销售经理出面进行核实仲裁。

6. 若在经理协调之下，当事人仍然不服，则由公司领导仲裁，公司领导为最后裁决人，所做决定当事人必须无条件服从。

客户维护管理制度

1.客户拜访标准管理

(1)业务经理承担终端客户的巡访维护工作,应按公司规定着装,整理好个人仪表仪容,干净、整洁、健康、稳重和精干,以维护公司形象。

(2)业务经理应按公司工作目标及客户等级,制订具体拜访时间,客户巡访路线、频率、工作目标和解决问题的方案,同时填报《月度巡访计划表》。

(3)业务经理填报的《月度巡访计划表》须经办事处经理审核,办事处经理调整、补充和修改后批准执行。

(4)客户巡访工作中,业务经理要按客户填写《成功手册》对每日工作进行计划与总结,并交办事处经理检查,作为工作考核依据。

2.客户维护内容

(1)业务经理应对各市场情况进行调查,监督有无串货现象的发生。对经销商的经营情况进行了解,检查其是否执行最低零售限份。

(2)感情沟通方面,应加强和经销商的感情沟通,传递公司政策信息和经营理念,帮助经销商改善经营,解决实际困难。

(3)关心经销商产品销售情况,帮助其制定并分解月度销售目标,协助促销方案策划,组织促销实施及信息反馈,了解消费者的需求和意见。

(4)对经销商提供经营指导建议,包括其他经销商的好经验、帮助开拓下线经销网络或提供畅销品信息,帮助整理店面,改善样品展示效果。留意经销商店内营业员的导购能力与技巧,适时予以指导培训。

(5)加强对经销商订货与库存的管理指导,建立安全库存,指导其建立合理的进货频率与品种结构,以降低资金占用,加速资金周转。

(6)加强对工程客户的支持力度,必要时业务经理要协助经销商与买方沟通,对于重大的客户,应及时向公司请示。

(7)每到一地,要积极收集商品信息,分析当地市场的动态发展趋势,及时向上级反馈。

(8)针对非常事件的处理,客户经理要在维护公司根本利益的前提下,帮助经销商排忧解难。要根据事件的发展,及时向办事处经理请示汇报。

第二十三章 项目营销管理实用表单

客户地域分布表（见表 23-1）

表 23-1　客户地域分布表

客户编号	客户房号	姓名	原居住区域（详细地址）	购房日期	备注

客户获取信息渠道统计表（见表 23-2）

表 23-2　客户获取信息渠道统计表

编号：　　　　　　　　　　　　　　　　　　　　填表日期：

渠道 统计	各类报纸	电视台	广播	户外广告	他人介绍	售楼宣传	现场路过	其他
统计人数								
百分比								

编制人员：

意向客户统计表(见表 23-3)

表 23-3 意向客户统计表

日期	客户姓名	意向户型及面积	洽谈情况	联系电话	销售人员	客户等级	备注

客户进场登记表(见表 23-4)

表 23-4 客户进场登记表

编号： 日期：

进场时间	客户姓名	联系电话	年龄	现住区域	预购户型面积	信息来源	销售代表	备注

客户投诉统计表(见表 23-5)

表 23-5 客户投诉统计表

编号	投诉时间	客户姓名	客户房号	投诉问题	责任部门	处理结果	备注

制表人:

客户评估表(见表 23-6)

表 23-6 客户评估表

评估项目	项目权重	具体项目	具体项目权重	备注
产品质量	____%	包装	____%	
		外观	____%	
		功能	____%	
		使用方便程度	____%	
		说明书内容	____%	
服务质量	____%	服务网点	____%	
		服务设施	____%	
		服务及时性	____%	
		服务有效性	____%	
		服务人员态度	____%	

续上表

评估项目	项目权重	具体项目	具体项目权重	备注
产品价格	____%	产品价格	____%	
		维修费用	____%	
		运输费用	____%	
交付服务	____%	交付及时性	____%	针对经销商调查
		交付可靠性	____%	
经销商	____%	服务态度	____%	针对最终客户调查
		经销商信誉	____%	
		服务项目	____%	
		备品、备件供应状况	____%	

客户满意项目统计表（见表 23-7）

表 23-7　客户满意项目统计表

满意项目	设计	规划	价格	环境	交通	配套设施	管理	备注
人数								
百分比								
制表人				填表日期				

客户退订分析表（见表 23-8）

表 23-8　客户退订分析表

编号	姓名	房号	电话	落订时间	退订时间	退订原因	销售代表	备注

制表人：

客户意见表（见表 23-9）

表 23-9 客户意见表

<table>
<tr><td>客户</td><td colspan="3">客户编号：　　　　　　　　　　姓名：</td></tr>
<tr><td>时间</td><td colspan="3">年　月　日　午　时　分</td></tr>
<tr><td>客户意见</td><td colspan="3">客户意见：

公司意见：</td></tr>
<tr><td colspan="4">处理结果：</td></tr>
<tr><td colspan="4">相关部门总结：</td></tr>
<tr><td>公司主管</td><td>销售部负责人</td><td>填表人</td><td>备注</td></tr>
<tr><td></td><td></td><td></td><td></td></tr>
</table>

编制人员：

客户满意度调查表范本(见表23-10)

表23-10　客户满意度调查表范本

房地产公司顾客满意程度调查

总体状况

1. 根据对本公司的了解,您的满意程度如何?

□很满意　□相当满意　□无所谓满意不满意　□不满意　□很不满意

2. 根据您对本公司房产的了解,您会向同事或者亲朋好友推荐本公司的楼房吗?

□肯定会　□也许会　□也许会也许不会　□也许不会　□肯定不会

3. 下列各项,请如实填写您的满意程度。

(1)对您现在所居住的房子,您的满意程度如何?

□很满意　□相当满意　□无所谓满意不满意　□不满意　□很不满意

(2)对您在购房过程中所得到的销售支持,您的满意程度如何?

□很满意　□相当满意　□无所谓满意不满意　□不满意　□很不满意

(3)对您在住房过程中所得到的物业管理服务,您的满意程度如何?

□很满意　□相当满意　□无所谓满意不满意　□不满意　□很不满意

(4)对您购房时所得到的行政支持,您的满意程度如何?

□很满意　□相当满意　□无所谓满意不满意　□不满意　□很不满意

(5)对本公司的回答询问情况,您的满意程度如何?

□很满意　□相当满意　□无所谓满意不满意　□不满意　□很不满意

(6)对本公司为您提供的文件,您的满意程度如何?

□很满意　□相当满意　□无所谓满意不满意　□不满意　□很不满意

(7)对本公司的电话热线支持,您的满意程度如何?

□很满意　□相当满意　□无所谓满意不满意　□不满意　□很不满意

销售支持

4. 对本公司销售代表下列情况的满意程度。

(1)本公司对您的询问作答,您的满意程度如何?

□很满意　□相当满意　□无所谓满意不满意　□不满意　□很不满意

(2)对楼盘的了解,您的满意程度如何?

□很满意　□相当满意　□无所谓满意不满意　□不满意　□很不满意

(3)对入住使用情况的了解,您的满意程度如何?

□很满意　□相当满意　□无所谓满意不满意　□不满意　□很不满意

(4)销售代表解释条款条件等的准确性,您的满意程度如何?

□很满意　□相当满意　□无所谓满意不满意　□不满意　□很不满意

(5)销售代表解决问题的能力,您的满意程度如何?

□很满意　□相当满意　□无所谓满意不满意　□不满意　□很不满意

续上表

(6)销售代表的敬业精神,您的满意程度如何?

□很满意 □相当满意 □无所谓满意不满意 □不满意 □很不满意

顾客支持

5. 您最近一次给本公司打电话的目的是什么?

□咨询 □解决问题 □投诉 □未打电话

6. 你最近是什么时候打的电话?

□半个月内 □一个月 □3 个月 □3 个月以前

7. 您联系的是本公司的什么职能部门?

□销售部 □物业管理 □财务 □电话热线支持 □客户关系组 □文秘

8. 您对本公司为您提供的各项支持满意程度如何?

(1)能很快找到要找的人,您的满意程度如何?

□很满意 □相当满意 □无所谓满意不满意 □不满意 □很不满意

(2)通过对楼盘的了解,您的满意程度如何?

□很满意 □相当满意 □无所谓满意不满意 □不满意 □很不满意

(3)根据您对入住使用情况的了解,您的满意程度如何?

□很满意 □相当满意 □无所谓满意不满意 □不满意 □很不满意

(4)对于公司工作人员解释条款条件等的准确性,您的满意程度如何?

□很满意 □相当满意 □无所谓满意不满意 □不满意 □很不满意

(5)对于公司工作人员解决问题的能力,您的满意程度如何?

□很满意 □相当满意 □无所谓满意不满意 □不满意 □很不满意

(6)对于工作人员的敬业精神,您的满意程度如何?

□很满意 □相当满意 □无所谓满意不满意 □不满意 □很不满意

反馈意见

希望您能给我们的楼盘和服务提供一些意见或建议,我们将以此做参考,增加您对本房地产公司的满意程度,谢谢您的配合!

如方便,请留下您的个人信息。

您的姓名 ______ 所在单元 ______ 联系电话 ______ 填表日期 ______

项目整体营销工作计划表(见表 23-11)

表 23-11 项目整体营销工作计划表

<table>
<tr><td rowspan="2">文件名称</td><td colspan="2" rowspan="2"></td><td>执行部门</td></tr>
<tr><td></td></tr>
<tr><td colspan="2">程 序</td><td colspan="2">内 容</td></tr>
<tr><td colspan="2">前 言</td><td colspan="2"></td></tr>
<tr><td>1</td><td>形象定位</td><td colspan="2"></td></tr>
<tr><td rowspan="3">2</td><td rowspan="3">广告主题</td><td>楼书主题</td><td></td></tr>
<tr><td>电视主题</td><td></td></tr>
<tr><td>报刊主题</td><td></td></tr>
<tr><td rowspan="3">3</td><td rowspan="3">项目环境营造</td><td>道路入口</td><td></td></tr>
<tr><td>广 场</td><td></td></tr>
<tr><td>道路绿化</td><td></td></tr>
<tr><td rowspan="3">4</td><td rowspan="3">营销环境及气氛营造</td><td colspan="2">售楼部、指示路牌及户外广告建议</td></tr>
<tr><td colspan="2">小区安全设施配套内容</td></tr>
<tr><td colspan="2">小区路灯设置与开放</td></tr>
<tr><td>5</td><td>竞争对手动态</td><td colspan="2"></td></tr>
<tr><td rowspan="4">6</td><td rowspan="4">项目分析</td><td>优势分析</td><td></td></tr>
<tr><td>劣势分析</td><td></td></tr>
<tr><td>机会分析</td><td></td></tr>
<tr><td>威胁分析</td><td></td></tr>
<tr><td rowspan="4">7</td><td rowspan="4">项目户型面积比例分析</td><td colspan="2">标准层户层分析</td></tr>
<tr><td>户 型</td><td></td></tr>
<tr><td>面 积</td><td></td></tr>
<tr><td>套 数</td><td></td></tr>
</table>

续上表

<table>
<tr><td rowspan="15">8</td><td rowspan="15">销售部署工作资料准备</td><td rowspan="3">(1)营销资料准备</td><td>时间</td><td colspan="2"></td></tr>
<tr><td>人员</td><td colspan="2">策划公司与开发公司</td></tr>
<tr><td>目的</td><td colspan="2">单张、楼书、模型、效果图</td></tr>
<tr><td rowspan="6">(2)销售准备</td><td>销售前宣传推广策略</td><td colspan="2"></td></tr>
<tr><td rowspan="2">人员培训</td><td>时间</td><td></td></tr>
<tr><td>目的</td><td></td></tr>
<tr><td rowspan="3">销售资料制作及人员再培训</td><td>时间</td><td></td></tr>
<tr><td>人员</td><td></td></tr>
<tr><td>目的</td><td></td></tr>
<tr><td rowspan="6">(3)销售安排</td><td colspan="3">先差后好
低开高走</td></tr>
<tr><td colspan="2">第一阶段内部认购期</td><td></td></tr>
<tr><td colspan="2">第二阶段正式公开发售</td><td></td></tr>
<tr><td colspan="2">第三阶段热销期</td><td></td></tr>
<tr><td colspan="2">第四阶段策略部署</td><td></td></tr>
<tr><td colspan="2">……</td><td></td></tr>
<tr><td colspan="2">编制日期</td><td>销售经理</td><td>营销管理部</td><td>项目总经理</td><td>集团总裁</td></tr>
<tr><td colspan="2"></td><td></td><td></td><td></td><td></td></tr>
</table>

销售资金预算表(见表 23-12)

表 23-12 销售资金预算表

预算部门：

单位(元)

月份	工资	广告费	交通费	运输费	差旅费	招待费	邮电费	房租费	合计	比重
1										
2										
3										
4										

续上表

月份	工资	广告费	交通费	运输费	差旅费	招待费	邮电费	房租费	合计	比重
5										
6										
7										
8										
……										
合计										

广告费用预算表(见表 23-13)

表 23-13　广告费用预算表

项目＼时间		月 日	月 日	月 日	月 日	月 日	月 日	月 日	月 日	月 日	小计(元)
		星期	星期	星期	星期	星期	星期	星期	星期	星期	
日报	版面										
	规格										
	价格										
晚报	版面										
	规格										
	价格										
电视台	时段										
	时间										
	价格										
电台(20秒)	时段										
	元 / 次										
	价格										
其他											
总计(元)											
备注											

广告费用分析表（见表 23-14）

表 23-14 广告费用分析表

项 目	费用				
	规 格	数 量	单 价	总 价	备 注
日 报					
晚 报					
电视台					
电 台					

广告效果分析表（见表 23-15）

表 23-15 广告效果分析表

广告时间	媒体类别	投放力度	主要诉求	咨询情况	销售情况

营销费用控制明细表（见表 23-16）

表 23-16　营销费用控制明细表

<table>
<tr><td>费用项目</td><td colspan="6">项目明细</td></tr>
<tr><td rowspan="5">市场调查研究费</td><td>人工费</td><td colspan="5"></td></tr>
<tr><td>差旅费</td><td colspan="5"></td></tr>
<tr><td>资料复印</td><td colspan="5"></td></tr>
<tr><td>……</td><td colspan="5"></td></tr>
<tr><td>合计</td><td colspan="5"></td></tr>
<tr><td rowspan="9">现场包装费</td><td colspan="2">包装范围</td><td>规格</td><td>单价</td><td>数量</td><td>小计</td></tr>
<tr><td rowspan="3">售楼处内部</td><td>模型</td><td></td><td></td><td></td><td></td></tr>
<tr><td>展板</td><td></td><td></td><td></td><td></td></tr>
<tr><td>……</td><td></td><td></td><td></td><td></td></tr>
<tr><td rowspan="2">售楼处外部</td><td>彩旗、气球</td><td></td><td></td><td></td><td></td></tr>
<tr><td>……</td><td></td><td></td><td></td><td></td></tr>
<tr><td rowspan="2">售楼现场</td><td>条幅</td><td></td><td></td><td></td><td></td></tr>
<tr><td>……</td><td></td><td></td><td></td><td></td></tr>
<tr><td>合计</td><td colspan="5"></td></tr>
<tr><td rowspan="7">销售资料费</td><td>资料类别</td><td>材料</td><td>规格</td><td>单价</td><td>数量</td><td>小计</td></tr>
<tr><td>平面图</td><td></td><td></td><td></td><td></td><td></td></tr>
<tr><td>价目表</td><td></td><td></td><td></td><td></td><td></td></tr>
<tr><td>售楼书</td><td></td><td></td><td></td><td></td><td></td></tr>
<tr><td>认购须知</td><td></td><td></td><td></td><td></td><td></td></tr>
<tr><td>……</td><td></td><td></td><td></td><td></td><td></td></tr>
<tr><td>合计</td><td colspan="5"></td></tr>
<tr><td rowspan="3">媒体推广费</td><td>媒体类别</td><td colspan="2">播放时段</td><td>频次</td><td>价格</td><td>小计</td></tr>
<tr><td>电视台</td><td colspan="2"></td><td></td><td></td><td></td></tr>
<tr><td>广播电台</td><td colspan="2"></td><td></td><td></td><td></td></tr>
</table>

续上表

媒体推广费	报纸				
	杂志				
	……				
……	合计				
总计					

销售计划分析表(见表23-17)

表23-17 销售计划分析表

销售人员	本年度销售目标	1月		2月		3月		4月		……		12月	
		金额	%	金额	%	金额	%	金额	%	金额	%	金额	%

签约客户确认表(见表23-18)

表23-18 签约客户确认表

客户姓名		总房款		
签约房号		付款方式		
签约日期		联系方式		
客户签字	售楼人员签字	销售主管签字	销售经理签字	销售总监签字

销售情况周报表(见表 23-19)

表 23-19　销售情况周报表

日　期		星期一	星期二	星期三	星期四	星期五	星期六	星期日	总计
接听电话数量									
所留电话数量									
来访客户接待情况	A								
	B								
	C								
	D								
实际销售情况	单位								
	面积								
	合同金额								
	订金								

说明:A代表一般客户,仅是看楼盘;B代表老客户,多次看楼盘;C代表有购买意图的客户,观看过样板房;D代表实际决定购买的客户,开始进入讨论价格及折扣阶段。

销售情况月报表(见表 23-20)

1. 市场整体情况:

____

____

____

2. 预定销售目标:实际销售业绩:成交比率:

3. 成交及未成交原因:

____

____

____

4. 实际销售数量及金额:__________

本月与上月销售比较表:

表 23-20 销售情况月报表

项目名	户型	本月			上月			下月预测
		实际销售	对比±%	预定销售	实际销售	对比±%	预定销售	

填表人： 所在区域：

5. 楼盘滞销情况及原因：

____

____

6. 销售商及消费者情况：

____

____

7. 竞争对手分析：

____

____

____

本月总结：

(1)本月楼盘广告、人员培训、会议等工作总结：

____

____

(2)竞争对手楼盘价格、促销、广告等信息：

____

____

(3)本地顾客对本公司及竞争者楼盘的反馈意见和消费行为：

____

____

(4)下月工作计划：

____

____

销售回款统计表(见表 23-21)

表 23-21　销售回款统计表

<table>
<tr><td colspan="2">起止时间</td><td colspan="4">年　月份销售及回款</td><td colspan="4">项目累计总销量</td><td>备注</td></tr>
<tr><td rowspan="4">已售部分</td><td>物业类型</td><td>套数</td><td>面积</td><td>金额</td><td>本月回款</td><td>套数</td><td>面积</td><td>金额</td><td>均价</td><td></td></tr>
<tr><td>住宅</td><td></td><td></td><td></td><td></td><td></td><td></td><td></td><td></td><td></td></tr>
<tr><td>研发楼</td><td></td><td></td><td></td><td></td><td></td><td></td><td></td><td></td><td></td></tr>
<tr><td>商铺</td><td></td><td></td><td></td><td></td><td></td><td></td><td></td><td></td><td></td></tr>
<tr><td colspan="2">小计</td><td></td><td></td><td></td><td></td><td></td><td></td><td></td><td></td><td></td></tr>
<tr><td rowspan="4">未售部分</td><td>物业类型</td><td>套数</td><td>面积</td><td>金额</td><td>均价</td><td rowspan="4">回款及应收部分</td><td>物业类型</td><td>已回款金额</td><td>应收款</td><td></td></tr>
<tr><td>住宅</td><td></td><td></td><td></td><td></td><td>住宅</td><td></td><td></td><td></td></tr>
<tr><td>研发楼</td><td></td><td></td><td></td><td></td><td></td><td></td><td></td><td></td></tr>
<tr><td>商铺</td><td></td><td></td><td></td><td></td><td></td><td></td><td></td><td></td></tr>
<tr><td colspan="2">小计</td><td></td><td></td><td></td><td></td><td colspan="2">小计</td><td></td><td></td><td></td></tr>
</table>

销售业绩排名表(见表23-22)

表23-22 销售业绩排名表

序号	销售人员名单	岗位	销售达标率(%)	收款达标率(%)	拜访达标率(%)	业绩得分	奖金系数	奖金
1								
2								
3								
4								
5								
6								
7								
8								
……								

第八部分
财务管理

内容提要

- 房地产企业财务管理流程
- 房地产企业审计和税务管理
- 房地产企业财务管理实用表单

第二十四章 房地产企业财务管理流程

房地产企业财务管理制度

1.财务管理组织机构

(1)公司实行董事会领导下、总经理负责制的财务管理体制,设置独立的财务机构即财务部。

(2)公司按照《会计法》和《会计基础工作规范》等规定,结合公司的核算体制和财务管理的实际需要,配备财会人员,加强对财会人员的管理。

(3)财务部主要负责公司的财务管理和经济核算。

(4)公司董事会按有关程序聘任公司财务负责人。

2.会计核算

(1)公司按照《企业会计制度》规定,结合经营项目实际情况,制订并实施有关会计核算暂行办法,及时、正确反映经营业绩和披露经营风险。

(2)公司采用借贷记账法,以中文作为记录的文字,以人民币为记账本位币,按照《企业会计制度》的规定并结合公司的实际情况,设置总分类和明细账科目。

(3)公司按照《企业会计制度》规定对经济业务进行会计核算、账务处理,并实行会计电算化。

(4)公司依照权责发生制和配比原则确认收入和成本,以反映公司的经营成果。

(5)公司严格区分本期费用支出与期间费用支出。

(6)公司各项财产在取得时按照实际成本计量,其后,如果财产发生减值,按照《企业会计制度》的规定计提相应的减值准备。

(7)公司在进行会计核算时,应当遵循谨慎性原则的要求,不得多计资产和收益、少计负债和费用。

3.财务预算管理

(1)公司制定财务预算管理暂行规定,对公司的经营业绩、财务状况、项目运作等实行全面财务预算,并依据其实施管理。

(2)公司在年度开始前组织编制完成本年度的各项财务预算,财务预算主要包括以下内容。

①经营预算。

②盈利预算。

③资金预算。

(3)公司在预算年度开始后,对财务预算执行情况进行分阶段的控制和监督,及时进行差异分析,并查实差异的原因,向总经理报告。

4.收入、成本费用管理

(1)公司建立并完善营业收入的管理规定,确保收入循环中的报价、签订合同、实际收款和开具发票等各环节的内部控制,以加强对业务活动的财务监督。

(2)营业收入是指公司在营业期间收取的各种经营项目的主营收入和其他业务收入。公司在收讫价款或取得价款的凭证时,确认营业收入的实现。

(3)公司对外投资性的收益包括短期投资收益和长期投资收益。短期投资收益在持有期满后确认,长期投资收益按被投资单位取得的合法审计报告中的财务年度权益确认。

(4)成本费用的核算坚持权责发生制的原则,当期发生的成本费用,无论其款项是否支付,都应计入当期的成本费用;虽在本期支付的成本费用,但应有后期负担的均不能计入本期成本费用。但应归属本期的成本费用和损失不得挂账,调节利润。

(5)严格控制成本费用的开支范围和标准,严格履行请购、审批、合同订立、付款等程序,合理控制成本和费用。费用报销的审批及流程按照费用报销暂行规定执行。

(6)公司合理运用财务杠杆,降低财务费用等资本成本。

5.资产管理

公司严格按照国家有关部门颁布的《现金管理条例》、《银行支票使用管理暂行规定》、《银行账户管理办法》和公司现金、银行存款管理暂行规定,对货币资金的使用、银行账户的开设和使用进行管理。货币资金的保管和核算须岗位分离。

6.负债及所有者权益管理

(1)公司的债务性融资和权益性融资,依据《公司法》等相关法规和《公司章程》进行。

(2)公司依据《公司法》等相关法规和《公司章程》实施股本变动、提取公积金以及分红派息等程序。公司法定公积金按照税后利润的10%提取。

7.筹资管理

(1)筹资是公司根据发展需要,在自有资金不能满足和保证公司正常运转时，从外部获取资金以达到公司经营目标的必要活动。

(2)筹资的目的是投资，筹资策略必须以投资策略为依据，充分反映公司投资的要求。筹资时须考虑以下因素。

①以“投”定“筹”、量力而行。

②具有配套能力和消化能力。

③筹资成本、筹资管理的难度。

④公司筹资的期限。

⑤负债率和还债率等。

(3)筹资方式包括银行筹资、股票筹资、债券筹资等。

8. 投资管理

(1)公司依据国家宏观经济环境、有关法规和公司章程、地区及行业发展状况、公司及项目前景分析等因素，把对公司长期发展有较大的影响投资项目，作为对外投资管理的重点，同时，为改善投资决策效果，提高投资决策能力和收益，董事会对投资项目进行初审、分析、筛选、评价、论证。

(2)公司根据《公司法》，以及公司发展战略实施对外投资，并严格履行立项、可行性分析、审批、运作、监督管理和核算等程序，对外投资必须经董事会审议通过。

9. 财务信息管理

(1)公司依据《企业财务报告条例》、《企业会计准则》、《企业会计制度》、《合并会计报表暂行规定》以及财政部颁布的其他有关制度，编制财务报表。

(2)公司的财务报表属于公司的财务机密，未经董事会批准的财务报表一律不得外流。

(3)公司财务部依照《会计档案管理办法》妥善保管各种财务会计文本(电子)资料。

(4)财务部按照规定做好财务工作交接工作，财务人员工作调动或者因故离职必须将本人所经管的财务工作全部交给接替人员，没有办清交接手续不得调动或者离职。

10. 附则

(1)本规定由董事会负责修改和补充。

(2)本规定由董事会授权公司财务部负责解释。

(3)董事会委托公司财务部依据本规定拟定若干具体实施细则和具体办法，由公司总经理审批通过后，颁发施行。

(4)本规定自颁布之日起开始执行。

房地产企业账务处理流程(如图 24-1 所示)

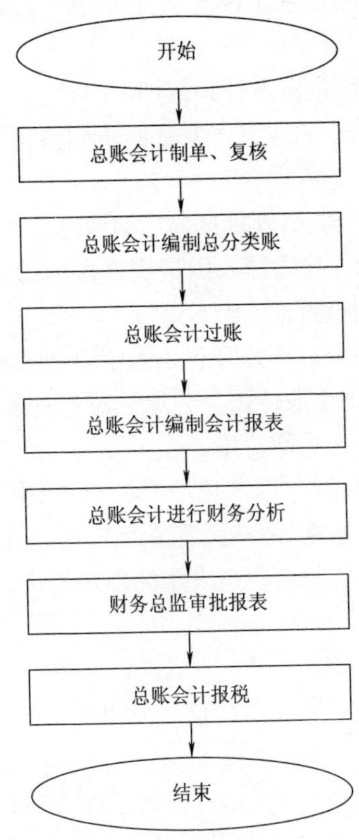

图 24-1　房地产企业账务处理流程

房地产企业会计核算规范

1. 应收及预付款项

(1)在期末分析各项应收及预付款项的可收回性,并预计可能产生的坏账损失。对预计可能发生的坏账损失,在期末按账龄并结合个别认定计提坏账准备。

(2)应收账款及其他应收款,除经判断确实可能发生坏账而采用个别认定法外,其余的按账龄计提坏账准备。公司内部往来款不得全额计提坏账准备。

(3)如有确凿证据表明预付账款不符合预付账款性质,或因债务单位破产、撤销等原因已无望再履行合同的，应将原计入预付账款的金额转入“其他应收款”，并按规定计提坏账准备。

(4)持有的未到期应收票据，如有确凿证据证明不能收回或收回的可能性不大时，应将其账面以前年度余额转入“应收账款”，并计提相应的坏账准备。

2. 固定资产

(1)企业应当对所有固定资产计提折旧。

(2)在具体实务中，对于固定资产发生的下列各项后续支出，通常的处理方法如下。

①固定资产修理费用，应当直接计入当期费用。

②固定资产改良支出，应当计入固定资产账面价值，其增计后的金额不应超过该固定资产的可收回金额。

③如果不能区分是固定资产修理还是固定资产改良，或固定资产修理和固定资产改良结合在一起，则企业应按上述原则进行判断，其发生的后续支出，分别计入固定资产价值或计入当期费用。

④固定资产装修费用，符合资本化原则的，应当在“固定资产”科目下单设“固定资产装修”明细科目核算，并在固定资产尚可使用年限内单独计提折旧。

⑤融资租赁方式租入的固定资产发生的固定资产后续支出，比照上述原则处理。

3. 存货

(1)存货在取得时，按实际成本计量。发出存货采用先进先出法确定其实际成本。

(2)低值易耗品和周转使用的包装物、周转材料等在领用时一次摊销。

(3)存货跌价准备一般按单个存货项目的成本高于其可变现净值的差额提取，但是对于数量较多，单价较低的存货，按存货类别计提。

4. 短期投资

(1)短期投资在取得时应当按照投资成本计量。短期投资的现金股利或利息，应于实际收到时，冲减投资的账面价值，但收到的、已记入应收项目的现金股利或利息除外。

(2)企业应当在期末时对短期投资按成本与市价孰低计量，对市价低于成本的差额按单项投资计提短期投资跌价准备。

(3)企业处置短期投资时，应将短期投资的账面价值与实际取得价款的差额，作为当期投资损益。并同时结转已计提的跌价准备。

5. 长期投资

长期投资在取得时应以初始投资成本计价。已确认损失的长期投资的价值又得以恢复，应在原已确认的投资损失的数额内转回。

6. 在建工程

期末对在建工程进行全面检查，如果存在下列一项或若干项情况的，按单项资产可收回金额低于在建工程账面价值的差额，计提在建工程减值准备。

7. 无形资产

无形资产应当按照账面价值与可收回金额孰低计量，对可收回金额低于账面价值的差额，应当计提无形资产减值准备。

8. 委托贷款

期末对各项委托贷款进行逐项检查，以单项委托贷款为基础按可收回金额低于其账面贷款本金的部分计算确定计提的减值准备。

财务分析工作流程

1. 前期基础工作

收集、整理与分析相关的经营管理信息，包括营销措施、重要的会议内容等，统计、记录相关分析数据。

2. 编制财务分析附表

(1)每月月中填写、修改财务分析附表中的同期、上期相应财务数据。

(2)次月 3 日前，相关财务数据、会计报表等审核确认后，进入财务软件系统生成财务分析附表，操作如下。

生成报表操作流程：进入财务软件系统→财务会计→报表→报表操作→打开报表→计算本表→保存报表→导出报表

3. 主要内容

(1)财务主要经济指标完成情况。

①简述本期含税销售收入金额，本期较同期增减额及较同期增减比例，对增减比例变动较大的可简括主要原因。

②简述本期不含税毛利率，不含税毛利率较同期增减百分比，可简括差异较大的主要原因。

③简述本期含税毛利额，含税毛利额较同期增减额及较同期增减比例。

④简述本期费用开支总额，费用总额。

较同期的增减变动情况，不含税费用率较同期增减百分比。剔除不可比因素，计算同一口径本期实际费用率较同期增减百分比。

⑤简述本期其他业务利润额，及其较同期增减变动情况。

⑥简述本期实现报表利润额，及其较同期增减变动情况；本期不含税利润

率，及其较同期增减百分比。

(2)考核指标完成情况。

从有效销售额、毛利率、经营考核利润、费用预算执行情况四个方面，根据经营责任目标完成情况表和费用预算执行情况表中的数据分别简述四项指标累计实际完成与下达全年计划相比的完成情况。

(3)费用开支分析。

首先总括分析本期费用总额，三项费用的发生额；其次分别按三项费用列出主要费用项目发生额，同比增减额及增减幅度。

(4)利润情况分析。

首先进行利润的总体分析，概括利润总额的完成情况。其次通过营业利润、其他业务利润、费用、税金及附加等项目的增减变动，对利润实现程度及利润变动原因等方面进行全面分析。

(5)资产负债状况分析。

①资产构成分析，是指各类资产额占资产总额的比重，或构成该类资产的各个项目占该类资产的比重，通常以构成比率来表示。通过对资产构成分析能够了解资产的分布与组成情况，能否满足经营对各类资产的需求。

②资产构成中应着重库存和资金状况分析。

③负债状况分析，主要分析企业债务负担的轻重，债务的结构变化，根据“资产负债率”、“流动比率”等指标较同期增减变化，来分析企业资本结构的合理程度和企业偿债能力的强弱，以及企业收益水平对偿债能力的保证程度。

4.财务分析的报送

财务分析人员需分析附表数据及分析所涉及的其他财务信息复核无误，经复核人员稽核，财务负责人把关后将分析以电子文档形式发送给财务本部，同时将纸制财务分析报送财务本部存档。

年度财务预算管理

1.预算编制的前提条件

(1)预算期内本公司所遵循的法律、法规、政策和经济环境无重大变化。

(2)按现行的国家主要税率、汇率、银行信贷利率。

(3)市场状况无重大变化。

(4)无其他人力不可抗拒及不可预测因素造成的重大不利影响。

2. 主要预算指标分析

包括营业收入、主营业务成本、营业税金及附加、期间费用(销售费用、管理费用和财务费用)、投资收益、利润总额。

3. 资产负债和权益预算情况说明

4. 投资、借款预算情况说明

5. 落实预算的基本措施

(1)关注和加强对宏观经济形势和房地产市场动态的分析和研究,审时度势,灵活应对政策和市场变化。

(2)把握时机,适时适度增加土地储备;积极拓展融资渠道,提高资金运作效率。

(3)持续提高管控水平和主业开发能力,打造精品,提升企业市场地位和品牌形象。

(4)强化项目开发成本控制,提高盈利能力,争取尽快恢复资本市场融资能力。

第二十五章
房地产企业审计和税务管理

房地产企业内部审计管理办法

第1章　总　　则

1. 为了加强公司内部审计监督，使审计工作制度化、法制化，根据国家审计法规结合实际情况，特制定本办法。

2. 审计机构和人员方案。

(1)设立审计部，配置若干专职人员。

(2)附属财务部，设专职审计人员。

(3)不设机构、专职人员，聘请外部兼职审计人员。

3. 审计机构和人员要求。

(1)内审人员应具有一定的政治素质、审计专业职称、专业知识和审计经验。

(2)内审人员必须依法审计、忠于职守、坚持原则、客观公正、廉洁奉公，不得滥用职权徇私舞弊、玩忽职守。公司应对审计人员工作进行奖励和处罚。

(3)内审人员按审计程序开展工作，对审计事项应予保密，未经批准不得公开。

(4)内审人员依法行使职权，受法律保护，任何部门、个人不得阻挠和打击报复。

第2章　审计对象、范围和依据

1. 内部审计对象。

公司各职能部门、员工，公司参股企业的派驻人员，公司全资子公司、分公司、控股公司，总经理认为需要检查的其他事项和人员。

2. 内部审计范围。

与财务收支有关的经济活动，财务计划的执行和决算，公司资产的使用、管理及保值增值情况，基建工程预项、决算的真实合法性，国家财经法律、法规执行情况，公司领导离任的经济责任，管理活动和行政活动，其他认定事项。

3. 内部审计依据。

国家法律、法规、政策，公司规章制度，公司经营方针、计划、目标，其他有关标准。

第3章　审计种类和方式

1.公司内部审计种类。

(1)财务收支审计。

(2)专案审计。

(3)专项审计。包括管理审计、效益审计、任期审计、调查审计等。

2.公司内部审计方式:报送审计和就地审计。

第4章　内部审计的内容和主要职权

1.内部审计的内容。

(1)财务计划及其预算的执行。

(2)固定资产投资项目的立项、资金来源,以及预算、决算、竣工、开工审计。

(3)资产管理情况。

(4)经营成果,财务收支的真实性、合法性、效益性。

(5)内部控制制度的健全、严密、有效性。

(6)重要经济合同、契约的签订。

(7)各部门、下属企业领导离任审计。

(8)联营、合资、合作企业和项目投入资金、财产使用及其效果。

(9)配合国家审计机关和审计师事务所,对公司有关部门的审计。

(10)其他交办审计事项。

(11)向总经理、审计机关报送审计工作计划、报告、统计报表等资料。

2.内部审计行使职权。

(1)召开本公司、部门、下属企业有关审计工作会议。

(2)参与重大经济决策的可行性论证或可行性报告事前审计。

(3)要求被审计单位及时提供计划、预算、决算、合同决议、会计凭证、账簿等文件资料。

(4)检查被审计单位的凭证、账簿、报表和资产。

(5)对有关事项调查,有权要求有关单位和个人提供证明材料。

(6)提出改进管理和提高效益的建议。

第5章　内部审计工作程序

1.内部审计工作程序的内容。

(1)制订公司审计计划和方案,经总经理批准组织实施,必要时报送审计机关。

(2)书面通告被审计单位,说明审计内容、种类、方式、时间。

(3)实施审计。审计人员可采取审查凭证、账表、文件、资料、检查现金、实物,向有关单位和人员调查取证等措施。

(4)提出审计报告，做出审计结论及审计处理意见。

(5)下达审查处理决定。

(6)复审、被审单位、个人在接到审查处理决定15天内，向公司提出书面复审申请，经总经理批准，准备复议。

(7)组织后续审计。

2.审计程序过程注意事项。

(1)审计前应向被审计单位出示由总经理签章的审计通知书及授权审计通知书。

(2)审计决定由总经理批准下达。

(3)复议期间，原审计结论和决定必须照常执行。

(4)重大事项审计报告报董事会、监事会备案。

(5)审计过程中若发现问题，可随时向公司报告及时制止。

第6章 审计档案制度

1.审计部门建立、健全审计档案管理制度。

2.明确审计档案管理范围。

3.审计档案管理参考公司档案管理、保密管理等办法执行。

房地产企业审计工作流程

1.审计立项与范围。

(1)审计立项是指确定具体的内部审计项目，即被审计的对象。审计对象的选择一般由以下三种方式决定。

①集团审计部通过对集团的经营活动进行系统的分析风险来制定年度内部审计工作计划表，经批准后逐项实施。

②由集团总裁下达的计划外专项审计任务。

③由被审计者提出审计要求，经批准实施审计业务。

(2)审计范围。内部审计为全面内部审计，主要包括财务收支审计、经济效益审计、内部控制系统审计等。

2.审计准备。

在确定审计事项后，审计人员开始审计准备工作，制订审计计划。审计准备工作包括以下内容。

(1)初步确定具体审计目标和审计范围。

(2)在制订审计计划时应收集、研究审计对象的背景资料。

(3)成立审计小组并初步确定审计时间，包括审计开始的时间、外勤工作时间、审计结束及审计报告的提出时间。

(4)准备初步审计方案。审计方案是说明审计目标、范围和具体进行的程序。

(5)计划审计报告的提交方式、时间和对象。

(6)发出审计通知书(根据集团的实际情况,也可以通过口头或者电话的方式通知)。

以上为审计工作的准备阶段,完成准备工作后,审计工作即进入实质性的阶段。

3.初步调查。

(1)审计座谈会。审计开始前,审计人员应与被审计单位负责人、财务负责人及其他相关人员召开审计座谈会。

(2)实地考察。审计人员应实地观察被审计单位的经营地点、设备、职员及业务情况,对被审计单位的业务活动获得感性认识。

(3)研究文件资料。对被审计单位提供的及实地考察过程中得到的文件资料进行整理归档,并进行查阅、研究。

(4)编写初步调查说明书。初步调查完成后,审计人员应编写简要的初步调查说明书,概括被审计单位的基本情况及初步调查的实施情况。

4.分析性程序及符合性测试。

(1)分析性程序(比较、比率和趋势分析)。审计人员应根据财务报表和有关业务数据计算相关比率、趋势变动,用定量的方法更好地理解被审计单位的经营状况。

(2)分析内部控制设计的恰当性。审计人员应在认真研究、分析被审计单位现有内部控制系统的相关制度、规定等文件的情况下,对内部控制系统设计的恰当性进行评价。

(3)初步分析和评价内部控制执行的有效性。

①审计人员可采用内部控制调查表或询问相关人员等方式获得内部控制执行情况的相关信息。

②审计人员可采用对经营活动进行"穿行测试"或小样本测试的方式,初步评价内部控制系统的执行情况。

③研究信息系统的控制制度、进行信息系统的相关测试。

④分析重大风险领域,确定重点审计的范围及方法。

5.实质性测试及详细审查。

(1)实质性测试及详细检查是在对内部控制的初步评价基础上,运用适当的审计技术详细审查、评价被审计单位的经营活动。

(2)审计人员应收集充分的、可靠的、相关的和有用的审计证据(包括文件、函证、笔录、复算、询问等),进行审核、分析与研究,形成审计判断。

6. 审计发现和审计建议。

(1)审计发现应包括事实、标准及期望、原因及结果。

(2)审计人员应根据具体的内部控制情况及相关的审计发现提出具体的、适当的审计建议,以利于被审计单位完善内部控制、降低经营风险。

7. 审计报告及审计结论与说明。

(1)审计复核与监督。审计项目负责人应对审计工作底稿及收集的相关证明资料进行详细的复核,并对实施的相关审计程序进行适当的监督和管理。

(2)整理审计工作底稿及相关资料,编写意见交换稿。意见交换稿应简要说明项目的审计目标、审计范围、实施的审计程序,并对具体的审计发现和初步的审计建议进行详细阐述。

(3)与被审计单位交换意见。与被审计单位的沟通包括重大问题的沟通及审计工作即将完成的意见交换。

(4)编制正式的审计报告。外勤工作结束后,审计专员应及时编制正式的审计报告。正式的审计报告是在意见交换稿的基础上根据与被审计单位沟通的结果,正式编制完成。

(5)审核并报送审计报告。审计专员应对审计报告及相关的审计资料进行详细审核,确认后正式报送给集团总裁(关于财务方面的审计还应提交集团财务经理及集团财务总监),并对审计结果进行简要的口头汇报。

8. 后续审计。

在出具了正式的审计报告后,审计专员应关注被审计单位对审计结果及集团总裁对相关事项处理决定的态度。在认为合适的一段时间以后,由审计专员对被审计单位实施后续审计,确定审计中发现的问题是否得到了恰当的解决。对于暂时无法解决的问题是否告知并得到了集团总裁或董事会的批准。审计人员应对相关的风险进行评价,并将后续审计的结果及相关的风险评价报告集团总裁。

9. 审计评价。

审计评价是指审计专员对具体审计项目的执行情况、审计方法、审计程序及审计目标的完成情况进行的总结、评价。审计评价应由审计人员的自我评价、审计项目负责人的项目评价及审计部负责人的总结评价三个层次构成。鉴于集团的实际情况,每一个审计项目完成之后,审计专员应及时做出书面总结、评价,根据实际情况签署相关的意见和建议。

10. 审计档案。

完成以上步骤后，审计专员应对审计资料进行整理、装订、编号，形成内部审计档案，并由审计专员负责保管。

房地产企业内部审计方案

1. 审计目标

对公司资产、负债及经营情况进行审计检查，做出客观评价，揭示公司经营风险，总结管理经验，对公司经营和管理提出合理意见及建议。

2. 审计范围

本年度公司经营情况，有必要时可追溯或延伸审计。

3. 审计方式

现场审计。

4. 审计内容

(1)收入。

①检查公司收入规模、利润完成情况，收入、利润增长及贡献情况。

②检查公司收入确认和核算是否真实、完整。

(2)成本费用。

①检查公司产品成本支出的范围和标准是否符合国家及公司有关财务会计制度规定。

②检查公司各项费用列支情况，包括公司的管理费用、销售费用、财务费用。

③公司各项税金。包括营业税及其附加、土地使用税、房产税、土地增值税实行四级超率累进税率、企业所得税。

(3)工程造价。

检查建筑、安装施工等工程造价的真实性、准确性。

(4)内控制度的健全性。

①公司经营活动和重大经营决策的相关内部控制制度是否健全，潜在风险是否得到了有效控制。

②公司经营活动和重大经营决策是否履行决策程序，重要事项是否履行审批程序，是否符合国家有关法律法规规定及公司内部控制程序。

③公司经营活动和重大经营决策的落实执行，是否明确了责任执行部门并落实了相关责任，执行过程的内部控制是否有效。

④公司经营活动和重大经营决策是否达到预期的效果及对公司财务状况的影响，有无造成公司损失。

⑤检查公司规章制度建设情况，有无以权谋私，贪污、挪用、私分公款，转移公司资产，行贿受贿和挥霍浪费等行为，以及弄虚作假等重大违纪违规行为。

5. 审计程序及具体分工

审计程序按照公司审计工作底稿执行并安排具体分工。

6. 审计步骤

(1)下发审计通知书。

(2)进行现场审计、相关部门指定专人配合并提供资料。

(3)提出审计报告，与被审单位交换意见。

(4)出具正式审计意见书。

房地产企业纳税管理办法

1. 应税范围

根据《中华人民共和国营业税暂行条例实施细则》的规定，房地产开发企业，发生营业税应税劳务时主要涉及以下两个方面。

(1)转让土地使用权，是指土地使用者转让土地使用权的行为，土地所有者出让土地使用权和土地使用者将土地使用权归还给土地所有者的行为，不征收营业税。土地租赁，不按本税目征税。

(2)销售不动产，是指有偿转让不动产所有权的行为。

不动产是指不能移动，移动后会引起性质、形状改变的财产。本税目的征收范围包括：销售建筑物或构筑物、销售其他土地附着物。

2. 涉及税种

房地产开发企业主要涉及的税种有营业税、城市维护建设税、教育费附加，土地增值税、房产税、印花税以及契税等。

(1)营业税。

根据《中华人民共和国营业税暂行条例实施细则》的规定，纳税人的营业额为纳税人销售不动产向对方收取的全部价款和价外费用。其中，《营业税暂行条例实施细则》第十五条规定，纳税人销售不动产价格明显偏低而无正当理由的，主管税务机关有权按下列顺序核定其营业额：

①按纳税人当月提供的同类应税劳务或者销售的同类不动产的平均价格核定。

②按纳税人最近时期提供的同类应税劳务或者销售的同类不动产的平均价格核定。

③按下列公式核定计税价格：

计税价格＝营业成本或工程成本×(1＋成本利润率)÷(1－营业税税率)

上列公式中的成本利润率，由省、自治区、直辖市人民政府所属税务机关确定。

(2)城市维护建设税。

根据《中华人民共和国城市维护建设税暂行条例》(国发[1985]第 19 号)规定：

①计税依据：纳税人实际缴纳的营业税税额。

②税率：分别为 7%、5%、1%。

计算公式：应纳税额＝营业税税额×税率。不同地区的纳税人实行不同档次的税率。

(3)教育费附加。

①计税依据：纳税人实际缴纳营业税的税额。

②税率为 3%。

计算公式：应交教育费附加额＝营业税税额×税率。

(4)土地增值税。

土地增值税按照纳税人转让房地产所取得的增值额和规定的适用税率计算征收，纳税人转让房地产所取得的收入减除《中华人民共和国土地增值税暂行条例》规定的扣除项目金额后的余额，为增值额。具体包括以下内容。

①对转让土地使用权的，只对转让国有土地使用权的行为征税，转让集体土地使用权的行为没有纳入征税范围。这是因为根据《中华人民共和国土地管理法》的规定，集体土地未经国家征用不得转让。因此，转让集体土地是违法行为，所以不能纳入征税范围。

②转让地上建筑物，是指建于土地上的一切建筑物，包括地上地下的各种附属设施。

③附着物是指附着于土地上的不能移动，一经移动即遭损坏的物品。

④取得收入的行为，包括转让房地产的全部价款及有关的经济收益。

⑤土地增值税的计税依据：计税依据是纳税人转让房地产所取得的增值额。增值额为纳税人转让房地产取得的收入减除《中华人民共和国土地增值税暂行条例》和《中华人民共和国营业税暂行条例实施细则》规定的扣除项目金额后的余额。

⑥税率：土地增值税实行四级超率累进税率，即增值额未超过扣除项目金额 50%的部分，税率 30%；增值额超过扣除项目金额 50%，未超过扣除项目金额 100%的部分，税率 40%；增值额超过扣除项目金额 100%，未超过扣除项目金额 200%的部分，税率 50%；增值额超过扣除项目金额 200%的部分，税率为 60%。

(5)房产税。

如果企业拥有房产产权的，需缴纳房产税。房产税以房产原值(评估值)为计税依据，税率为 1.2%。计算公式为：年应纳税额＝房产原值(评估值)×(1－

30%)×1.2%。

(6)城镇土地使用税。

如果企业拥有土地使用权的,需缴纳城镇土地使用税。年应纳税额=∑(各级土地面积×相应税额)。

(7)城市房地产税、外商投资企业土地使用费。

如果单位属于外商投资企业或外国企业应缴纳城市房地产税、外商投资企业土地使用费。

①根据《中华人民共和国城市房地产税暂行条例》规定,城市房地产税依房产原值计税,税率为1.2%。计算公式为:年应纳税额=房产原值×税率×(1-30%)。

②依外商投资企业的实际占用土地面积以及所适用的土地使用费的单位标准确定,计算公式为:应纳土地使用费额=占用土地面积×适用的单位标准。

(8)印花税。

根据《中华人民共和国印花税暂行条例》的规定,印花税是对在经济活动和经济交往中书立、领受印花税暂行条例所列举的各种凭证所征收的一种兼有行为性质的凭证税。分为从价计税和从量计税两种。

应纳税额=计税金额×税率,应纳税额=凭证数量×单位税额。

(9)契税。

根据《中华人民共和国契税暂行条例》(国务院令第224号)的规定,契税是对在中华人民共和国境内转移土地、房屋权属时向承受土地使用权、房屋所有权的单位和个人征收的一种税。纳税义务人为房屋、土地权属的承受方。应纳税额=计税依据×税率。

下列转移方式,视同土地使用权转让、房屋买卖或者房屋赠与征税:

①以土地、房屋权属抵债或者作价投资、入股的。

②以获奖、预购、预付集资建房款或者转移无形资产方式承受土地、房屋权属的。

③建设工程转让时发生土地使用权转移的。

④以其他方式事实构成土地、房屋权属转移的。

房地产企业纳税管理流程

1.税务登记

税务机关依据税法规定对纳税人的生产经营活动进行登记管理,具体内容如下。

(1)税务登记:领取营业执照30日内办理,税务机关30日内核发。

(2)登记内容:企业的相关事项。

(3)注意事项:不得涂改、转借、转让,若遗失应在15日内报告,并公开声明作废。

(4)变更登记:若发生变更,30日内到税务机关办理。

(5)注销登记:宣告终止之日起,15日内向原税务机关申报办理注销税务登记。

(6)检查:一年验证一次,3～5年更换一次;扣缴义务人也应自义务发生之日起30日内,申报办理代扣代缴税务登记。

2. 纳税申报

纳税人按照税法规定,定期就计算缴纳税款的有关事项向税务机关提出书面报告。

(1)方法:申报期内,无论有无收入和所得都应持申报表、会计报表及其他申报资料申报。

(2)内容:按申报表的内容填写。

(3)期限:按税法规定。

(4)延期:经批准可延期申报,但最长不超过3个月。

3. 税款征收

我国现行税款征收方式包括查账征收、查定征收、查验征收、定期定额、代扣代缴、代收代缴、委托代征。

4. 税务检查

税务机关以国家法律、行政法规为依据,对纳税人、扣缴义务人履行纳税义务和扣缴义务的情况进行的审查监督活动。

5. 违章处理

主要包括违反税法的行政处罚、涉税犯罪、开户银行或其他金融机构的法律责任。

6. 税务代理

企业在法律规定范围内,委托从事税务代理的专门人员(税务师)及其工作机构(会计师事务所、律师事务所、税务咨询机构等)代理《税务代理试行办法》规定的内容。

第二十六章
房地产企业财务管理实用表单

财务费用核算表(见表 26-1)

表 26-1 财务费用核算表

项目明细	本年预算数	本月数	本期累计数	上年同期数
融资代理费				
金融机构手续费				
借款利息				
坏账损失				
其他费用				
合计				
制表人		审核人		
制表单位		制表日期		

销售成本估算表(见表 26-2)

表 26-2 销售成本估算表

项目 \ 年份	______年	______年	______年	______年	______年
产销量					
直接材料					
直接燃料和动力					
直接人工					
制造费用					
其中:折旧费					
副产品回收					

续上表

项目＼年份	______年	______年	______年	______年	______年
生产成本					
管理费用					
其中：折旧与摊销费					
销售费用					
财务费用					
其中：利息支出					
期间费用					
总成本（销售成本）					
经营成本					

财务费用分析流程表（见表 26-3）

表 26-3　财务费用分析流程表

分析阶段	分析流程	主要内容
信息收集整理	明确财务分析目的	评价企业经营业绩、进行投资决策、制定未来经营策略……
	制订财务分析计划	人员组成及分工、时间进度与安排、分析内容及拟采用的方法
	收集整理财务分析信息	内部信息（会计信息、统计与业务信息、计划与预算信息）、外部信息（政策与法规信息、综合部门发布的信息、报纸杂志信息、企业间交换的信息等）、定期信息、不定期信息、实际信息、标准信息
战略分析与会计分析	战略分析	行业分析，包括对行业竞争程度和市场议价能力的分析
		企业竞争策略分析，包括对低成本竞争策略和产品差异策略的分析
	会计分析	阅读会计报表、比较会计报表、解释会计报表、修正会计报表信息

续上表

<table>
<tr><th>分析阶段</th><th>分析流程</th><th colspan="2">主要内容</th></tr>
<tr><td rowspan="2">财务分析实施</td><td>财务指标分析</td><td colspan="2">建立指标体系（按分析主体、分析内容、财务报表等划分）计算指标、比较分析指标</td></tr>
<tr><td>基本因素分析</td><td colspan="2">连环替代法、差额计算法</td></tr>
<tr><td rowspan="3">财务分析综合评价</td><td>财务分析综合分析与评价</td><td>财务综合分析方法</td><td>财务报表综合分析
财务指标体系综合分析</td></tr>
<tr><td>财务预测与价值评估</td><td colspan="2">财务分析、财务预测、确定现金流、企业价值</td></tr>
<tr><td>财务分析报告</td><td colspan="2">主要包括基本财务情况反映，主要成绩和重大事项说明，存在问题的分析及提出改进措施意见</td></tr>
</table>

企业成本分析表（见表 26-4）

表 26-4 企业成本分析表

<table>
<tr><th colspan="2">项目类别</th><th>预算数</th><th>本月数</th><th>本月累计</th><th>占预算比例(%)</th></tr>
<tr><td rowspan="8">前期工程费用</td><td>勘察招标</td><td></td><td></td><td></td><td></td></tr>
<tr><td>施工招标</td><td></td><td></td><td></td><td></td></tr>
<tr><td>监理招标</td><td></td><td></td><td></td><td></td></tr>
<tr><td>施工接水</td><td></td><td></td><td></td><td></td></tr>
<tr><td>施工接电</td><td></td><td></td><td></td><td></td></tr>
<tr><td>场地平整</td><td></td><td></td><td></td><td></td></tr>
<tr><td>其他设施</td><td></td><td></td><td></td><td></td></tr>
<tr><td>地形图测绘</td><td></td><td></td><td></td><td></td></tr>
<tr><td rowspan="6">前期工程费用</td><td>红线规划</td><td></td><td></td><td></td><td></td></tr>
<tr><td>试放线费</td><td></td><td></td><td></td><td></td></tr>
<tr><td>基础检验</td><td></td><td></td><td></td><td></td></tr>
<tr><td>竣工测量</td><td></td><td></td><td></td><td></td></tr>
<tr><td>验线费</td><td></td><td></td><td></td><td></td></tr>
<tr><td>人防配套</td><td></td><td></td><td></td><td></td></tr>
</table>

续上表

项目类别		预算数	本月数	本月累计	占预算比例(%)
前期工程费用	工程质量监督				
	办证费				
	施工许可证				
	建设工程规划许可证				
土地征用及拆迁补偿费	土地使用出让金				
	征地费				
	城市配套建设				
	拆迁安置补偿				
	拆迁许可证办证费				
	土地登记办证费				
	其他有关税费				
公共配套设施费					
基础设施建设费	自来水				
	污水处理费				
	煤气费				
	电费				
	通信费				
	道路及路牌				
	绿化与环卫				
	室外照明				
建安工程费	建筑工程费				
	材料设备				
	室内装饰及配置				
	设备安装				
	勘察费				
	工程监理费				
	水增容				

续上表

<table>
<tr><td colspan="2">项目类别</td><td>预算数</td><td>本月数</td><td>本月累计</td><td>占预算比例(%)</td></tr>
<tr><td rowspan="3">建安工程费</td><td>煤气开户及安装</td><td></td><td></td><td></td><td></td></tr>
<tr><td>电开户及安装</td><td></td><td></td><td></td><td></td></tr>
<tr><td>桩基费</td><td></td><td></td><td></td><td></td></tr>
<tr><td rowspan="7">开发间接费</td><td>办公行政</td><td></td><td></td><td></td><td></td></tr>
<tr><td>车辆维护</td><td></td><td></td><td></td><td></td></tr>
<tr><td>业务招待</td><td></td><td></td><td></td><td></td></tr>
<tr><td>噪声费</td><td></td><td></td><td></td><td></td></tr>
<tr><td>排污费</td><td></td><td></td><td></td><td></td></tr>
<tr><td>项目用人费</td><td></td><td></td><td></td><td></td></tr>
<tr><td>……</td><td></td><td></td><td></td><td></td></tr>
<tr><td colspan="2">合计</td><td></td><td></td><td></td><td></td></tr>
</table>

财务费用明细项目汇总表(见表 26-5)

表 26-5 财务费用明细项目汇总表

<table>
<tr><td colspan="2" rowspan="3">被审计单位名称</td><td colspan="2" rowspan="3"></td><td>执行人</td><td>签名</td><td>日期</td><td>索引号</td><td></td><td>页数</td><td></td></tr>
<tr><td>编制人</td><td></td><td></td><td>审计项目</td><td colspan="3"></td></tr>
<tr><td>复核人</td><td></td><td></td><td>会计期间</td><td colspan="3"></td></tr>
<tr><td>月份</td><td>利息支出</td><td>减:利息收入</td><td>汇兑损失</td><td>减:汇兑收益</td><td>手续费</td><td>合计</td><td colspan="4" rowspan="7">审计说明:</td></tr>
<tr><td>1</td><td></td><td></td><td></td><td></td><td></td><td></td></tr>
<tr><td>2</td><td></td><td></td><td></td><td></td><td></td><td></td></tr>
<tr><td>3</td><td></td><td></td><td></td><td></td><td></td><td></td></tr>
<tr><td>4</td><td></td><td></td><td></td><td></td><td></td><td></td></tr>
<tr><td>5</td><td></td><td></td><td></td><td></td><td></td><td></td></tr>
<tr><td>6</td><td></td><td></td><td></td><td></td><td></td><td></td></tr>
</table>

续上表

月份	利息支出	减:利息收入	汇兑损失	减:汇兑收益	手续费	合计	审计说明：
7							
8							
9							
10							
11							
12							
合计							
调整数							
审定数							
审计结论：							

现金存款日报表(见表 26-6)

表 26-6　现金存款日报表

编号：　　　　　　　　　　　　　　　　　　　　　　　　　　日期：

活动性资金	项　目		前日余额	存入金额	支领金额	本日余额
	现　金					
	小额现金	工厂				
		营业所				

续上表

	项目		前日余额	存入金额	支领金额	本日余额
活动性资金	现金					
	小额现金	办公室				
		计				
	甲种存款	银行				
		银行				
		银行				
		计				
	活期存款	银行				
		银行				
		银行				
		计				
	合计					
定期性存款	通知存款	银行				
		银行				
		银行				
		计				
	定期存款	银行				
		银行				
		银行				
		计				
	定期准备金	银行				
		银行				
		银行				
		计				
	合计					

总经理： 经理： 科长：

会计： 出纳：

现金流量分析表(见表26-7)

表26-7 现金流量分析表

行次	项目	数据来源或计算公式	
1	一、经营活动产生的现金流量		
2	本年净利润	根据报表自动生成	0.00
3	加:少数股东权益增加额	根据报表自动生成	……
	加:营业外支出	根据报表自动生成	……
	减:营业外收入	根据报表自动生成	……
4	加:坏账准备、存货跌价准备	根据报表自动生成	
5	加:累计折旧增加额	根据报表自动生成	
6	加:无形资产摊销发生额	根据报表自动生成	
7	加:财务费用发生额	根据报表自动生成	
8	减:投资收益发生额	根据报表自动生成	
9	减:存货的增加	根据报表自动生成	
10	减:待摊费用、开办费、长期待摊费用的增加	根据报表自动生成	
11	减:经营性应收项目的增加	根据报表自动生成	
12	加:经营性应付项目的增加	根据报表自动生成	
13	加:递延税款贷项本期增加	根据报表自动生成	
14	减:递延税款借项本期增加	根据报表自动生成	
15	减:其他流动资产增加	根据报表自动生成	
16	加:其他流动负债增加额	根据报表自动生成	
17	调整后的经营活动现金净流量	根据报表自动生成	
18	二、投资活动产生的现金流量		
19	加:投资收益	根据报表自动生成	
……	……	……	
32	投资活动现金净流量	根据报表自动生成	
33	三、筹资活动产生的现金流量		
……	……	……	
46	报表数据与测算数据差别	根据报表自动生成	

银行借款明细表(见表 26-8)

表 26-8 银行借款明细表

债权人名称	借款时间	金 额	利 率	利 息
还款时间	本 金	利 息	备 注	

财务状况分析表(见表 26-9)

表 26-9 财务状况分析表

项次	检讨项目	检 讨	评 核		
			良	可	差
1	投入成本	□投资事业过多 □增资困难			
2	资金冻结	□严重 □尚可 □轻微			
3	利息负担	□高 □中 □低			
4	设备投资	□过多未充分利用 □可充分利用 □设备不足 □设备陈旧			
5	销售价格	□好 □尚有利润 □差			
6	销售量	□供不应求 □供求平衡 □竞争利害 □销售水平差			
7	应收款	□赊销过多 □尚可 □甚少			
8	应收票据	□期票过多 □适中 □支票甚少			

续上表

项次	检讨项目	检　讨	评　核		
9	退票坏账	□很多 □尚可 □甚少			
10	生产效率	□高 □尚可 □差			
11	附加价值	□低 □尚可 □差			
12	材料库存	□多 □适中 □短			
13	采购期	□过长 □适中 □短			
14	耗料率	□高 □中 □理想			
15	产品良品率	□低 □中 □高			
16	人工成本	□高 □适中 □低			
17	成品库存	□多 □适中 □少			
18	在制品库存	□多 □适中 □少			

营业利润测算表（见表 26-10）

表 26-10　营业利润测算表

序号	项目名称	合计	建设经营期				
			第 1 期	第 2 期	第 3 期	……	备注
1	租售收入						
2	两税一费						
3	开发成本费用						
4	销售成本						
5	经营成本						
6	土地增值税						
7	开发利润						
8	所得税						
9	税后利润						
10	员工奖励基金						
11	员工发展基金						

续上表

序号	项目名称	合计	建设经营期				
			第 1 期	第 2 期	第 3 期	……	备注
12	可供分配利润						
13	归还垫支利润						
14	盈余公积金						
15	应付利润						
16	未分配利润						

财务审计实施计划表(见表 26-11)

表 26-11 财务审计实施计划表

被审计部门					
审计项目	审计方法	审计人员	起止日期	审计内容	注意问题
制表人		审核人		财务经理	

财务审计工作记录表（见表 26-12）

表 26-12　财务审计工作记录表

<table>
<tr><td>被审计部门</td><td colspan="5"></td></tr>
<tr><td>审计事项</td><td colspan="5"></td></tr>
<tr><td>审计人</td><td colspan="5"></td></tr>
<tr><td rowspan="6">审
计
记
录</td><td>单　价</td><td>数　量</td><td>金　额</td><td>正确性</td><td>备　注</td></tr>
<tr><td></td><td></td><td></td><td></td><td></td></tr>
<tr><td></td><td></td><td></td><td></td><td></td></tr>
<tr><td></td><td></td><td></td><td></td><td></td></tr>
<tr><td></td><td></td><td></td><td></td><td></td></tr>
<tr><td></td><td></td><td></td><td></td><td></td></tr>
<tr><td>点评</td><td colspan="5"></td></tr>
<tr><td>编号</td><td colspan="2"></td><td>日期</td><td colspan="2"></td></tr>
</table>

纳税统计汇报表（见表 26-13～表 26-14）

表 26-13　纳税统计汇报表（一）

单位（公章）：

<table>
<tr><td>年份</td><td></td><td>增值税
(1)</td><td>消费税
(2)</td><td>营业税
(3)</td><td>关税
(4)</td><td>城市维护建设费
(5)</td><td>教育费附加
(6)</td><td>文化事业费
(7)</td><td>城镇土地使用税
(8)</td></tr>
<tr><td rowspan="2">2011</td><td>应交税款</td><td></td><td></td><td></td><td></td><td></td><td></td><td></td><td></td></tr>
<tr><td>实交税款</td><td></td><td></td><td></td><td></td><td></td><td></td><td></td><td></td></tr>
<tr><td rowspan="2">2012</td><td>应交税款</td><td></td><td></td><td></td><td></td><td></td><td></td><td></td><td></td></tr>
<tr><td>实交税款</td><td></td><td></td><td></td><td></td><td></td><td></td><td></td><td></td></tr>
<tr><td rowspan="2">2013</td><td>应交税款</td><td></td><td></td><td></td><td></td><td></td><td></td><td></td><td></td></tr>
<tr><td>实交税款</td><td></td><td></td><td></td><td></td><td></td><td></td><td></td><td></td></tr>
<tr><td rowspan="2">合计</td><td>应交税款</td><td></td><td></td><td></td><td></td><td></td><td></td><td></td><td></td></tr>
<tr><td>实交税款</td><td></td><td></td><td></td><td></td><td></td><td></td><td></td><td></td></tr>
</table>

表 26-14 纳税统计汇报表(二)

房产税(9)	印花税(10)	企业所得税(11)	个人所得税(12)	其他各税(13)	查补税款(14)	税款合计(15)	本年营业收入(16)		本年利润总额(17)	综合税负比率(18)
							产品收入	服务收入		

财务负责人： 填表人：

填表说明：

1. 增值税包括国内增值税和进口增值税。
2. 查补税款包括企业税收自查补交的税款及税务稽查应补缴的税款。
3. 本表可从集团公司主页最新公告栏下载。

第九部分
典型案例分析

内容提要

- “天邑湾”独辟蹊径，创造东莞房地产销售纪录
- 攻心到位，“国际城”征服石家庄人
- 赢在定位，广州“凤凰城”奇迹般崛起
- 北京“华腾国际”抵押状况评估报告
- 北京“时代·国际”项目转让纠纷

【案例1】“天邑湾”独辟蹊径，创造东莞房地产销售纪录

【案例详情】

2007年，中国房地产市场正处于巅峰繁荣时期，相关业内人士也对东莞房地产市场做出了预测，他们认为东莞房地产商品房均价即将过万，与此同时，东莞地王纪录不断刷新。富通天邑湾就是当时城区地王之一，楼面均价2 930元/平方米，折算建安成本、财务成本等，可售面积每平方米成本接近7 000元。而在2009年，东莞万江区商品房均价仅为5 000元。

除去成本的巨大压力，“天邑湾”还要面对区域弱势、周边环境影响等难题。

“天邑湾项目”所在的万江区是东莞四大城区之一，但当地发展水平明显落后于另外三大城区，再加上“天邑湾项目”周边旧居民楼、厂房林立，交通不便、环境较差。万江本地人对于这片开发区域的印象就是“环境差，治安差”。此外，项目紧邻四环路及高埗大桥，噪声与粉尘干扰也较为严重。一线的江景资源算是天邑湾最大的优势，然而，在进行客户调研后发现，客户对江景资源的期待值并不乐观，因此江景资源就不能构成项目的核心竞争优势，而且单一诉求江景并不能抵御目标客户对项目复杂而多样的抗性。

因此，天邑湾定位之初并没有走常规的基于产品的“城市豪宅”之路，而是在竞争性定位中弱化产品，强化人文文化因素，提出“城市湾区·东方盛境”定位。通过推广形象、物料展示、活动营销、现场展示四个方面，使“东方盛境”形象不断深化升华。对外推广的形象宣传片是以中国文化精粹“墨”为线索，展开丰富的文化篇章，完全区别于市场上一般主导产品的形象广告；创意独具的海报以中国古代传统“卷轴”形式呈现；折页运用“镂空”手法，融入中国传统窗花元素；线装本《风水手册》融入项目价值与国学风水解读；“乾隆御船体验中心开放”、“秦始皇兵马俑巡展”等系列活动引爆市场关注。此外，“低碳体验房”、“视听体验厅”等创新展示以及完美东南亚风情园林展示区为项目赋予了“文化、异域、风情、低碳”的人文文化内涵，与销售节点同步配合。“天邑湾项目”凭借着国雅大气的文化开篇，自2010年5月15日至6月30日，累计成交82套，成功领跑当时整个东莞的房地产市场。

【案例分析】

富通天邑湾融会中国人居精华，将莞邑水乡独有的婉约气质、东南亚热情炽烈的氛围融进社区的规划中，诞生了天邑湾独具特色的水乡居住文化。天邑

湾在营销过程中,更是成功地打造了六大主力卖点。

(1)东莞城区唯一的湾区豪宅。国际一线城市的高尚生活片区都是围绕水系发展。天邑湾地处滨江豪宅板块龙头地位,让人们看到了它今后无可限量的发展前景。

(2)政府打造 1.8 公里滨江景观长廊。滨江休闲景观长廊全长 1.8 公里,至大王洲,设有单车径、人行径、乾隆御船水上体验中心、亲水广场、钓鱼台等项目,休闲配套设施非常齐全。

(3)东莞唯一东南亚风情园林。千树造林,万花成园,更有进口的名贵花卉,让人看到了别有特色的异域风情。

(4)国内先进的生态地下停车场。人车分流,半地下设计。

(5)超高赠送率。每户赠送一个房间。

(6)全球顶级物管服务。天邑湾联手全球顶级物管世邦魏理仕,接轨国际标准物管服务,为天邑湾业主提供世界级尊崇管理服务,实现天邑湾物业资产的保值升值。

【案例 2】营销到位,"国际城"征服石家庄人

【案例详情】

石家庄市的"国际城"项目在楼盘开盘当日,便成功卖掉了 628 套住宅中的 500 多套,使得开发商日进 2 亿元资金。在"国际城"开盘前的近 30 个小时里,就已有上百人的队伍站立在冬雨中等待抢购了,开盘时的场面更为壮观,不断汇集的人潮,不得不动用公安人员到场维持秩序。疯狂的抢购风暴让投资方 PEP 基金的港方代表大为震惊,因为类似的情形在香港特别行政区只在金融危机前出现过,而且"国际城"不过是石家庄邻郊的容积率近 2 板式多层和小高层为主的普通住宅,为何能引起石家庄人如此大的兴趣呢?

石家庄"国际城"在 800 亩地上建成了 100 多万平方米的房子,却被当地媒体称作石家庄房地产发展史上的"拐点",雅典卫城、美国总统山、法国玻璃金字塔等全球著名建筑标志成为同它比附的对象。从开盘前十天开始,石家庄市算得上大街的所有街道两旁灯杆挂满了"国际城"广告旗,排在前四名的当地主要报纸每天 3~4 个彩色整版广告。密集的广告铺天盖地势如破竹,达到了极高的接触率,还有当地几乎所有媒体不惜版面的轮番报道,市民的胃口被吊得老高;足够宽的宣传面把潜在购买力最大限度地挖掘出来,同时也实现了对竞争对手的封杀。硬启动的石家庄"国际城"就这样在密集的广告中一举成名。

【案例分析】

"国际城"采取的操盘方式雷同于好莱坞推广大片的手法,强劲的宣传攻势让人乖乖地跑进电影院,人们出来后或许大叫"没看头",但下一次还是会被勾引进去。也有饥饿营销的迹象:通过立体造势持续加温市场,在未上市前激发积聚买家的欲望,制造一定程度的饥饿感,开盘时迸发强大购买力。

当"国际城"被卖家抬得足够高、气势造得足够大时,买家就会头脑发热、心跳加速,尤其是在石家庄还没有个性楼盘的情况下,大造声势瞬间就会让人心理崩溃,这就是所谓的"得势者得人心"。这样,低开高走的价格尽管比周边楼盘房价要高出很多,但买家也不觉得贵了。与购房者的热情形成反差的是售楼代表的冷漠式服务。售楼电话要么占线要么无人接听,这个户型已经卖完了,那个户型不多了的回答,是否是卖家故意制造的短缺现象。营销心理学指出,几乎所有的人都会受到短缺原理的影响,与希望获得一样东西相比,害怕失去东西的恐惧似乎更能成为人们行动的动力。

【案例3】赢在定位,广州"凤凰城"奇迹般崛起

【案例详情】

2002年5月1日,仅仅一天时间,凤凰城销售额就达到7.5亿元。这在竞争激烈的房地产市场是绝无仅有的,在全国的房地产界也是头一次。负责策划"凤凰城"项目的碧桂园集团本身就是一个善于创造神话的企业,而一个能够不断创造神话的企业绝不是凭借偶然的运气。

按照广州城市建设总体战略概念以及当时市政府的战略构想,在2001年时广州的房地产市场就已经成为华南板块的天下,这就意味着"凤凰城"在华南板块面对的环境十分复杂,对手也是十分强大的。《南方都市报》的一篇楼市分析指出:"原本,新兴的凤凰城与中海康城极有机会撑起广园东大旗,成为最有希望的板块劲敌,但二者毕竟囿于线状排列分散与时间上的不成熟,板块形象仍不足以撼动华南;同样东圃一带楼盘一萝箩,市政与商业利好不断,在2002年也会有所作为,可惜,区域整体素质上的落差又让其稍逊一筹;至于其他板块,相抗衡华南,实际上更加心有余而力不足。"此描述基本上反映了凤凰城开盘前的市场竞争格局。

然而,"五一"劳动节似乎专门是为凤凰城设置的。据碧桂园营销中心负责人介绍,仅5月1日这一天,碧桂园凤凰城接待客户就达3.5万人之多。同日,销售榜排名第二位、同属广园东的"中海康城"销售额没有超过2亿元。凤凰城的节日,对房地产的不少同行来讲是灰色的,而对诸多的专业人士和新闻记者

来说是“大跌眼镜”。事实上，在“五一”前，也有不少人看好凤凰城，但其火爆的程度还是让大家心脏受不了，“五一”过后几乎所有的媒体都把目光聚焦凤凰城，真可谓“满城尽说凤凰城”。

【案例分析】

凤凰城的成功关键在于准确的定位和强有力的传播，而准确定位的关键是思维方式的准确。思维方式可以分为两种：从内而外的思维方式和从外而内的思维方式。不同的思维方式体现出不同的营销观念，从内而外的思维方式是产品或企业的本位观念，而站在消费者角度看问题，从消费者需求出发才是真正的营销观念。

凤凰城销售总监龙尔纲指出，在目标消费群的划分上凤凰城有重大转变，就是由阶级来划分目标消费群转变为以阶段为目标。凤凰城的目标群就是“大学毕业后五年、成长中、发展型”的人群，他们具有独特的个性，他们向往一种更优雅的生活环境，一种更好的生活方式，但同时又对价格具有很高的敏感性。目标群的透彻分析，为凤凰城的产品定位和宣传主题确定了坚实的基础。

同时，定位不可以离开对竞争者的分析，这也是由外向内的思维方式的一部分。企业获得成功的唯一希望就是要有选择性，也就是定位。在发现目标消费群的同时，又发现其他竞争者还没有涌入，这就取得了初期的成功。

“白领也可以住别墅”。凤凰城的成功定位就在于将对别墅的梦想和超低价格有机结合，开创了“给白领的别墅”的空白市场。再有就是凤凰城铺天盖地的立体化传播，借着“五一”的旺季，最后水涨船高。

【案例 4】北京“华腾国际”抵押状况评估报告

【案例详情】

一、受理评估业务

1. 评估目的：房地产抵押。

2. 评估对象。

(1)房地产权利状况。

根据委托方提供的《房屋所有权证》知，估价对象房屋所有权人为×××。

(2)周边环境。

估价对象位于朝阳区 CBD 商圈内。北京市朝阳区华腾国际项目，紧邻城市主干道西大望路和广渠路，距离东三环 2 300 米，东四环 300 米，周边有五星级帝景豪廷酒店与会所，酒店公寓，商务公寓，高档住宅，国际双语学校，国际双语幼儿园，五星级商业街，集中式商场于一体，是CBD超大型国际化的豪宅社区。

3.估价的时间：二〇〇九年五月十五日。

二、价值定义

本报告估价结果是指估价对象在目前使用状况及现状房地产市场条件下，存在抵押权利，于二〇〇九年五月十五日的房地产市场价值。

三、评估方法

在此评估中，考虑到估价对象为住宅的实际情况，选用市场比较法，收益还原法作为本次评估的基本方法。

本报告采用市场比较法和收益还原法两种方法，从不同角度反映了估价对象的房地产价值，对两种方法取权重得到最终结果。

四、评估计算过程

1.采用收益还原法测算房地产市场价格。

包括月租金的确定、年有效租金收入的测算、客观运营费用(税费、物业维修费用、物业管理费用、其他费用)、净收益、确定资本化率、完整产权下的市场价格。

2.采用市场比较法和收益法测算的结果。

估价方法：市场比较法 收益法

总价(万元)：744.53　　739.84

单价(元/平方米)：23 192　23 046

上述两种方法从不同角度反映了估价对象的房地产价值，因此，本报告利用权重法。

取得最终结果：

权重值：市场比较法：0.6

收益还原法：0.4

总价＝744.53×0.6＋739.84×0.4＝742.65(万元)

单价＝742.65×10 000÷321.03＝23 133(元)

根据《房屋所有权证》中“设定他项权利摘要”的内容，2008年11月10日该房产以人民币2 112 541元的权利价值，全部抵押给中国民生银行股份有限公司北京南二环支行，截止估价时点，该房产存在该项抵押权利。

因此该房地产的市场价值应当扣除这部分抵押价值。现状产权及权利状况条件下房地产的价格为：

房地产总价＝742.65×10 000－2 112 541＝5 313 959(元)

房地产单价＝5 313 959÷321.03＝16 553(元/平方米)

【案例分析】

房地产作为一种独特的资源和人们最重视、最具体的财产形式，相对其他资产类型而言，无论在价格特性、市场特征、评估技术等方面都存在特殊的性质。因此，房地产评估除了资产评估常用的成本法、收益法和市场法外，还有适合房地产特征的独特方法，如假设开发法、基准地价修正法等。在评估房地产价值时，应根据评估对象的具体情况，灵活选择适当的评估方法，以合理估算被估房地产的价值。

案例中，估价对象所在区域及附近区域，存在较多与估价对象类似用途、规模、标准的土地近期成交实例，但缺乏与估价对象类似用途、规模、标准的房地产近期交易实例，故采用房地分估的估价方法，即对土地采用市场比较法估价，对建筑物采用成本法估价，将土地使用权价格与建筑物价格相加，即可得到被估房地产的评估价值。在采用市场法评估房地产价值时，可供比较参照的参照物不但要与被评估房地产的用途、所在区域、交易日期、交易条件等相同或相似，而且参照物与被评估房地产之间存在的差异因素可以明确并能够修正。同时，为了保证评估结果的公允合理，还要对选取参照物的交易价格逐一进行因素修正，以修正后交易价格的算术平均作为被评估房地产的评估价格。

房地产估价并不是估价人员在主观随意定价，而是通过模拟市场形成价格的机制和过程，将客观存在的房地产价格或价值揭示、显示出来，是科学与艺术的有机结合。

【案例5】北京"时代·国际"项目转让纠纷

【案例详情】

一、项目概况

项目名称、位置：时代·国际，位于北京市朝阳区广渠路31号

项目概况：规划总用地面积25 016.12平方米

二、项目运作过程

1.2002年年初，北京嘉利恒德房地产开发有限公司与北京内燃机厂（该地块原属单位）签订土地协议出让合同，取得了这块土地的开发权。

2.2002年9月4日，嘉利恒德公司与北京豪威嘉业房地产开发有限公司签订联合开发协议，约定：嘉利恒德公司提供规划项目内用地，豪威嘉业公司以嘉利恒德名义规划、建设、销售，承担土地出让金，同时支付嘉利恒德公司补偿款1.95亿元。

3.2003年4月15日，嘉利恒德和豪威嘉业两公司又将项目转让给了上海

国飞绿色置业有限公司,合同约定:以嘉利恒德公司的名义成立南区项目开发部,国飞公司全权负责该项目的规划、建设、销售等工作,并拥有该项目所有权及所有销售收入;国飞公司在承担土地出让金的同时,支付项目合作转让款2.40亿元给豪威嘉业公司。

4.2003 年 7 月 27 日,嘉利恒德公司就项目用地与北京市国土资源局签订《北京市国有土地使用权出让合同》;8 月 26 日,嘉利恒德公司将有关项目文件移交豪威嘉业公司;9 月 22 日,豪威嘉业公司将嘉利恒德公司第二项目部印章移交国飞公司。

5.2003 年 10 月,国飞公司在项目用地上加建了围墙并进驻现场和接管工地,但嘉利恒德公司并未能取得开工证。

6.2004 年 8 月 5 日,北京市土地利用事务中心向嘉利恒德公司发出缴款通知,要求其在 10 日缴清所有地价款。当日,嘉利恒德公司致函国飞公司,要求对方缴纳该笔地价款。但国飞公司认为,在双方所签的合同中并没有约定由自己先期支付地价款,因此不同意交付这笔钱,双方合作产生裂痕。

7.2004 年 8 月 31 日,嘉利恒德公司自行筹款,缴清了全部地价款和滞纳金;10 月 8 日,嘉利恒德公司与北京中鑫源房地产开发集团有限公司签订项目转让合同,嘉利恒德公司将项目建设用地的使用权转让给中鑫源公司,交付中鑫源公司与项目有关的全部资料和建设用地。

8.2004 年 8 月 18 日,因国飞公司内部对该项目的风险评估意见不一,一度致函嘉利恒德公司,提出收回投资及各项费用成本加 5%补偿的协商前提下退出合作建议。

9.2004 年 10 月 17 日,嘉利恒德公司函告国飞公司称,他们已与中鑫源公司签约。国飞公司立即提出反对,但没有结果。

10.2004 年 11 月 4 日,国飞公司致函中鑫源公司,要求对方停止施工并撤出南区项目现场,但中鑫源公司未予理睬;11 月 23 日,在获知土地使用权被转让后,国飞公司与嘉利恒德公司谈判,但双方最终未能达成一致意见;12 月 9 日,国飞公司向北京市第二中级人民法院提起诉讼,要求嘉利恒德和豪威嘉业两家公司履行三方所签合同,同时向国飞公司支付违约金。

11.2005 年 6 月 13 日,北京市二中院向诉讼各方下达初审判决的《民事判决书》,对原告的部分请求进行判决处理。判决书写道:"鉴于中鑫源公司在向嘉利恒德公司支付转让款后,已实际在本案所涉项目用地上开始施工建设,嘉利恒德公司与豪威嘉业公司表示坚决不再与国飞公司合作,考虑本案争议的合同性质,目前三方已事实上失去了继续合作的基础,《三方协议》现已不具备继续履行的条件,应当终止履行。"

12.2005年6月28日，国飞公司向北京高级人民法院上诉，要求北京市高院撤销北京二中院的一审判决，支持他们所提出的诉讼请求。

13.2005年7月，中鑫源与嘉利恒德之间的土地使用权变更登记手续完结，同时拿到商品房预售许可证。至此，国飞公司实际上已经退出了该项目土地的开发使用权。国飞公司按照合同约定向豪威嘉业交付了部分合作转让款（总计4 200万元）和部分土地出让金（总计967.5万元），加上进行项目规划设计、建设工程招标和北京分公司的人员开支的费用，在此项目上，国飞的前期投入已达7 000余万元。

【案例分析】

从房地产项目运作规律看，此类合作转让对于项目有序建设和运营最致命的还是对于项目资金管理和运营的不利，这种不利随之引发的就是另一轮无休止的谈判和对价、信任与控制、管理与责任等漫长的协商过程。而在民间融资方面，投资方（出资人）也会对这种双重主体身份项目的还款保障极度忧虑。

国飞公司除了忽视前述种种不确定性（实际上应该是一种市场的必然）外，还遭遇了"诉讼黑洞"。国飞公司期望通过上诉改变项目财产和土地所有人的结局是不可能的。而中鑫源公司与嘉利恒德公司通过诉讼的地缘政治优势，完全掌控了该项目并彻底将国飞公司排除出局。

上述纠纷证实，不成熟的房地产开发项目必然会带来不确定性，导致项目开发权的不完整，项目陷阱成为投资的最大隐患和风险。受让房地产开发项目必须考察项目具备的条件，至少包括：建设工程规划许可证、建设用地规划许可证、建设用地批准证书、国有土地使用权证（或国有土地使用权出让合同）。再有，在房地产项目投资领域，合作开发绝对不是明智之选。收购或转让是较为理性的选择，或是全额收购项目公司，或是将项目转让（变更）新设立的开发企业承受。